Madrid

Zeit für das Beste

Highlights – Geheimtipps – Wohlfühladressen

»Nach Madrid ist nur
der Himmel schöner!«

Spanisches Sprichwort

BRUCKMANN

Madrid

Zeit für das Beste

Susanne Asal
Franz Marc Frei

BRUCKMANN

Oben: Der Palacio de Cibeles überrascht mit einer wundervollen Deckenkonstruktion.
Mitte: Leute beobachten in den Terrassencafés, was gibt es Schöneres.
Unten: Madrids Gitarrenbauer werden für ihre Instrumente gerühmt.

INHALTSVERZEICHNIS

Oben: Abendstimmung über der Plaza de España mit dem Torre des España im Hintergrund
Unten: Steckkamm und Mantilla legt die traditionsbewusste Spanierin bei Festumzügen an.

DIE TOP TEN

PLAZA MAYOR (S. 30)

In Spanien spielt sich das Leben auf den Plätzen ab, und die Mutter aller Plätze ist die Plaza Mayor von Madrid. Das wunderbare Renaissance-Viereck wird von dekorativen Arkadengängen umsäumt, in denen Restaurants und Geschäfte mit hundertjähriger Tradition ihre Kundschaft erwarten.

PRADO (S. 140)

Zumindest aus diesem Grund könnte man zum Fan von Königshäusern werden: Das Prado-Museum ist nämlich mit Kunstschätzen aus royalem Besitz ausgestattet, und die sind ausnahmslos erster Güte: Goya, Velázquez, El Greco, Zubarán, Murillo, Ribera, Tizian, Canaletto, Caravaggio, Artemisia Gentileschi, Dürer, Bosch, Rubens. Das Museum ist in jeder Hinsicht ein Juwel.

MUSEO DE ARTE CONTEMPORÁNEO REINA SOFIA (S. 136)

Ein weiteres Museum, um das man die Madrider beneiden darf. Im Museum für zeitgenössische Kunst findet man Klassiker der Moderne (u.a. Picasso, Juan Miró, Dalí). Die Ausstellungsräume wurden in einem Gebäude aus dem 18. Jahrhundert eingerichtet, das vordem ein Hospital war.

PARQUE EL BUEN RETIRO (S. 148)

Nach all dem Sightseeing verschafft der Königspark aus dem 18. Jahrhundert Ruhe und Entspannung. Viele spanische Herrscher ergänzten und änderten jeweils die Gestalt und Ausstattung des Parks. Sein See, die Wiesen, Ausstellungspaläste und Terrassencafés bilden eine richtige Oase der Entspannung – mitten in der Stadt.

PALACIO REAL/PLAZA DE ORIENTE/JARDINES DE SABATINI (S. 53)

In Spaniens Hauptstadt ist eine originelle Verknüpfung gelungen: Der pompöse Königspalast aus dem 18. Jahrhundert ruht eingebettet in eine schön gestaltete Gartenlandschaft mit vielen Skulpturen und Springbrunnen. Das wirkt feierlich, heiter und einladend zugleich.

LAVAPIÉS MIT FLOHMARKT RASTRO (S. 100)

Lavapiés ist der multikulturellste Stadtteil von Madrid und das Lieblingsviertel der Studenten. Die Mieten in den klassischen Corrala-Häusern bleiben trotz Innenstadtlage noch relativ günstig. Eine spannende Kulturszene hat sich hier etabliert. Sonntags lohnt ein Ausflug zum Flohmarkt.

MALASAÑA (S. 82)

Jung, punkig, hip, unkonventionell, kreativ – und trotzdem noch bodenständig: So präsentiert sich Malasaña, eines der vibrierendsten Viertel von Madrid. Abends ist hier der Teufel los. Dennoch hat das Viertel historisches Flair – und das Museo del Romanticismo (»Museum der Romantik«).

BARRIO DE LAS LETRAS (S. 120)

In diesen historischen Gassen lebten Miguel de Cervantes, Lope de Vega und Antonio Quevedo; hier lieferten sich die Vertreter der romantischen Dichtkunst Jose Echegaray und Adolfo Bequer ihre Rededuelle. Das Wohnhaus von Lope de Vega kann man besichtigen. Die Design-, Schmuck- und Antiquitätenhändler laden allmonatlich zu ihrem Straßenmarkt Mercado de las Ranas ein.

PLAZA DE CIBELES/CALLE DE ALCALÁ/ GRAN VÍA (S. 72)

Das teure, das repräsentative, das elegante Madrid offenbart sich an diesen Plätzen und in den umliegenden Straßen. Himmelstürmende, pathetische Architektur aus den Anfängen des 20. Jahrhunderts säumen die Straßen. Auf der Gran Vía findet man zahlreiche Boutiquen und Geschäfte.

SALAMANCA (S. 174)

Hier zeigt sich der Reichtum in Form von Stadtpalästen und Großbürgervillen aus der Wende vom 19. zum 20. Jahrhundert. Edle Hotels und Restaurants, deren Design ganz heutig ist, residieren in kostbaren Stadthäusern; wertvolle Gemäldesammlungen sind zu bestaunen, aber auch Nobelboutiquen, die sich in der Goldmeile hübsch aneinanderreihen..

Oben: Der Thronsaal im königlichen Schloss ist der schönste von insgesamt 2000 Räumen.
Mitte: Beim Fest des San Isidro im Stadtteil La Latina
Unten: Madrids Kathedrale trägt einen arabischen Namen: Aus Al-Mudayna wurde Almudena.

Madrid – am Pulsschlag der Zeit

»Wie ein Seufzer voller herrlicher Versprechen« erschien dem wohl berühmtesten Maler des Surrealismus, Salvador Dalí, die Stadt Madrid, als er sie zum ersten Mal sah. Die Madrider finden sprichwörtlich, dass eigentlich nur der Himmel schöner sein kann.

Zugegeben: Madrid war bei fast allem ein bisschen später dran als Paris oder London. Nachweislich am frühesten hatten die Industrialisierung und der Zuzug vieler das Landleben fliehender Menschen in England eingesetzt. Im Konzert der europäischen Hauptstädte spielte Madrid also im 18. und 19. Jahrhundert keineswegs die erste Geige. Und auch das 20. Jahrhundert hatte viele dunkle Jahre zu bieten, die die Entwicklung Madrids bremsten, Jahre des Bürgerkriegs und der Diktatur. Dafür war nach dem Tod Francos zunächst kulturell und später in vielen anderen Belangen der Aufschwung umso heftiger. Aber der Reihe nach: Betrachtet man im historischen Stadtmuseum im Stadtteil Malasaña (s. S. 83) das Modell von Madrid und die dazu gezeigten Animationsfilme, dann sieht man ein Dorf. Ein Dorf, errichtet aus dem rötlichen Ziegelstein *ladrillo*, Madrids üblichem Baustoff. Über der eher bescheidenen Silhouette der höchstens dreistöckigen Häuser schwebt ein stolzer Reigen unterschiedlich geformter Kirchtürme. Klöster gab es allerorten. Die Erklärung dafür ist schnell gegeben: Jeder Adlige ließ sich in der Hauptstadt ein Kloster bauen, damit er jemanden hatte, der für ihn betete, und natürlich auch, um seine reine Gesinnung zu beweisen. Unter Spaniern war das Etikett Hidalgo – *hijo de algo* – (»Sohn von jemandem«), ein wert-

Steckbrief Madrid

Lage: 40° 25'N, 3° 42' W

Region: Provinz Madrid, Metropolitana de Madrid – **Department:** Autonome Gemeinschaft Madrid

Fläche: 605,8 km²

Einwohner: 3,234 Mio. – Der Großraum Madrid umfasst über sieben Millionen Einwohner. Madrid ist nach Paris und Berlin die drittgrößte Metropole der Europäischen Union.

Bevölkerungsdichte: 5 280,3 EW/km²

Stadtgliederung (Viertel, Stadtteile): 21 Stadtbezirke zählt Spaniens Hauptstadt, und die wiederum setzen sich aus den *barrios*, den Vierteln zusammen.

Stadtwappen:

Das Madrider Stadtwappen zeigt eine Bärin, die sich an einem Erdbeerbaum aufrichtet. Diese Szene auf silbrigem Grund wird von einem dunkelblauen Band umkränzt, das mit silbernen sechszackigen Sternen umrahmt und von der goldenen Königskrone verziert wird.

Wirtschaft: Immerhin nahezu 80 % der Bevölkerung sind im Dienstleistungssektor beschäftigt; daneben sind verschiedene Industriezweige wie Energie, Chemie, Fahrzeugbau sowie der Tourismus wichtige Erwerbsquellen. Seit 2008 die Finanz- und Wirtschaftskrise in dem Land ausbrach, schlägt sich das auch in Madrid als Finanz- Handels- und Dienstleistungszentrum nieder.

Kultur: Madrids Ruhm als Kulturstadt gründet sich auf die staatlichen Kunstmuseen wie den Prado und das Museo Nacional de Arte Contemporáneo Reina Sofia, die sich durch die weltbesten und reichhaltigsten Sammlungen der Malerei und Skulptur des 16. bis 21. Jahrhunderts auszeichnen. Die Sammlungen spanischer Malerei von El Greco über Goya, Velázquez, Ribera, Zubarán, Murillo, aber auch von Raffael, Tizian, Dürer und Hieronymus Bosch, Tintoretto, Caravaggio, Reni sind einzigartig. Die Fülle an weiteren Museen und Kultureinrichtungen wie Conde Duque und Mataderos hat die Kunstszene insgesamt stimuliert. Die Filmregisseure Pedro Almodóvar und Pablo Berger benutzen die Stadt oft als Kulisse. Madrid verfügt über viele Bühnen, aber keine davon hat ein festes Ensemble. Sehr populär sind die *zarzuelas*, kleine Opern, die für den spanischen Kulturraum typisch sind, und Flamenco-Bühnen.

Öffentliche Verkehrsmittel: Zwölf Metrolinien erschließen die Stadt, verknüpft über mehrere große Umsteigebahnhöfe wie Atocha, Sol, Príncipe Pío, Chamartín und Nuevos Ministerios. Atocha und Chamartín sind Fernbahnhöfe.

Oben: Das barocke Madrid ist die Stadt des *ladrillo*, des Backsteins. Blick von der Almudena hinüber zur Kirche San Francisco el Grande im Stadtteil La Latina.
Unten: Königliche Zier auf der Casa de la Panadería, Plaza Mayor

voller Adelstitel, besonders in den grausamen Zeiten der Inquisition zwischen dem 16. und dem 19. Jahrhundert.

Von »Jemandem« Abstammen bedeutete, einen Stammbaum zu haben, der nicht »befleckt« war – so die damalige Sicht – mit arabisch-maurischem oder jüdischem Erbe, denn das war, nachdem Isabella von Kastilien (1451-1504) und Fernando von Aragon (1479-1516) 1492 das erste gesamtspanische und ausschließlich auf katholischem Glauben begründete Königreich schufen, eindeutig ein Makel. Dabei war diese »Reinheit« schwer nachzuweisen und in vielen Fällen eher Fiktion als Fakt, hatten doch Jahrhunderte lang arabisch-islamische Heere über Spanien hinweg gefegt und ihre Königreiche, *taifas* und Kalifate dort errichtet. Jede größere spanische Stadt birgt heute einen arabischen und jüdischen Kern, so auch Madrid, Alcalá de Henares, Segovia und vor allem Toledo. Wie also die Glaubensreinheit bis ins dritte oder vierte Glied nachweisen? Der Bau eines

Klosters war bei entsprechender finanzieller Ausstattung eine gute Idee, so konnte man jeden Zweifel im Keim ersticken. Und deshalb entstanden auch in Madrid viele Kirchen und Klöster.

Die Stadterweiterung

Noch im 18. Jahrhundert war die Stadt eine Ansammlung unzähliger kirchlicher Gebäude, im Grunde aber ein Dorf aus Ziegeln, dessen Lebensräume durch eine Stadtmauer begrenzt wurden. Pläne, die in seiner Mauer eingezwängte Hauptstadt Spaniens aus dieser Enge zu befreien, gab es unter Carlos III. (1759-1788), der eine Kanalisation anlegen und die Straßenbeleuchtung einführen ließ, doch erst 1850 wurde die mittelalterliche Stadtmauer geschleift. Von moderner und auf Erweiterung angelegter Stadtplanung spricht man dann beim *ensanche* im Zuge der Industrialisierung in der Mitte des 19. Jahrhunderts. Dieser Stadterweiterung verdankt Madrid im Großen und Ganzen seine schöne Gestalt. Der Parque El Buen Retiro, das Salamanca-Viertel, der schon von Carlos III. verfügte Paseo del Prado, der Paseo de la Castellana, das Barrio de las Letras, die Gran Vía, der Palacio Real und das Teatro Real, die Jardines de Sabatini, der Campo del Moro sowie die Plaza de España bilden den attraktiven Kern der Metropole.

Die Stadt ist auch heute noch gar nicht so unüberschaubar groß, wie dies die Einwohnerzahl von 7,2 Millionen suggeriert. Drei Millionen leben im inneren Zirkel. Um die Plaza Mayor als Mittelpunkt legen sich die Viertel wie Zwiebelschalen, geteilt und strukturiert durch Straßenschneisen und Avenidas, sodass das Zurechtfinden nicht schwer fällt. Das Innerste, die Plaza Mayor in schönster Renaissance, ist dann der Platz, auf dem jeder landet und auch landen will.

Oben: Dieser Fassadenschmuck gibt Rätsel auf: Medaillon an der Casa Longoria.
Unten: Prozession während des Festes zu Ehren des San Isidro in La Latina. San Isidro ist der Stadtpatron von Madrid.

Oben: Prachtvolle Fassaden schmücken die Calle Mayor, hier das Antiguo Edificio de la Compania Colonial, Nr. 16.
Unten: Der sonntägliche Briefmarken- und Münzenmarkt auf der Plaza Mayor ist ein Muss für Liebhaber.

Die Plaza Mayor

Felipe II. befahl 1557 den Umzug des Hauptmarktes auf die Plaza Mayor – zuvor war der Markt an der Plaza de la Paja im alten arabischen Viertel abgehalten worden –, dadurch entwickelte sich die Plaza Mayor zum Mittelpunkt des öffentlichen Lebens der Stadt. Davor hatte Madrid aus der königlichen Festung Alcázar, aus dem maurischen Viertel, heute La Latina, und aus dem Barrio Santiago, in dem sich die Katholiken niedergelassen hatten, bestanden. Dies war ihr Anfang, ihr Kern, als noch Toledo und nicht Madrid Hauptstadt des spanischen Königreiches war – neu war damals nur das Barrio de Austrias, das Viertel der Habsburger, hinzugekommen.

Jedenfalls gehörte eine Plaza Mayor zum festen Inventar einer jeden spanischen Stadtgründung. Sie war der Ort, an dem man sich ständig begegnete, auf dem Feste, Volksbelustigungen und Märkte stattfanden, aber auch die schrecklichen *auto da fés* während der Inquisition. Die Idee dieses überaus wichtigen Hauptplatzes wurde später in die überseeischen Kolonien exportiert. Ob Argentinien, Ecuador oder Mexiko – überall gibt es diese zentrale Plaza.

Madrid aber hat *die* Plaza Mayor, sie ist kaum zu übertreffen. Wo früher Turniere ausgetragen wurden, tummeln sich heute neben den *madrileños* japanische, australische, chinesische und brasilianische Touristen, kreuzen sich die Wege vom Barrio Lavapiés zur Puerta del Sol, vom Palacio Real zur Calle de Alcalá, von der Plaza Santa Ana zur Plaza de España. Dieselben Gassen wie ehedem umkränzen die Plaza Mayor, bewahren das Lokalkolorit der vergangenen Jahrhunderte. So lässt sich in seinen Ecken tatsächlich das älteste Restaurant der Welt aufstöbern, das *Botín*, und der eine oder andere hundertjährige Laden, worauf

metallene Plaketten hinweisen, die in das Pflaster eingelassen wurden.

Das öffentliche Leben und die Nachbarschaft

Hat die Plaza Mayor, hat das öffentliche Leben auf dem Platz etwas mit der Ausgehlust der Madrilenen zu tun? Könnte sein. Sie treffen sich gerne draußen oder in öffentlichen Räumen. Und das tun sie ganz offenbar schon seit Jahrhunderten. Wenn sie sich immer nur in privaten Zirkeln getroffen hätten und treffen würden, dann wüsste man nichts von literarischen Cafés, nichts von politisch-künstlerischen Zirkeln, man wüsste nicht, dass Pedro Almodóvar seine Premierenfeiern immer dort ausrichtet, wo schon Audrey Hepburn und Orson Welles ihre Drinks bestellten, im »Chicote«. Man wüsste auch nicht, wo sich Federico García Lorca mit Pablo Neruda traf, wenn davon nicht ein Foto gemacht worden wäre und man wüsste insgesamt weniger – vom Leben. Diese Lust am Draußen-Sein hat wohl nicht nur etwas mit den Temperaturen Madrids zu tun, wie viele so gerne behaupten, denn die Winter sind beispielsweise schändlich kalt. Man geht halt einfach gerne aus. Auch die alte und vielleicht nicht gerade reiche Dame trinkt ihren Morgenkaffee lieber im Café unter Leuten als alleine daheim. Es kann durchaus vorkommen, dass die Bäckerin von nebenan das frische Croissant dazu spendiert,

Oben: Die schöne, elegant proportionierte Plaza Mayor ist Madrids unumstrittener Mittelpunkt.
Mitte: Blick in die Kuppel der Iglesia Catedral de las Fuerzas Armadas
Unten: Traditionelles Backhandwerk lockt Leckermäuler.

Oben: In der Calle Cuchilleros gibt es neben vielen Kneipen das älteste Friseurgeschäft Madrids.
Unten: Verkleiden erwünscht beim Fest zu Ehren von San Isidro im Stadtteil La Latina

oder in Chueca der freundliche Nachbar das Gemüse in den dritten Stock tragen hilft. Man plaudert gerne miteinander. Das bringt manche Kassiererin im Supermarkt in Bedrängnis, wenn die Kundin trotz Warteschlange partout ein Gespräch mit ihr führen will. Die Kundin ist nun einmal das Austauschen von nachbarschaftlichen Neuigkeiten im Geschäft gewohnt, egal, ob jemand deshalb warten muss. In den *mantequerías*, in denen früher die Butter und Milch offen verkauft wurden, ist das eben so üblich gewesen.

Gemeinschaftssinn

Auch die *corrala*, die gemeinschaftliche Wohnform, ist eine typisch madrilenische Angelegenheit. Die ersten solchen Wohnanlagen tauchten bereits im 16. Jahrhundert auf, richtig populär wurden sie im 19. Jahrhundert, als Wohnraum für die sprunghaft ansteigende Bevölkerungszahl Madrids gefunden werden musste. In den *ladrillo*-Bauten führen überdachte Außenkorridore zu den

Türen, hinter denen sich die Wohnungen öffnen, ein Hausmodell, das man bei den Architekten des Bauhauses und der Neuen Sachlichkeit wiederfindet. In den Patios befanden sich die gemeinschaftlich genutzten sanitären Einrichtungen. Die meisten dieser *corrala*-Häuser haben im Stadtteil Lavapiés überlebt, es gibt sie aber auch noch in Chamberí und in La Latina. Da nimmt es nicht Wunder, dass die Bewegungen, die gegen die Wohnraumenteignungen infolge der Finanzkrise aufbegehren, sich *corrala* nennen. Und volkstümlich, *castizo*, ist in Madrid nichts, wofür man sich schämen müsste. Dass die Kronprinzessin Letizia so *castiza* ist und sich mit ihrem Gatten, Kronprinz Felipe, zum Tapas-Essen in der Bar »Tirso de Molina« in Lavapiés (s. S. 106) verabredet, findet man in Madrid ziemlich gut.

Das Königshaus aktuell

Die Beiden kommen bei öffentlichen Auftritten noch ganz gut weg, obwohl es bei ihnen auch schon Pfiffe gesetzt hat. Doch außer, dass die schöne Letizia extrem dünn ist, gibt es kaum etwas an dem Kronprinzenpaar zu mäkeln. Am Rest der Familie dagegen schon. Dem Regenten Juan

Juan Carlos und Sofia mit Kronprinz Felipe und Prinzessin Leticia bei der Abnahme einer Parade.

Oben: Ein Hingucker ist die repräsentative Fassade des Palacio Real mitten im Zentrum von Madrid.
Unten: Das Porträt des Königs schmückt auch Münzen.

Oben: Der königlichen Thronsaal im Palacio Real gehört zu den Höhepunkten einer Besichtigungstour. **Unten:** Das königliche Familienwappen zeigt die Wappen für Kastilien, León, Aragon und Navarra sowie in der Mitte die drei Bourbonenlilien.

Carlos I. wird eheliche Untreue nachgesagt, was Königin Sofia zu noch mehr *postura* (»Haltung«) angestachelt hat. Die Ehe der ältesten Tochter Elena besteht nicht mehr, der andere Schwiegersohn steht zusammen mit der Infantin Cristina wegen Korruption im großen Stil vor Gericht.

Dabei erinnert man sich gerne an Juan Carlos I. beherztes und mutiges Eingreifen im Jahr 1981, als reaktionäre Generäle fünf Jahre nach Francos Tod und dem Ende der Diktatur im Parlament zu putschen versuchten. Des Königs unzweifelhaftes Plädoyer für ein demokratisches Spanien haben ihm internationale und nationale Zuneigung und Vertrauen eingebracht. Wie lange dieser Vorrat an Vertrauen wohl noch ausreicht? »Das Volk«, also die Spanier, leben seit Jahrhunderten mit extremen Standesunterschieden, und der Adel zeichnet sich bis auf wenige Ausnahmen durch größtmögliche reaktionäre Gesinnung aus, die dazu geführt hat, dass die Spitzen des Hochadels der Hochzeit Felipes mit Letizia fernblieben, denn sie war eine Bürgerliche und dazu noch linksliberale Journalistin. Das »Volk« hat, ehrlich gesagt, die Nase vom Adelsgetue mittlerweile ziemlich voll. Fast so voll wie von seiner momentanen Bürgermeisterin Ana Botella, Ehefrau des ehemaligen Chefs der konservativen Volkspartei (PP) José María Aznar, die doch unbedingt eine Spielhölle vor den Toren Madrids nach dem Vorbild von Las Vegas bauen lassen wollte, um der Bauwirtschaft neue Impulse zu geben. Ausgerechnet der, stöhnt so mancher Spanier, der sich in der Plattform »Eurovegas No« engagiert, denn die Bauwirtschaft gilt nicht gerade als Hort der Korruptionsfreiheit. Das Vorhaben der Las Vegas Sand Cooperation scheiterte am strikten Rauchverbot, das in Spanien seit 2011 gilt – das wollten sich die potenziellen US-amerikanischen Investoren dann doch nicht vorschreiben lassen.

Adel und Kunstgeschichte

Wer nicht mit Prinzen und Prinzessinnen, Hoheiten und Infanten, Kronprinzen und Königen aufgewachsen ist, findet das Durchkommen durch die ganzen Adelsnamen vermutlich etwas verwirrend. Mit welcher Leichtigkeit sich die Madrider durch das Adelsregister bewegen, ist schon beeindruckend. Zu jedem Namen haben sie ein Kunstwerk parat, das jemand aus der königlichen Familie in Auftrag gegeben hat, während man selbst noch versucht, Alfonso X. von Alfonso XII. zu unterscheiden. Das Rezept ist ganz einfach: Für die Madrider stehen Königsnamen für Kunstepochen. Dass es die Familie von Carlos IV. war, die sich von Francisco de Goya y Lucientes porträtieren ließ, und Diego Rodríguez de Silva y Velázquez Gemälde aus dem königlichen Umkreis von Philipp IV. schuf, wie *Las Meninas* (beide Gemälde hängen im Prado), können sie ohne Weiteres zuordnen.

Oben: Eines der berühmtesten Bilder von Francisco Goya y Lucientes: die königliche Familie von Carlos IV. mitsamt Kuckuckssohn. Zu sehen im Prado.
Unten: Die Statue zu Ehren von Diego Velázquez steht vor dem Prado.

Oben: Das Hotel Atlántico auf der Gran Vía zeigt *Pastelito*-Architektur.
Unten: Straßenkonzert auf der Plaza de Oriente

Die Gran Vía ist eine der beliebtesten Shopping-Meilen.

Die Stadt-Architektur spiegelt die Epochen wider

Unter Barock versteht man in jedem Land etwas anderes. Barock wird meist synonym mit verspielt, überladen, prunkvoll verwendet. Der Madrider Barock bedeutet dagegen meist: rötlicher *ladrillo*, Ziegelstein, mit stützenden Elementen aus Granit, die auch verziert sein können wie z.B. Portale und Fenstereinfassungen. Gebäude dieses Stils sind überall im Madrider Stadtbild zu finden. Womit Spaniens Metropole aber viel stärker identifiziert wird, ist die von vielen Madrilenen liebevoll als *pastelito* (Zuckerbäckerstil) bespöttelte Architektur. Die Gran Vía trumpft regelrecht auf mit unzähligen und prachtvollen Varianten dieses Stils und hat dafür gesorgt, dass dieser als für die Stadt typisch gilt. Was oder wer sich da alles aus den Dächern erhebt, ist schon bemerkenswert: Phönix, Victoria, Engel, Arbeiter – es lohnt sich, den Blick in die Höhe zu richten. Diese »Sahnetörtchen-Architektur« ist auch historisch begründet. Mit der Auflösung der letzten latinischen Kolonie, der Insel Kuba 1898 und dem internationalen Bedeutungsverlust, den dies nach sich zog, wollte man sich eben mit dieser Architektur seiner nationalen Größe vergewissern – denn sie stand für Macht und Stolz. Das von ganz Europa angehimmelte Paris sollte nicht länger das städtebauliche und architektonische Maß aller Dinge sein, die Rückbesinnung auf heimische Traditionen war nun angesagt. Der Historismus, *historizismo*, und der Regionalismus, *regionalismo*, beherrschten die Entwürfe im ausgehenden 19. und beginnenden 20. Jahrhundert. Viele regionale Bezüge wurden hergestellt, sehr schön zu sehen an der Verwendung andalusischer Fliesen an der Villa Rosa an der Plaza Santa Ana (s .S. 99) oder im Garten des Malers Joaquín Sorolla (s. S. 145). Gleichzeitig feierte der *modernisme* Triumphe, als dessen bedeutendster Vertreter Antoní Gaudí gilt – ein Stil, der aber nicht nur in Barcelona, sondern auch in Madrid anzutreffen ist. *Modernisme* ist die spanische Variante des Jugendstils und hat mit der Bauhaus-Architektur nichts gemein.

Wer durch Madrid streift, wird aber nicht nur diesen Aufbruch erleben, sondern auch Spuren von Verletzungen wahrnehmen. Der Bürgerkrieg, der von 1936 bis 1939 tobte und Hunderttausende von Opfern forderte, riss das gesamte Land entzwei. Ganze Stadtviertel lagen in Trümmern, besonders die Gegend um den Studentencampus in Moncloa, anschließend wurde nach faschistischer Manier wieder aufgebaut. Am deutlichsten tritt das am Triumphbogen Arco de la Concordia zutage, durch den die viel befahrene Verkehrsstraße in Richtung La Coruña geleitet wird.

Die in die Zukunft weisenden Baukomplexe befinden sich eher an den Rändern des Innenstadtbereichs, den man nicht antasten wollte. Eine kluge

Oben: Wahrzeichen der Modernität: die Wolkenkratzer an der Plaza de Castilla
Unten: Der Bahnhof Atocha ist der wichtigste Verkehrsknotenpunkt der Hauptstadt Spaniens.

Oben: Führung im Museo Thyssen Bornemisza, eine der wichtigsten Privatsammlungen der Welt.
Mitte: Dekoration bei Lola Caótica
Unten: Zwei Masken im Museo de Arte y Tradiciones Populares im Stadtteil Lavapiés

Denkmal zu Ehren von Cervantes auf der Plaza España

Entscheidung, da es selten gelingt, alt und neu so zu mischen, dass beide davon profitieren. Und so säumen die »Abgesandten« von Klein-Manhattan den Paseo de la Castellana von den Nuevos Ministerios ausgehend hinauf in den Norden, wobei es durchaus auch interessante architektonische Konzepte zu sehen gibt – unter anderem die beiden um 15 Grad einander zugeneigten Gebäudetürme der Puerta de Europa, die während Spaniens Finanzkrise in allen Medien abgebildet wurden. Zwei wie verdreht erscheinende, aufeinander zustürzende Türme galten nun nicht länger als Symbol einer außergewöhnlichen Architektur, sondern als Sinnbild des letztlich missratenen Versuchs, durch das Tor *(puerta)* nach Europa zu schlüpfen.

Das Madrid der Literaten

In dieser Stadt, in der Miguel de Cervantes, Lope de Vega und Calderón de la Barca lebten und wirkten – in unserem Jahrhundert kommen noch Rosa Montero, Almudena Grandes, José Camilo Cela, Rafael Chirbes, Juan Madrid und Javier Marías hinzu, um nur die berühmtesten Namen zu nennen – sind überall im Stadtbild Spuren gelegt, auf denen es sich wandeln lässt. Buchstäblich ge-

schieht das in der Calle (»Straße«) de las Huertas, in deren Pflaster goldene Buchstaben eingelassen sind, die sich zu Zitaten und Gedichten ergänzen, oder eher atmosphärisch im »Café Gijón«, dem Literatentreffpunkt während der 1920er-Jahre. Vielleicht ahmt man ganz einfach Javier Marías nach? Der Schriftsteller gehört, seit ihn Marcel Reich-Ranicki für deutsche Leser in den Olymp der Autoren erhob, auch hierzulande zu den Bestseller-Autoren und lässt in *Die sterblich Verliebten* die junge María in einem Café in der Nähe des Paseo de Recoletos sitzen und ein Paar beobachten. Bald hat sie den beiden Verliebten eine Biografie angedichtet. In einem Café sitzen, Zeitung lesen, Leute beobachten, das ist in Madrid ein äußerst angenehmer und beliebter Zeitvertreib. Javier Marías übrigens, so sagt man, besucht gerne die Cafés in »seinen« Vierteln Santiago und Austrias. Man kann sich auch der Ortskenntnis des Journalisten und Belletristen Juan Madrid anvertrauen und Malasaña einen Besuch abstatten.

Oben: Der Corral de la Morería gehört zu den authentischsten Flamenco-Lokalen Madrids.
Unten: Bevor man sich ins Flohmarktgewühl stürzt: ein Besuch im »Toma que Toma« am Rastro.

Kunst und Mode

Wunderbar, wie viel Madrid in seine Kunst und Kultur investiert hat. In den vergangenen Jahrzehnten sind so viele Kunstzentren und Museen

Oben: Mode gibt es in Madrid von preiswert bis unerschwinglich und von elegant bis flippig oder avantgardistisch.
Unten: Bei Rebeca Sanvers im Stadtteil Chueca kann man auch Ausgefallenes kaufen.

aufgebaut worden, dass die Kreativszene regelrecht neue Blüten trieb. Besonders in Malasaña und in Lavapiés haben sich zahlreiche (Mode-)Designer und Galerien niedergelassen. Mittlerweile verlebendigen sie auch die Gassen im Barrio de las Letras, in Atocha und Conde Duque, sodass das Aufstöbern der interessantesten Adressen richtig Spaß macht und ein ganz eigener Zweig des Madrid-Tourismus abseits des offiziellen Sight-Seeing entstanden ist.

In einer Umgebung, die immer noch so aussieht wie im 19. Jahrhundert mit den zartfarbigen Fassaden und den kleinen, französischen Balkonen, den verschwiegenen, schattigen Plätzen und *mantequerías*, ergibt das einen reizvollen Kontrast.

Neben all der Volkstümlichkeit hat aber auch die Prachtentfaltung ordentlich Raum in Spaniens Metropole. Nördlich des Parque El Buen Retiro, am Paseo de Recoletos und am Paseo de la Castellana, haben sich die wichtigsten spanischen Modeschöpfer niedergelassen. Agata Ruiz de la Prada, Purificación García, Angel Schlesser, Adolfo Domínguez, der Schneider der Prinzessin Letizia, Felipe Varela, Cristina und viele weitere eröffneten ihre Showrooms und Boutiquen an der Milla de Oro (s. S. 176) und im Triangulo de Oro, wo das Publikum deutlich jünger ist, in schönster Nachbarschaft zu Belle-Epoque-Schlössern und Nobel-Avenidas.

Und wer dann noch sehen will, wo die schicken Klamotten später einmal landen, der sucht den Rastro auf, Madrids über die Landesgrenzen hinaus beliebten sonntäglichen Flohmarkt, auf dem man nach dem morgenfrühen *café con leche* und vor dem mittäglichen Schneckeneintopf eine junge wilde Schmuck-Designerin entdecken kann oder vergoldete Bilderrahmen aus dem Besitz einer Großbürgerfamilie.

Kutteln und Kichererbsen

Apropos Schneckeneintopf. Was soll man von einer Küche sagen, deren typische Spezialität Innereien sind, *callos a la madrileña*, Kutteln auf madrilener Art? Diese werden als dampfender Eintopf mit Gewürznelken, Paprika, Tomaten, Lorbeer und Blutwurst serviert. Wo man den *cocido* liebt, ebenfalls ein Eintopf, diesmal mit Kichererbsen? Oder alle angesichts gegrillter Schweineohren in Entzücken ausbrechen? Oder man anstatt eines wohligen Tees gerne eine heiße Brühe zum Aufwärmen trinkt, einen *puchero*? Man kann sagen, dass es oft kalt ist in Madrid, und dass man etwas Wärmendes braucht. Und dass die Madrilenen deftiges Essen lieben.

Aber nicht nur! Nur sehr oft. Selbstverständlich ist im Land des Erfinders der Molekularküche, des Katalanen Ferran Adriá, auch in Madrid die allerfeinste Küche nicht weit. So erhob Michelin zum Beispiel die Küche in der »Terraza del Casino« in der Calle de Alcalá (s. S. 62) sowie im »Santceloni« und im »Zalacaín« in der Nähe des Paseo de la Castellana und der Residencia de Estudiantes (s. S. 179) mit jeweils zwei Sternen in den Olymp der Haute Cuisine in eleganter Umgebung. Dort, aber auch in einfachen Lokalen legt man Wert auf exzellente Zutaten, die absolut frisch verarbeitet werden.

Ungewöhnlich ist das »Teatriz«, das Tapas im Theater-Ambiente serviert. Da lässt sich die schicke Tapasbar-Kette »Estado Puro« nicht lumpen und serviert eine »dekonstruierte« Tortilla. Bei so viel Innovativem einigen sich die Madrilenen dann doch wieder auf Tradition in Tasse und Glas. Auf einen guten *cortado* und einen süffigen *vermú*.

»Wie ein Seufzer voller herrlicher Versprechen«, Salvador Dalí hatte durchaus Recht.

Oben: In den Geschäften abseits des Rastro herrscht ein buntes Durcheinander.
Mitte: Märkte sind in Madrid Orte der Kommunikation.
Unten: Der Mercado San Miguel bietet auch Feinkost und Tapas vom Feinsten.

Geschichte im Überblick

206 vor Chr. Die Römer unterwerfen nach dem Zweiten Punischen Krieg die Iberische Halbinsel.

5. bis 7. Jhr. Die *visigodos*, die Westgoten, errichten ihr Königreich und machen Toledo zu ihrer Hauptstadt, das zuvor schon von den Römern als *Toletum* gegründet worden war.

Von **711** an erobern arabische Heere unter Tariq Ibn Ziyad den iberischen Raum.

722 In der Schlacht bei Covadonga im iberischen Norden werden die arabischen Truppen von christlichen Verbänden geschlagen. Die *reconquista* – »Wiedereroberung, Rückeroberung« – beginnt.

852–866 Die Mauren/Araber bauen die Befestigungsanlage Alcázar über dem Fluss Manzanares und nennen den Ort Magerit, später Madscherit.

1083 Alfonso VI. (1043-1109), König von Kastilien und León, erobert Madrid.

1085 Das Heer von Alfonso VI. erobert Toledo. Doch herrscht die Berberdynastie der Almoraviden weiterhin über große Teile des ehemals westgotischen Gebietes.

1212 Die Schlacht von Las Navas de Tolosa bringt die Entscheidung: Die Christen besiegen die Dynastie der Almohaden und erobern auch den Süden zurück.

1309 Der kastilische König Fernando IV. (1285–1312) beruft die Ständeversammlung *Cortes* des Königreichs Kastilien und León zum ersten Mal nach Madrid.

1469 Isabella von Kastilien und León (1451–1504) und Fernando von Aragón (1452–1516) heiraten und vereinigen ihre Königreiche – der Kern zum Königreich Spanien ist gelegt.

1482 Die Katholischen Könige setzen die Inquisition ein. Juden, die nicht konvertieren, werden ausgewiesen.

Ab 1502 Zwangstaufen für Anhänger des muslimischen Glaubens.

1516 Der Habsburger König Karl V. (1500–1558) wird als Carlos I. gekrönt und ist fortan Herrscher über Spanien. Der Kampf um Kolonien erreicht den Höhepunkt. Seinem Sohn Felipe II. (1527–1598) übergibt er das legendäre »Reich, in dem die Sonne nie untergeht«.

1561 Felipe II. erklärt Madrid zur Hauptstadt und setzt wesentliche Bau- und Siedlungsimpulse. Die Plaza Mayor und das Barrio de las Austrias entstehen.

1609 Felipe III. (1578-1621) verfügt die Ausweisung der zwangsgetauften arabischen Bevölkerung.

1701 Die Erbfolgekriege brechen aus; an dessen Ende übernehmen die Bourbonen Spaniens Thron.

1759 Unter Carlos III. (1716-1788) erblüht Madrid, ebenso seine Industrie: Las Cristales de La Granja und die Porzellanfabrik im Buen Retiro werden gegründet, ebenso Hospitäler. Die Puerta de Alcalá, der Brunnen der Cibeles, der Neptunbrunnen und der Botanische Garten gehen auf seine Initiative zurück. Den Alcázar wandelt er zum Palacio Real.

1808–1813 Französisch-napoleonische Besatzung unter Joseph Bonaparte. Am 2. Mai 1808 bricht ein Aufstand der Madrilenen aus, der brutal niedergeschlagen wird.

1868 Nach zahlreichen Aufständen und Erhebungen flieht Königin Isabella II. (1830–1904) nach Frankreich.

1873 Ausrufung der Ersten Republik.

1874 Wiedereinsetzung der Monarchie.

1923 Die Militärdiktatur unter Miguel Primo de Riveras beginnt.

1931 Die Zweite Republik beginnt. Sozialisten, Anarchisten, Syndikalisten, katalanische Nationalisten besiegen an den Wahlurnen die konservativ-klerikalen Kräfte. König Alfonso XIII. geht ins Exil nach Italien.

1936 Francisco Franco geht mit seinen Truppen von Marokko aus kommend in Andalusien an Land. Der spanische Bürgerkrieg beginnt. Die deutsche Legion Condor zerstört das baskische Guernica. Pablo Picasso schuf dazu ein Bild.

1939 Ende des Bürgerkrieges. Die siegreichen Faschisten unter Franco errichten eine Diktatur. Das traumatisierte Land erstarrt.

1975 Franco stirbt. König Juan Carlos I. besteigt den Thron; eine vorsichtige Öffnung zur Demokratie beginnt, die Periode der *transición*.

1982 Der Führer der sozialistischen PSOE und »Enkel Willy Brandts«, Felipe González, gewinnt die Parlamentswahlen. Der Modernisierungsschub beginnt.

1983 Verabschiedung des Autonomiestatus von Madrid.

1986 Spanien tritt der EU bei.

1992 Madrid wird Kulturstadt Europas.

2004 Am 11. März zerfetzen Bomben vier Vorortzüge auf dem Bahnhof Atocha, 191 Menschen sterben. Die Täter stammen aus dem Al-Qaida-Netzwerk. Der Sozialist José Luis Zapatero siegt bei den Parlamentswahlen.

2011 Die Immobilienblase platzt, die Finanzkrise beginnt. An der Puerta del Sol kampieren Demonstranten, die gegen das Wirtschaftssystem protestieren. Die Arbeitslosigkeit, insbesondere die von Jugendlichen, steigt an.

2013 Madrids Bewerbung für die Olympischen Sommerspiele im Jahr 2020 trug Kronprinz Felipe klugerweise mit dem Argument der Nachhaltigkeit vor, denn viele Stadien gibt es bereits. Er hatte damit allerdings keinen Erfolg.

DAS ZENTRUM

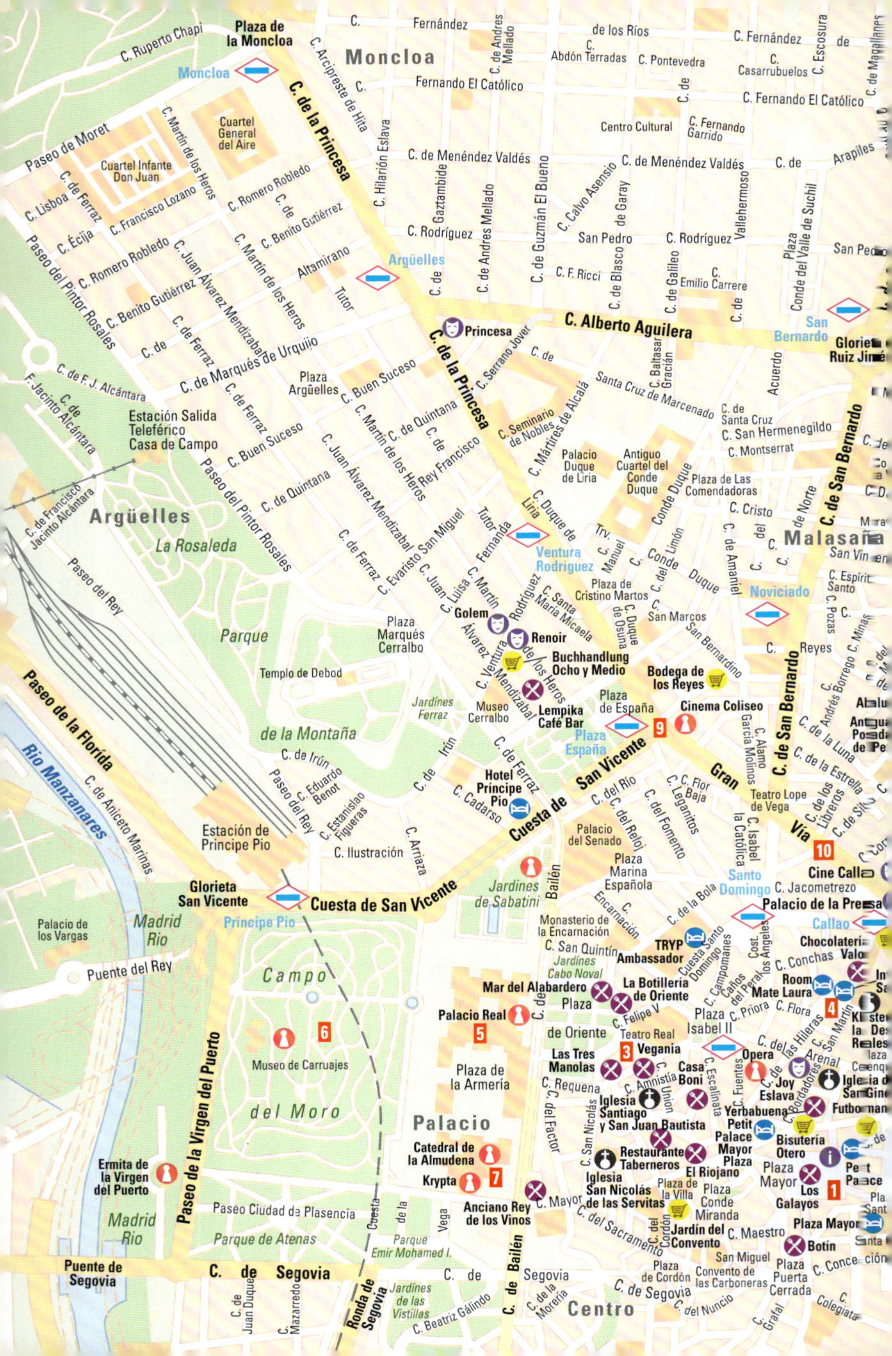

Plaza de la Moncloa
Moncloa
C. Ruperto Chapí
C. Arcipreste de Hita
C. de la Princesa
Cuartel General del Aire
Cuartel Infante Don Juan
Paseo de Moret
C. Martín de los Heros
C. Lisboa
C. de Ferraz
C. Francisco Lozano
C. Romero Robledo
C. Benito Gutiérrez
C. Écija
Paseo del Pintor Rosales
C. Juan Álvarez Mendizábal
Altamirano
Tutor
Argüelles
C. Hilarión Eslava
C. Fernández de los Ríos
C. de Andrés Mellado
C. Abdón Terradas
C. Pontevedra
C. Fernández de Casarrubuelos
C. Escosura
C. de Magallanes
C. Fernando El Católico
Centro Cultural
C. Fernando Garrido
C. de Menéndez Valdés
C. Gaztambide
C. de Guzmán El Bueno
C. Calvo Asensio
C. de Blasco de Garay
C. de Galileo
C. Vallehermoso
C. de Arapiles
C. Rodríguez San Pedro
C. F. Ricci
C. Emilio Carrere
Plaza Conde del Valle de Suchil
San Bernardo
Glorieta Ruiz Jiménez
Princesa
C. Alberto Aguilera
C. Serrano Jover
C. de Santa Cruz de Marcenado
C. Baltasar Gracián
C. de Acuerdo
C. de Marqués de Urquijo
C. de F. J. Alcántara
Plaza Argüelles
C. Buen Suceso
C. de Quintana
C. de Rey Francisco
C. Seminario de Nobles
C. Mártires de Alcalá
Palacio Duque de Liria
Antiguo Cuartel del Conde Duque
C. de Santa Cruz
C. San Hermenegildo
C. Montserrat
Plaza de Las Comendadoras
C. Cristo
C. de Norte
C. de San Bernardo
Malasaña
Estación Salida Teleférico Casa de Campo
C. de Francisco Jacinto Alcántara
Argüelles
La Rosaleda
Paseo del Rey
C. de Ferraz
C. Evaristo San Miguel
C. Luisa Fernanda
C. Duque de Liria
Ventura Rodríguez
Trv. Conde Duque
C. del Limón
C. de Amaniel
Noviciado
C. Espíritu Santo
San Vicente
Plaza de Cristino Martos
C. Santa María Micaela
C. Duque de Osuna
C. San Marcos
C. San Bernardino
C. Reyes
C. Pozas
C. Minas
C. Andrés Borrego
Golem
Renoir
Plaza Marqués Cerralbo
Parque
Templo de Debod
Buchhandlung Ocho y Medio
Bodega de los Reyes
Jardines Ferraz
Museo Cerralbo
Lempika Café Bar
Plaza de España
Cinema Coliseo
9
de la Montaña
C. Álamo
C. García Molinos
C. de la Luna
C. de la Estrella
Paseo de la Florida
Río Manzanares
C. de Irún
C. Eduardo Benot
C. Estanislao Figueras
Paseo del Rey
C. Cadarso
Hotel Príncipe Pío
Cuesta de San Vicente
Gran Vía
C. Flor Baja
C. Leganitos
C. del Río
C. del Reloj
C. del Fomento
Teatro Lope de Vega
C. de los Libreros
C. de Silva
C. Isabel la Católica
C. de Aniceto Marinas
Estación de Príncipe Pío
C. Ilustración
C. Arriaza
Palacio del Senado
Plaza Marina Española
10
Cine Callao
Santo Domingo
C. Jacometrezo
Palacio de la Prensa
Glorieta San Vicente
Príncipe Pío
Jardines de Sabatini
Bailén
Monasterio de la Encarnación
C. Encarnación
C. de la Bola
TRYP Ambassador
Cuesta Santo Domingo
Cost. de los Ángeles
Callao
Chocolatería Valor
Palacio de los Vargas
Madrid Río
Puente del Rey
Campo
C. San Quintín
Jardines Cabo Noval
C. Campomanes
Caños del Peral
C. Concha
Room Mate Laura
Mar del Alabardero
La Botillería de Oriente
Plaza de Oriente
C. Felipe V
Plaza Isabel II
C. Priora
C. Flora
4
Palacio Real
5
6
Museo de Carruajes
Teatro Real
Vegania
3
Opera
C. de las Hileras
C. San Martín
Las Tres Manolas
C. Requena
C. Amnistía
C. Unión
Casa Boni
C. Escalinata
C. Fuentes
Joy Eslava
C. Bordadores
C. Arenal
Paseo de la Virgen del Puerto
del Moro
Plaza de la Armería
C. del Factor
C. San Nicolás
Iglesia Santiago y San Juan Bautista
Yerbabuena
Petit Palace Mayor Plaza
Bisutería Otero
Futbo
Palacio
Catedral de la Almudena
7
Krypta
Restaurante Taberneros
El Riojano
Plaza Mayor
Los Galayos
1
Ermita de la Virgen del Puerto
Iglesia San Nicolás de las Servitas
Plaza de la Villa
Plaza Conde Miranda
Madrid Río
Paseo Ciudad de Plasencia
Parque de Atenas
Cuesta de la Vega
Anciano Rey de los Vinos
C. Mayor
C. del Sacramento
C. del Cordón
Jardín del Convento
C. Maestro
Plaza Mayor
Botín
Parque Emir Mohamed I.
San Miguel
Puente de Segovia
C. de Segovia
C. de Bailén
Plaza de Cordón
Convento de las Carboneras
Plaza Puerta Cerrada
C. Concepción
C. de Juan Duque
C. Mazarredo
Ronda de Segovia
Jardines de las Vistillas
C. Beatriz Galindo
C. de la Morería
Centro
C. del Nuncio
C. Grafal
C. Colegiata

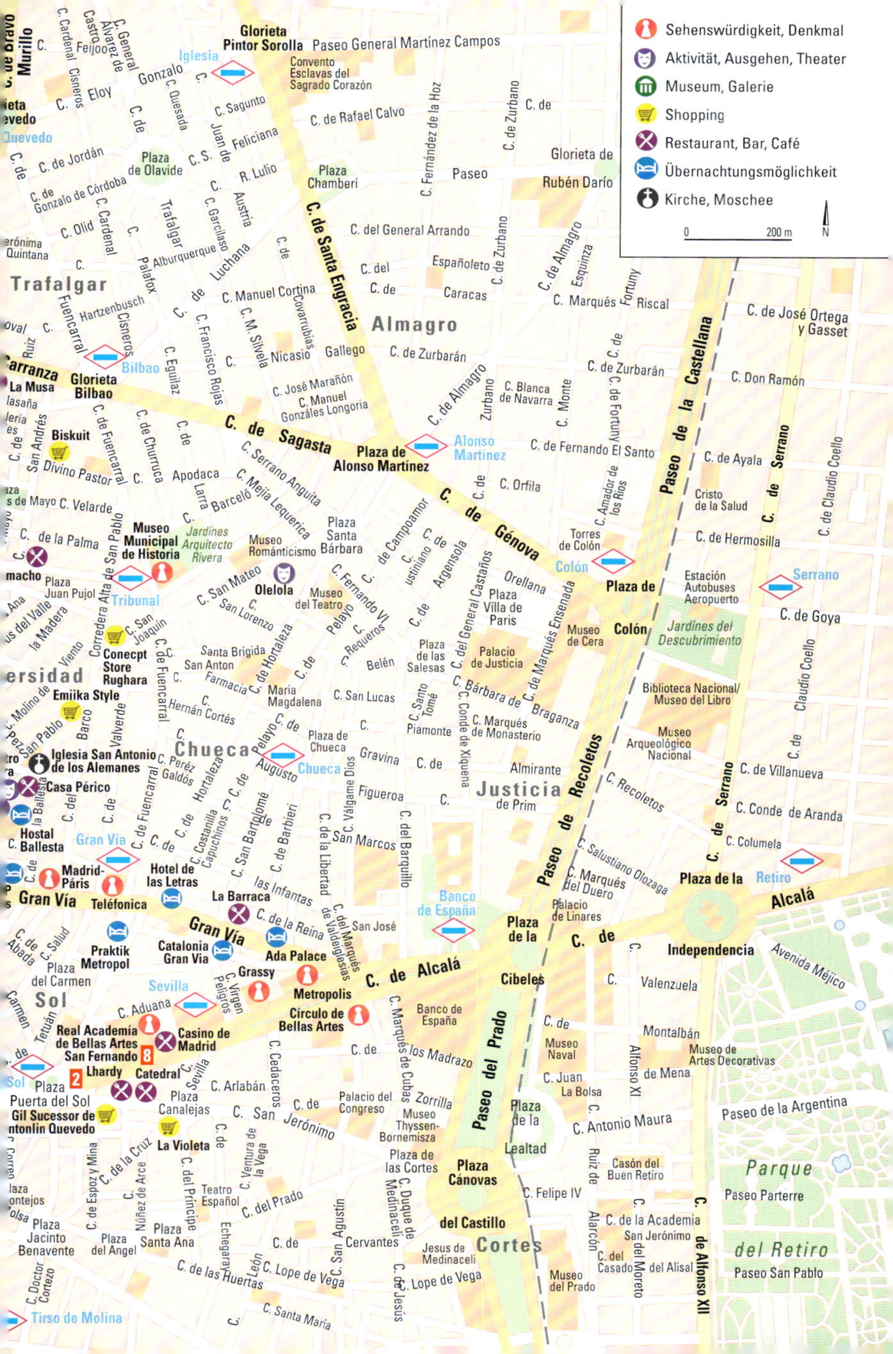

Sehenswürdigkeit, Denkmal
Aktivität, Ausgehen, Theater
Museum, Galerie
Shopping
Restaurant, Bar, Café
Übernachtungsmöglichkeit
Kirche, Moschee
0
200 m
N
Glorieta Pintor Sorolla
Paseo General Martínez Campos
Iglesia
Convento Esclavas del Sagrado Corazón
C. de Rafael Calvo
C. Fernández de la Hoz
C. de Zurbano
Glorieta de Rubén Darío
Paseo
Plaza de Olavide
Plaza Chamberí
C. de Santa Engracia
C. del General Arrando
Españoleto
Caracas
C. de Almagro
C. Marqués Riscal
Esquinza
Fortuny
Trafalgar
Almagro
C. de José Ortega y Gasset
C. Manuel Cortina
Covarrubias
Nicasio Gallego
C. de Zurbarán
C. Don Ramón
C. Blanca de Navarra
C. Monte
C. de Fortuny
Paseo de la Castellana
Glorieta Bilbao
Bilbao
C. José Marañón
C. Manuel Gonzáles Longoria
C. de Sagasta
Plaza de Alonso Martínez
Alonso Martínez
C. de Fernando El Santo
C. de Ayala
C. de Serrano
C. de Claudio Coello
La Musa
Biskuit
Divino Pastor
C. de Fuencarral
C. de Churruca
Apodaca
C. Serrano Anguita
C. Mejía Lequerica
C. Orfila
C. de Génova
C. Amador de los Ríos
Cristo de la Salud
C. de Hermosilla
C. Velarde
C. de la Palma
Museo Municipal de Historia
Jardines Arquitecto Rivera
Museo Romanticismo
Plaza Santa Bárbara
Torres de Colón
Colón
Plaza de Colón
Estación Autobuses Aeropuerto
Serrano
Tribunal
Plaza Juan Pujol
C. San Mateo
Olelola
Museo del Teatro
C. Fernando VI
Orellana
Plaza Villa de Paris
Museo de Cera
Jardines del Descubrimiento
C. de Goya
Conecpt Store Rughara
Santa Brígida
San Anton
Farmacia
C. de Hortaleza
Belén
Plaza de las Salesas
Palacio de Justicia
C. de Marqués Ensenada
Biblioteca Nacional/ Museo del Libro
Claudio Coello
Universidad
Emiika Style
C. Hernán Cortés
Maria Magdalena
C. San Lucas
C. Santo Tomé
C. Bárbara de Braganza
C. Marqués de Monasterio
Museo Arqueológico Nacional
Iglesia San Antonio de los Alemanes
Chueca
Plaza de Chueca
Gravina
Piamonte
C. Conde de Xiquena
Almirante
C. de Villanueva
Casa Périco
C. Pérez Galdós
Augusto
Figueroa
Justicia
C. Recoletos
C. Conde de Aranda
Hostal C. Ballesta
Gran Vía
San Marcos
C. del Barquillo
Paseo de Recoletos
C. Columela
Madrid-Páris
Hotel de las Letras
C. San Bartolomé
C. de Barbieri
C. de la Libertad
C. Salustiano Olozaga
C. Marqués del Duero
Plaza de la Independencia
Retiro
Alcalá
Teléfonica
La Barraca
las Infantas
Banco de España
Palacio de Linares
Praktik Metropol
Catalonia Gran Via
C. de la Reina
Ada Palace
San José
Plaza de la Cibeles
C. de Alcalá
Avenida México
Plaza del Carmen
Sol
Sevilla
Grassy
Metropolis
Valenzuela
C. Aduana
Círculo de Bellas Artes
Banco de España
Real Academía de Bellas Artes San Fernando
Casino de Madrid
C. Marqués de Cubas
los Madrazo
Paseo del Prado
Museo Naval
Montalbán
Museo de Artes Decorativas
Lhardy
Catedral
Plaza Puerta del Sol
C. Arlabán
C. Cedaceros
Palacio del Congreso
Zorrilla
Museo Thyssen-Bornemisza
C. Juan de Mena
La Bolsa
Alfonso XI
Gil Sucessor de Antonlin Quevedo
Plaza Canalejas
C. San Jerónimo
Plaza de la Lealtad
C. Antonio Maura
Paseo de la Argentina
La Violeta
Plaza de las Cortes
Plaza Cánovas del Castillo
Casón del Buen Retiro
Parque del Retiro
Paseo Parterre
C. Felipe IV
C. de la Academia
Plaza Jacinto Benavente
Plaza del Angel
Plaza Santa Ana
Teatro Español
C. del Prado
C. del Príncipe
Echegaray
C. San Agustín
Cervantes
C. Duque de Medinaceli
Jesus de Medinaceli
Cortes
C. San Jerónimo
C. del Casado del Alisal
C. del Moreto
C. de Alfonso XII
Paseo San Pablo
C. de las Huertas
C. Lope de Vega
C. de Jesús
Museo del Prado
C. Santa María
Tirso de Molina

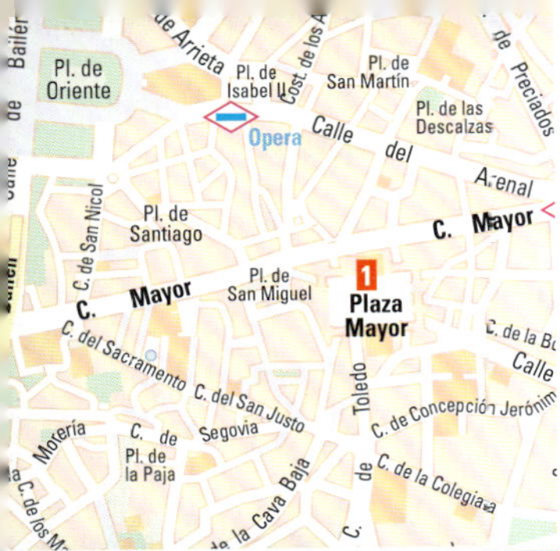

Vorangegangene Doppelseite: Viva! Don Quijote und Sancho Fansa reiten auf der Plaza de España.
Oben: Zu jeder Tageszeit ist die Plaza Mayor ein Treffpunkt.
Unten: Auf dem Münzen- und Briefmarkenmarkt der Plaza Mayor findet man so manches Schnäppchen.

1 Die Plaza Mayor und das Habsburger Madrid

Im Herzen der Stadt

Ein natürlicherer Mittelpunkt als die Plaza Mayor lässt sich gar nicht denken. Dieses repräsentative Renaissance-Rechteck mit seinen Arkadengängen und dem Denkmal von Philipp III. in seiner Mitte war immer schon politischer und kultureller Schauplatz gewesen. In den Gässchen, die den Platz einrahmen, findet man betagte Tavernen und traditionelle Gasthäuser.

Die ruhige Symmetrie seiner Anlage entspricht den architektonischen Konzepten seiner Epoche. Auch heute noch bringt die Plaza Mayor Gleichmaß in das turbulente Zentrum. Sie gilt neben der von Salamanca als die schönste in ganz Spanien. Das Reiterstandbild von Philipp III. (1578–1621) aus der Habsburger Dynastie schuf Pietro Tacca 1848. Die Herrscherdynastie, der der König entstammt, verlieh dem gesamten Viertel seinen Namen: *Barrio de las Austrias*. Einige aus dieser Epoche stammende Gebäude und Plätze zieren noch das *barrio*.

Altmodischer Charme

Der 129 Meter lange und 94 Meter breite Platz wird von vierstöckigen Häuserriegeln umschlossen, die mit französischen Balkonen geschmückt sind. Nichts lenkt vom Flanieren unter den granitenen Bogengängen ab. Höchstens vielleicht die Gaukler und Zauberer, die sich auf der Plaza eingefunden haben und mit ihren Künsten beeindrucken wollen. Unter den Schatten spendenden Arkaden reiht sich ein Geschäft an das nächste – und alle sind sie von altmodischem Charme beseelt. Wie alt sie tatsächlich sind, verraten die Metallplaketten, die ins Pflaster vor den Geschäften eingesenkt wurden. Nur wenn sich am gleichen Ort mehr als 100 Jahre lang dasselbe Gewerbe befindet, wird diese Plakette vergeben. Etwa für die Herrenausstatter, in deren fein gearbeiteten Holzschubladen gestärkte Hemden ruhen, für die Hutgeschäfte mit echten Sombreros aus Ecuador oder für die Numismatik-Läden, deren große Stunde jeweils sonntags vormittags schlägt, wenn ein Trödelmarkt für Münzen abgehalten wird. Die eine oder andere Rarität aus der Franco-Zeit befindet sich immer darunter und macht darauf aufmerksam, dass die Gesellschaft Spaniens bisweilen noch eine rückwärtsgewandte Facette hat.

Viele Restaurants servieren auf den *terrazas* – und das zu ziemlich überteuerten Preisen. Einen Kaffee sollte man sich dennoch gönnen, um das Treiben auf der Plaza zu verfolgen. Unter den Restaurants sticht das »Galayos« hervor. Das Interieur überrascht: eine Ausstattung wie aus einem Ritterroman mit dunkelroten Wänden und Ritterstühlen. Auch die Fotogalerie ist nicht zu verachten: Auf vergilbten Aufnahmen erkennt man Federico García Lorca, Pablo Neruda und Vicente Aleixandre bei ihrer letzten Zusammenkunft vor Ausbruch des Bürgerkriegs.

Des Königs Entscheidung

Wie oft wird man der Plaza Mayor im Laufe des Besuchs noch wieder begegnen! Auf der *maqueta* beispielsweise, dem Miniaturnachbau im sehenswerten historischen Museum, auf Stichen und Gemälden im Prado und im Museo Thyssen-Bornemiza. Sie ist vermutlich die am besten dokumentierte Plaza von Madrid, und so lässt sich ihre Geschichte leicht nachvollziehen: Das spanische Königshaus hatte zunächst ja keinen eigentlichen

AUTORENTIPP!

MERCADO DE SAN MIGUEL

Wer sich abends oder am Samstag einfindet, mag es unter Umständen etwas zu lebhaft finden, aber das liegt nun mal an seiner Beliebtheit: Der »Mercado de San Miguel« im historischen Marktgebäude ist kein Markt für Lebensmittel mehr – das war er einstmals – sondern eine Halle für vielfältige spanische Genüsse. Das Modegetränk Bubble Tea ist bestimmt nicht darunter ... In dieser schönen traditionellen Markthalle aus viel Glas und verziertem Eisen aus den Anfängen des 20. Jahrhunderts verabredet man sich auf eine *caña*, ein kleines gezapftes Bier oder einen Vermouth, verspeist dazu eine *empanada gallega*, eine Thunfischpastete mit Oliven, oder eingelegte Sardellen oder Käse, deckt sich mit köstlichen Backwaren ein oder greift zur frischen Auster, gekrönt von einem Glas kalten Weißwein. Man will die kulinarische Vielfalt Spaniens präsentieren, sagen die Betreiber.

Mercado de San Miguel.
Mo–Do 10–24 Uhr, am Wochenende bis 2 Uhr, Plaza de San Miguel, Tel. 915 42 49 36, Metro: Sol

Oben: Die Fassade der Casa de la Panaderia an der Plaza Mayor zeigt reichen Bilderschmuck.
Mitte: Sphärenklänge auf der Plaza Mayor
Unten: Der Arco de Cuchilleros führt zur Plaza Mayor hinauf.

Stammsitz, sondern residierte in mehreren Palästen. Philipp II. (1527–1598) erkor 1561 Madrid zur Hauptstadt und verlegte den königlichen Hof hierher. 1580 dann ließ er den Platz entwerfen, der sich damals noch außerhalb des Zentrums befand. Die Größe des Platzes ließ erstaunen: Madrid muss man sich als ein damals unübersichtliches Gewirr von kopfsteingepflasterten Gassen oder Erdpfaden vorstellen, da erschienen die Ausmaße der Plaza Mayor als überwältigend. Das schönste Gebäude war auf Anhieb die von zwei Turmaufbauten flankierte Casa de la Panadería (1619), das Haus der Bäckerei, in der die öffentliche Backstube von Madrid eingerichtet wurde – auf der gegenüberliegenden Seite erhob sich bald ein spiegelbildliches Gebäude, die Casa de la Carnicería, die Metzgerei. Die Aufsehen erregenden Fresken der Casa de la Panadería allerdings wurden erst zwischen 1988 und 1992 aufgetragen. Sie zeigen mythologische Szenen und Figuren. Die Panadería besaß auch in den vorhergehenden Jahrhunderten Wandmalereien, doch waren sie durch Brände zerstört worden.

Turniere und Fußballspiele

Nicht nur der Markt für Fleisch, Gemüse, Obst, Kleider, Tuche und Stoffe wurde hier von der Mitte des 16. bis zur Mitte des 19. Jahrhunderts abgehalten, es fanden ebenfalls Turniere, Volksbelustigungen und sogar Fußballspiele statt. Auch war es der Platz für die fürchterlichen Autodafés, Glaubensurteile, die unter der Inquisition gefällt wurden. Die der Gotteslästerung und Häresie Angeklagten wurden – durch hohe spitze Hüten kenntlich gemacht – auf den Platz geführt und ihrem Richterurteil überlassen. Generell war der Tod durch Verbrennung vorgesehen – nur wer sich zu Ketzereien bekannte, wurde zuvor als Akt der Gnade erdrosselt. Dreihundert Jahre währte dieser

Schrecken. Im Prado hängt eines der berühmtesten Gemälde, das eine Autodafé auf der Plaza Mayor zeigt. Gemalt wurde es 1683 von Francisco Rizi – das Zeugnis eines der düstersten Kapitel der spanischen Geschichte.

Die Plaza Mayor ist durch neun verschiedene Passagen erreichbar, die zum Teil mit Torbögen versehen sind. Auch liegt sie leicht erhöht, so dass man durch die verschiedenen Gässchen und Passagen hinauf- oder hinabläuft. Der bekannteste dürfte der Arco de Cuchilleros sein, der Bogen der Messerschleifer, der mit hellen Steinen ausgekleidet wurde. Ist man da hindurchgeschlüpft, wartet die Gasse gleich mit mehreren Höhepunkten auf. Der größte ist wahrscheinlich das Restaurant »Botín«, das seit 1725 an derselben Stelle seinen Jungschweinbraten *cochinito* serviert. Das hat ihm einen Eintrag ins Guinness-Buch der Rekorde eingebracht. Diese Ehrung bräuchte es gar nicht – das alte Haus atmet reine Originalität. Überhaupt ist die Cuchilleros eine Straße für Liebhaber handfester Kost. In den heute noch vorhandenen *Mesones* wurden auch früher schon die Marktgänger verköstigt, in den Tavernen gabs den Wein dazu. Später vermischten sich die Gewerbe, und man

MAL EHRLICH

BESSER ESSEN

Es ist wahr, die Krise schlägt bei jedem zu. Oder bei fast jedem. Aber sollte man sich deswegen in die internationalen Kettenrestaurants setzen, die im Zentrum allerorten anzutreffen sind? Nein. In der Umgebung der Plaza Mayor – freilich nicht direkt an der Plaza Mayor! – stehen Dutzende urige, schöne, alte traditionelle Tavernen zur Auswahl, in denen sich auch für wenig Geld gut speisen lässt. Oft bieten sie ein Mittagsmenü für zehn Euro an. Mit spanischer bzw. madrilener Hausmannskost.

AUTORENTIPP!

CHOCOLATERÍA SAN GINÉS

Es ist ja nun nicht so, dass man es unbedingt machen muss wie Madrids Nachtschwärmer, nämlich nach einer durchbummelten Nacht sich mit *churros*, zuckerbestreuten Schmalzkringeln, und einer Tasse heißer Schokolade auf den kommenden Tag oder auch auf das Bett vorzubereiten, man kann die Schokolade auch zu jeder anderen Tageszeit zu sich nehmen, die Traditions-Chocolatería hat 24 Stunden geöffnet. Früher hieß sie »La Escondida« – die Versteckte – und das ist die Lokalität auch. Sie liegt nämlich in einer Passage zwischen der Calle Mayor und der Calle Arenal. Seit 1894 schon werden hier die *churros* in langen Kringeln in siedendem Fett ausgebacken und dann, in Stücke geschnitten, serviert – meist nimmt man dicke dunkle Schokolade dazu. Das Ambiente in der »Chocolatería San Ginés« atmet mit seinen Thonetstühlchen und runden Marmortischen Tradition. *Adíos donuts!*

Chocolatería San Ginés.
tgl. 24 Std. geöffnet,
Pasadizo San Ginés,
Tel. 915 65 65 46, Metro: Sol

AUTORENTIPP!

DIE MESONES IN DER CALLE CUCHILLEROS

Die Mesones entstammen einer Zeit, als das *Madrid de los Austrias* noch lebte, das Madrid der Habsburger. Der zweite Habsburger-König Philipp II. wählte Madrid als Zentrum seines Reiches, und als Zentrum seiner Hauptstadt ließ er die Plaza Mayor entwerfen. Sie war von Gräben umgeben, was den Sockel erklärt, auf dem sich die Plaza scheinbar befindet. Die Straßen, die sie umschließen, liegen also deutlich niedriger, so auch die Calle Cuchilleros. Seit Jahrhunderten existieren hier in den tiefen Kammern und Höhlen unterhalb der Plaza Mayor die Tavernen und Schenken, die von Handeltreibenden und Marktbesuchern gerne aufgesucht wurden. Eine frühere Regel sah vor, dass jedes *Mesón* nur eine besondere kulinarische Spezialität auftischen durfte. Diese Tradition hat sich erhalten, und so kann man von *Mesón* zu *Mesón* ziehen und die jeweilige Spezialität ausprobieren.

konnte auch in den Tavernen etwas zu essen bekommen. Diese traditionellen und rustikalen *Mesones* reihen sich in der Cuchilleros aneinander und haben sich jeweils auf unterschiedliche Gerichte spezialisiert. Ein weiterer Höhepunkt: In der Hausnummer 15 residiert Madrids ältestes Barbiergeschäft.

Die Schätze der Calle Mayor

Die Calle Mayor liegt am nördlichen Saum der Plaza und verbindet die Puerta del Sol mit der Calle Bailén und der Almudena-Kathedrale. Eine vielbesuchte Straße also – und eine recht feine Wohnadresse, von der die stark verzierten Fassaden der meist sechsstöckigen, großbürgerlichen Häuser künden. Sie eignet sich zum Einkaufsbummeln, findet man hier doch Dependencen der spanischen Designmarken Desigual und Custo de Barcelona, Parfümerien, Tapasbars und kleine Restaurants, Konditoreien und Schmuckgeschäfte und die eine oder andere Kuriosität wie beispielsweise das schmalste Haus von ganz Madrid, die Nummer 61, das der berühmte Bühnenautor Calderón de la Barca bis zu seinem Tod 1681 bewohnte. Platz gibt's tatsächlich nur für ein einziges Balkonfenster pro Etage.

Fast an der Einmündung in die Calle Bailén befindet sich die »Taberna Ciriako«, in der die Figur des Max aus dem Theaterstück *Luces de Bohemia* des Schriftstellers Ramón María del Valle Inclán (1866–1936) seine nächtliche Pilgerreise antritt.

An der winzigen Plaza de Herradores liegt das Museo del Pan Gallego, das kein Museum ist, sondern ein fantastischer Brotladen. Ein bemaltes Kachelschild ehrt die ersten Taxis von Madrid, denn hier an der Plaza befand sich die Haltestelle für Tragesänften.

Die Plaza de la Villa

Schräg gegenüber öffnet sich die ruhige rechteckige Plaza de la Villa – kein Winkel der Stadt ist wohl stärker vom Barock geprägt. Alle Gebäude rund um den Platz sind üppig mit Backstein und Portaleinfassungen verziert. Stimmungsvolle Laternenampeln aus Schmiedeisen schmücken die Balkone aus. Mehrere Architekten haben hier Hand angelegt, so Juan Villanueva im 18. Jahrhundert, der Platz wurde allerdings schon im 16. Jahrhundert gestaltet. An seiner Ostseite erhebt sich die Casa de la Villa, das ehemalige Rathaus von 1644, das mit einer klassizistischen Säulenparade ausstaffiert wurde.

Dem Rathaus gegenüber liegt die Casa de los Lujanes, ein alter Adelspalast aus dem frühen 15. Jahrhundert – dem Zeitalter des *Mudéjar*, mit Stilelementen wie z.B. den Hufeisenbögen. An der Stirnseite des Platzes befindet sich die Casa de los Cisneros. Besondere Aufmerksamkeit sollte man auch dem triumphierenden Bronze-Herrn in der Platzmitte schenken, dessen Marmorsockel ihn als Álvaro de Bazán ausweist. Er war der Befehl führende Admiral in der Seeschlacht von Lepanto 1581, in der die Türken besiegt wurden.

Oben: Die Gigantes tanzen zur Fiesta de San Isidro auf der Plaza de la Villa.
Unten: Die schöne Umgebung des Mercado San Miguel

Infos und Adressen

ESSEN UND TRINKEN

Botín. Die Fassade könnte nicht typischer sein für eine alteingesessene Madrider Taverne: Backstein und bunte Butzenscheibenfenster mit Holzfronten und Glastüren. Dahinter öffnet sich das laut dem Guiness-Buch der Rekorde älteste Restaurant der Welt, das schon seit 1725 an derselben Stelle besteht. Hier hat auch Ernest Hemingway seinen Jungschweinbraten an den weiß gedeckten Tischen verzehrt. Ein echter *cochinito* wird auch heute noch in einem uralten Ofen gebraten. Das kleine, heimelige Restaurant ist auf zwei Mini-Stockwerke verteilt, die durch eine steile Holztreppe verbunden sind. Tgl. 13–16 und 20–24 Uhr, Calle Cuchilleros 17, Tel. 913 66 42 17, www.botin.es, Metro: Sol

Jungferkelbraten im »Botín«

Los Galayos. Hat eine Terrasse auf der Plaza Mayor und eine prämierte deftige Küche mit Tapas und viel Gutem vom Schwein auf der Speisekarte. Der Speisesaal ist ganz in Rot gehalten, die schmiedeeisernen Kerzenleuchter verbreiten Ritteratmosphäre. Tgl. 12–24 Uhr, die Cafébar mit Terrasse öffnet ab 9 Uhr. Calle Bontoneros 5, Plaza Mayor 1, Tel. 913 66 30 38, www.losgalayos.net, Metro: Sol.

El Riojano. Traditioneller geht es kaum als in diesem altmodischen kleinen Tee-Salon. Vorne werden das köstliche Gebäck und die Pralinen verkauft, wobei passende hübsche Zangen zum Einsatz kommen, hinten im zierlichen Salon werden Cafés, Tees und Petit Fours genossen. Die Rezepte sind urspanisch: *merengues, polverones, marzapanes, turrones*. Das Lokal gibt sich distinguiert. Mo–Fr 10–14 und 17–21 Uhr, Sa 10–14.30, 17.30–21 Uhr. Calle Mayor 10, Tel. 913 66 44 82, www.confiteriariojano.com, Metro: Sol

Yerbabuena. Klein und grün: Hier wird in buntem lustigen Rahmen mitten im Zentrum Vegetarisches aufgetischt. Das ist im schweineverliebten Madrid schon bemerkenswert. Jeden Tag gibt's einen Mittagstisch mit wechselnden Gerichten. Suppe und Salatkreationen sind immer mit dabei, dazu Quiches, Taboulet, gebratenes Gemüse. Es gibt auch vegane Gerichte. Mo–Sa 13–16.30 und 20–24 Uhr, So Abend geschl. Calle Bordadores 3, Tel. 915 48 08 11, www.yerbabuena.es, Metro: Sol

ÜBERNACHTEN

Hotel Petit Palace Posada del Peine. In einem solchen Viertel sollte man nicht nur traditionell essen, sondern auch traditionell schlafen. Dieses Hotel mit Fassadenmalerei und schönen Balkonen in einer Seitenstraße zur Plaza Mayor besteht seit 1610. Damals teilten sich die Gäste ein Gemeinschaftsbad und *einen* Kamm – daher der Name: Herberge zum Kamm. Viel Backstein und Holz, etwas düster, bequeme Innenausstattung, eher kleine Zimmer. Gehört zur Petit Palace-Kette. Calle Postas 17, Tel. 915 23 81 51, www.hthoteles.com, Metro: Sol

Hotel Plaza Mayor. Gute Lage, die Zimmer sind klein, unterschiedlich geschnitten, alle mit französischen Balkonen ausgestattet und ordentlich möbliert. Die geräumigen Bäder überraschen mit Badewannen. Calle Atocha 2, Tel. 913 60 06 06, www.h-plazamayor.com, Metro: Sol

EINKAUFEN

Bisutería Otero. Wie die Metallplakette im Pflaster beweist, ist der kleine Schmuckladen Otero schon über 100 Jahre alt. Alles ist wirklich spanisch –

Wunderbare kleinen Happen auf dem Mercado San Miguel

und nicht etwa chinesisch, sagt die Besitzerin. Zu entdecken sind bunt getupfte Plastikohrringe für die *ferias* und Flamenco-Kostüme, Modeschmuck, die schönen Schildplattkämme und der echte Art-déco-Schmuck aus den 1940er-Jahren. Mo–Sa 10–14 und 17–20 Uhr. Calle Mayor 28, Tel. 913 66 54 80, www.bisuteriaotero.com, Metro: Sol

Torrens Vicens. Es soll der exquisiteste spanische *turrón* sein, der in diesem Laden verkauft wird, jene spanische Nougatspezialität, die hier zu Weihnachten gehört wie in Deutschland der Stollen oder die Plätzchen. Die einzelnen Provinzen Spaniens sind stolz darauf, jeweils über ein anderes Rezept zu verfügen. Hier bekommt man den köstlichen Nougat in vielen Varianten. Mo–Sa 10–14 und 16–20 Uhr, Calle Mayor 43, Tel. 915 48 94 02, www.vicens.com, Metro: Sol

La Casa de las Maravillas. Flamenco-Fans werden in diesem Traditionsladen hinter den schwarz angemalten Holztüren fündig: Kostüme, Trachten, Kleider, ebenso Kastagnetten und Schuhe werden in großer Auswahl bereitgehalten. Mo–Sa 11–14.30, 16–20 Uhr, Calle de la Sal 3, Tel. 913 66 36 24, www.maravillas3.com Metro: Sol

Alpargatería Casa Hernanz. Ein bisschen Geduld braucht man schon, um an die Reihe zu kommen: Dieser Traditionsladen verkauft nämlich neben Seilen und Körben aus Espartogras die richtigen *alpargatas*, Hanfschuhe mit Leinen, und zwar in allen Farben und Formen zu wirklich günstigen Preisen. DIE Sommerschuhe – auch Penélope Cruz ist Fan. Die Spanierinnen stehen dafür gerne Schlange. Mo–Fr 9–13.30 und 16.30–20 Uhr, Sa 10–14 Uhr, Calle Toledo 18, Tel. 913 66 54 50, Metro: Sol

Jardín del Convento. Leckere Kekse nach traditionellen klösterlichen Rezepten, Marmeladen, eingemachte Früchte und *turrones* offeriert dieser luftige helle Laden, er hat aber auch eine Bioabteilung für Tees, Müsli, Joghurts und Gemüse. Di–So 11–15 und 17.30–21 Uhr, Calle Cordon 1, Plaza de la Villa, Tel. 915 41 22 99, Metro: Sol

INFORMATION

Oficina de Turismo. Prospektmaterial für alle Sehenswürdigkeiten, dazu Stadtpläne und Pläne der wichtigsten Museen. Großes Angebot an Stadtführungen, auch auf Deutsch. Tgl. 9.30–20.30 Uhr. Plaza Mayor 27, Tel 914 54 44 10, www.esmadrid.com, Metro: Sol

Ob man in der Posada del Peine einst wirklich nur mit einem Kamm für alle Übernachtungsgäste auskam?

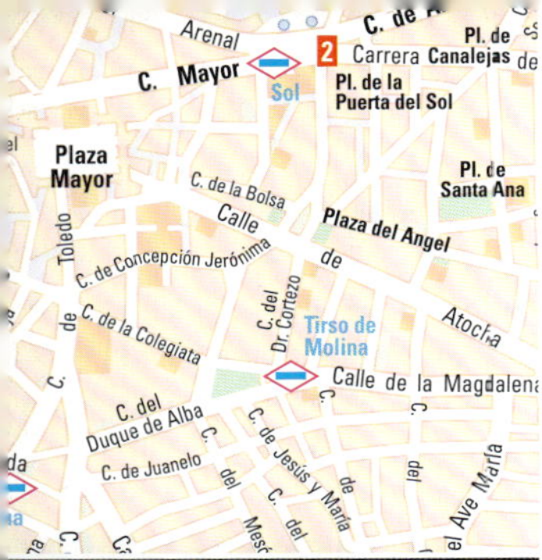

2 Puerta del Sol – Plaza de Canalejas

Madrids quirliges Eingangstor

Gleichmäßig verteilen sich an der Sonnenpforte Puerta del Sol die Fußgängerströme – in den Osten zur exquisiten Calle de Alcalá, in den Süden nach Atocha und Lavapiés, in den Westen zur Plaza Mayor und zum Palacio Real und in den Norden in die Geschäftsviertel hoch zur Gran Vía. Gaukler belustigen Passanten mit ihren Späßen, und – nicht zu vergessen: die Puerta del Sol ist der beste, weil zentralste Platz für Demonstrationen, auch für das Movimiento 15-M im Jahr 2012.

Mitte: Lebhaft, munter, laut, hektisch, schön: die Puerta del Sol.
Unten: Die Bärin und der Erdbeerbaum, zusammen sind sie das Wahrzeichen Madrids – hier an der Puerta del Sol.

Die Puerta del Sol überwältigend. Sie ist zwar nicht der Times Square in New York, aber doch voll und bunt! Haushohe Werbeplakate fesseln derart den Blick, dass man den Null-Kilometerstein, der hier ins Pflaster gesenkt wurde und den Beginn der sechs radial angeordneten Nationalstraßen markiert, die ganz Spanien erschließen, glatt übersehen könnte. Dieser Stein auf dem Vorplatz vor der städtischen Kommunalverwaltung ist zugegebenermaßen ziemlich klein. Aber hübsch ist er: Granitrot auf grauem Untergrund mit dem Umriss der spanischen Halbinsel und einer goldenen Kompassnadel.

Auch das Gebäude der Kommunalverwaltung ist ein Hingucker. Das 1768 erbaute, ehemalige königliche Postamt, ein lang gestreckter, eleganter Bau in Cremeweiß und Ochsenblutrot mit französischen Balkonen, setzt einen typisch spanischen Akzent, zu dem die schmiedeeisernen Gitter entscheidend beitragen. Über dem giebelgekrönten Mittelbau erhebt sich ein Glockenturm, der in jeder Silvesternacht zum meist beachteten Symbol des Jahreswechsels wird – von hier aus ertönen die zwölf Glockenschläge, zu denen traditionell Trauben gegessen werden – für jeden Glockenschlag eine. Dieses Ritual soll Glück für das neue Jahr bringen. Wer es ausprobieren möchte, muss ganz schön schnell schlucken können! Einer der Balkone im Mittelbau war übrigens Schauplatz eines der bedeutungsvollsten historischen Ereignisse des 20. Jahrhunderts: die Ausrufung der Zweiten Republik 1931. Darunter ist eine Halbplastik mit dem Wappen Madrids zu sehen, flankiert von zwei Löwen. Dieser Fassadenschmuck stammt noch aus dem Baujahr 1776.

Die Bärin und der Erdbeerbaum

Betritt man den Platz von der Puerta del Sol her, sollte man zwei Denkmäler nicht übersehen, obwohl das leicht passieren könnte: Das eine ist die Skulptur der Bärin am Erdbeerbaum – *la Osa y el Modroño*, zwischen den Straßen Carrera de San Jerónimo und Calle de Alcalá an der östlichen Seite der Puerta del Sol. Die 20 Tonnen schwere Bronzeskulptur zeigt eine aufrecht stehende Bärin, die an einer üppigen Baumkrone zupft. Der Erdbeerbaum ist ein hochwachsendes Heidekrautgewächs, sein Name rührt von der roten Farbe der Früchte her. Bär und Baum zieren seit Urzeiten das Wappen von Madrid, sie sind überall im Stadtbild zu entdecken, auch der Fußballverein Atlético Madrid führt die Bärin im Wappen. Bis zum 14. Jahrhundert hatte der Bär das Stadtemblem allerdings für sich allein, erst danach kam der Erdbeerbaum dazu.

Wieso die Bärin einen Baum beigestellt bekam, warum ausgerechnet diese beiden Symbole gewählt wurden, um Madrid zu charakterisieren, erklärt man sich auf verschiedene Weisen: Die Bärin

AUTORENTIPP!

FRÜHSTÜCKEN IN DER MALLORQUINA

Richtig spanisch frühstücken ist ganz einfach, man muss es nur hinkriegen, z.B. in der »Mallorquina« an der Ecke Calle Mayor/Puerta del Sol. Erst einmal vom Eingang aus – es führt eine kleine Rampe hinunter - die Situation ins Auge fassen. Aufpassen, dass einen im Gedränge niemand umwirft. Herausfinden, wo es den Café gibt und wo die kleinen unwiderstehlichen Teilchen, die man dazu verzehrt. Dann hinab schreiten und seine Bestellung an der Kasse aufgeben – nicht zu schüchtern – das sind die Spanier auch nicht. Mit dem Verzehrbon vor die Kaffeetheke gehen und einen der köstlichen Milchkaffees oder *Cortados* bekommen, weiter zur Kuchentheke wechseln und *croissant, danesa, rosquilla* oder was immer man gewählt hat, in Empfang nehmen. Sich nicht an den mürrischen Mienen der Verkäufer stören, sie haben in dem Geschrei wirklich keinen leichten Job. Und dann: genießen. Im Stehen natürlich.

Oben: Die Plaza Canalejas ist wirklich klein, aber fein.
Unten: Die Mariblanca und der Turm des ehemaligen Postamtes Auf diese Glocke starrt zum Jahreswechsel halb Spanien. Sie läutet das neue Jahr ein.

symbolisiert Fruchtbarkeit. Bären lebten zudem zuhauf in den Wäldern um Madrid herum. Wichtiger noch, Bärin und Erdbeerbaum stehen als Zeichen für die Macht- und Gebietsaufteilung zwischen Adel und Klerus im 15. Jahrhundert: Dem Klerus gehörten die Felder, dem Adel die Jagdgebiete. Eines jedenfalls ist sicher: Aus dem *Modroño* lässt sich ein ausgezeichneter Likörschnaps (s. S. 45) gewinnen – und es macht Spaß, auf die Suche nach weiteren Bärinnen und Erdbeerbäumen in Madrid zu gehen.

Die zweite Skulptur, die man bei weniger Trubel auf der Puerta del Sol bestimmt schnell entdecken würde, ist die *Mariblanca* an der Einmündung der Calle Arenal zur Puerta del Sol. Diese schneeweiße, in einen dünnen Schleier gehüllte Dame ist die Kopie einer italienischen Marmorskulptur aus dem 17. Jahrhundert, die ursprünglich einen reich verzierten Brunnen krönte. Der Brunnen existiert nicht mehr; und die *Mariblanca* zog dann mehrfach um, bis sie wieder ihren angestammten Platz einnahm. Allerdings ist die Skulptur heute nach diversen Beschädigungen an dieser Stelle nur mehr eine Kopie. Ihrer Schönheit und Lebendigkeit hat das aber keinen Abbruch getan. Das Original befindet sich in der Casa de la Villa an der Plaza de la Villa am Ende der Calle Mayor.

Carlos III. und der Taubendreck

Nicht zu übersehen ist dagegen die Reiterstatue von Carlos III. (1716–1788), die sich über einem mächtigen Marmorsockel erhebt. Sie misst stattliche neun Meter und ist die Bronzekopie eines Originals, das unweit in der Real Academía de Bellas Artes zu bestaunen ist. Und damit sie im Freien nicht ständig von Taubendreck bekleckert würde, hat man ein elektronisches Signal installiert, das die Vögel fernhält. Carlos III. oder Karl III., wie er hierzulande genannt wird, war als absolutistischer Herrscher daran interessiert, einige der Ideen der Aufklärung umzusetzen. Der Brunnen neben der Statue hat sich zu einem gut besuchten Treffpunkt entwickelt. Auf seinen Stufen sitzend kann man das Treiben rundherum beobachten und die vielen Gaukler bestaunen, die mit ihren Taschenspielertricks ein stetig wechselndes Publikum glänzend unterhalten.

Unterirdisch, auf drei Ebenen verteilt, liegt einer der wichtigsten Verkehrsknotenpunkte der Stadt, die Metro- und Bahnstation Sol. Es müssen täglich Hunderttausende sein, die hier den Vorortzügen entströmen und die Umsteigebahnhöfe nutzen. Angesichts dieser Massen ist es schon fast als »Sonderangebot« zu sehen, dass die konservative Stadtregierung im Frühjahr 2013 an Vodafone für drei Millionen das Recht verkaufte, zwei Jahre lang überall dort, wo der Name der Station Sol auftaucht, den Schriftzug von Vodafone danebenzusetzen, auf Schildern, in Verkehrs- und Stadt-

Oben: Auf hohem Ross sitzt Carlos III. auf der Puerta del Sol. **Mitte:** Der Nullkilometrstein markiert den Beginn der sechs radial angeordneten Nationalstraßen, die ganz Spanien erschließen. **Unten:** Wachen vor der Real Casa de Correos

AUTORENTIPP!

CASA DE TOMÁS ALLENDE – REGIONALISMO PUR

Ein Gustostück der Architektur liegt an der nordöstlichen Ecke. Die Casa de Tomás Allende wurde 1916 von Leonardo Rucabardo als superluxuriöses Miethaus entworfen. Die Fassade ist eine einzigartige Komposition im Regionalismo-Stil, einer Weiterentwicklung des Historismus. Hier haben wir den *ladrillo* (Ziegelstein) aus Madrid, den *Balcón-Mirador,* wie er typisch für Asturien ist, die Muscheln, die man in Salamanca als Fassadendekoration verwendet, wunderbaren Kachelschmuck, bekannt aus Andalusien, hier zur vollen Ornamentik erblühend, über allem schwebt die Dama de Elche mit ihren rätselhaften Schmuck, der die Ohren wie Haarschnecken einfasst. Die eigentliche Dama de Elche stammt aus dem 5. Jahrhundert v. Chr. und verkörpert den Höhepunkt der iberischen Kultur. Das Original befindet sich im Archäologischen Museum (s. S. 229)

Das repräsentativste Exemplar der Regionalisme-Architektur ist die Casa de Tomás Allende an der Plaza Canalejas.

plänen sowie in Metro-Übersichten. Zu diesem in der Hauptstadt viel und meistens bitter kommentierten Handel entschloss man sich, um den gigantischen Schuldenberg abzubauen, den die Stadt angehäuft hatte. Nicht immer war die Puerta del Sol so quirlig, nicht immer war sie so groß. Aber alt ist sie, der Vorgängerbau war im Mittelalter Teil einer Mauer, die eine vorstädtische Erweiterung umgab. Die Puerta del Sol war ein sich in östliche Richtung (also Richtung Sonnenaufgang) öffnendes Stadttor, das lange Zeit mit einem Sonnensymbol verziert war.

Carrera de San Jerónimo

Die schmale Carrera de San Jerónimo führt zur Plaza de Canalejas, einem der Zugänge zur Plaza Santa Ana. Auf diesem kurzen Abschnitt konzentrieren sich wunderbare, alt eingesessene Geschäfte und Restaurants. Die Woll- und Seidenhandlung Gil Sucesor de Antolín Quevedo handelt mit feinsten handbestickten *manilas* und *mantillas*, die stilgerecht in Holzschubladen ruhen. Im vornehmen Restaurant »Lhardy« verspeist man seit 1839 (!) ein elegantes Mittagsmahl und kauft kleine Küchlein für zuhause. Und an der Plaza de Canalejas wartet der Erfinder der Veilchenbonbons und der kandierten Veilchenblütenblätter auf Kundschaft. Auch dieses Jugendstilgeschäft hat Tradition, es existiert seit dem Jahr 1915.

Die Plaza de Canalejas ist winzig. Gerade einmal zwei Cafés können ihre Tische darauf platzieren. An dem brausenden Verkehr drumherum stört sich garantiert kein Madrilene. Die Eckhäuser an der Plaza Canalejas sind leicht nach innen gewölbt, damit der Platz runder wirkt, ein funktionierender optischer Trick. Der Platz wird eingesäumt von den schönsten Beispielen der madrilenischen Historismus-Architektur.

Infos und Adressen

ESSEN UND TRINKEN

Lhardy. Allein schon die Fassade verrät: Hier ist gediegenste Tradition zu erleben. »Lhardy« gab es schon 1838. Hinter einer wunderbar verschnörkelten Fassade mit gebogenen Fenstern strömt delikates Licht auf die kulinarischen Schönheiten in den Schaufenstern – meist Kekse und Törtchen – und eine geschwungene Treppe führt zu den weiß gedeckten Tischen im ersten Stock. Alles *belle epoque*. Serviert wird spanische feine Küche. Mo–Sa 13–15.30 und 20.30–23 Uhr, So 13–15.30 Uhr, Carrera de San Jerónimo 8, Tel. 915 22 22 07, www.lhardy.com, Metro: Sol

Catedral. Ebenfalls ein Café-Restaurant in historischem Ambiente mit Kachelbildern und Ziegelsteinwänden. Die Rezepte sind traditionell spanisch, von der Käsemousse bis zum gegrillten grünen Spargel, Pulpo und Seeteufel. Mo–Sa 11–15.30 und 20–23 Uhr, So 11–15 Uhr, Carrera de San Jerónimo 10, Tel. 915 23 35 56, www.la-catedral.es, Metro: Sol

ÜBERNACHTEN

Hotel Europa. Ein nettes Hotel im historischen Setting mit hübschen, nicht sehr großen Zimmern, die französische Balkone haben. Terrassencafé. Liegt in einer Seitenstraße der Puerta del Sol. Calle del Carmen 4, Tel. 915 21 29 00. www.hoteleuropa.eu, Metro: Sol

Hotel Moderno. Recht schlichtes, nicht ganz leises, aber freundliches Etagenhotel mit ein wenig »verstaubt« eingerichteten Zimmern. Calle Arenal 2, Tel. 915 31 09 00. www.hotel-moderno.com, Metro: Sol

EINKAUFEN

Futbolmania. Rühmt sich, der größte Laden für Fußballartikel der Welt zu sein, also nichts wie rein und das Angebot begutachten! Trikots, Schuhe, Bälle, ganze Ausrüstungen kann man hier erstehen. Mo–Sa 11–15.30 und 20–23 Uhr, So 11–15 Uhr, Puerta del Sol 5, Tel. 934 43 78 24, www.futbolmania.net, Metro: Sol

Gil Sucesor de Antonlin Quevedo. Hinter der gediegenen Holzfassade dieses Traditionsgeschäftes werden bunt bestickte Umhänge, die *mantillas*, verkauft, feine Schals aus Wolle, Fächer und die typischen hohen verzierten Steckkämme. Mo–Sa 10–14 und 16–20 Uhr, Carrera de San Jeronimo 2, Tel. 915 21 25 49, Metro: Sol

La Violeta. Alfonso XIII. soll die kandierten Veilchenblätter aus diesem feinen Laden seinen Geliebten geschenkt haben, was man irgendwie verstehen kann – hier gab es die ersten kandierten Veilchen überhaupt. Die Tradition lebt hinter den Jugendstilfassaden weiter. Große Auswahl an exquisiten Bonbons. Mo–Sa 10–14 und 16.30–20.30 Uhr, Plaza de Canalejas 6, Tel. 915 22 55 22, www.lavioleta.es Metro: Sol, Sevilla

Zara, TopShop (für die Kate Moss designt) Springfield, Spaniens Traditionskaufhaus El Corte Inglés, Mango und viele weitere Modeketten liegen an den Rändern der Puerta del Sol versammelt oder ziehen sich in die Seitenstraßen fort, bis hinauf zur Plaza Callao.

Das »Lhardy« – nicht nur gut, sondern auch schön

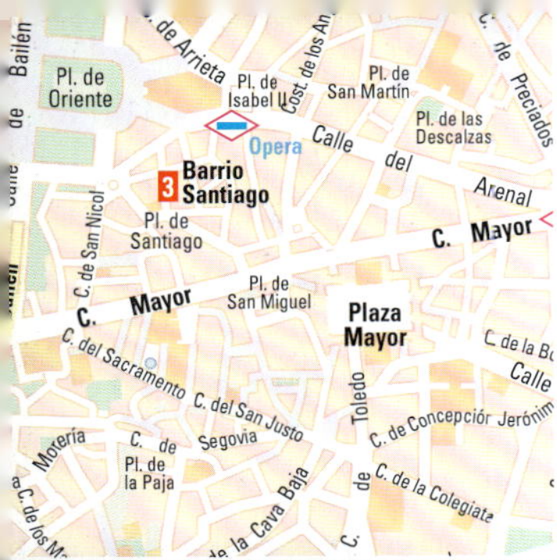

3 Barrio Santiago

Ruhige Gassen mit Flair

Zwischen der Calle Mayor, dem Teatro Real und der Kathedrale erstreckt sich das alte Barrio Santiago. Wundersamerweise verlaufen die großen Fußgängerströme genau am Viertel vorbei, sodass man hier genüsslich durch die hübschen Gassen streifen, sich in Ruhe die Kirche San Nicolás mit ihrem Minarett-Glockenturm und die Ausgrabungen der alten Stadtmauer ansehen kann.

Während die meisten entweder die Calle Mayor entlang flanieren bis zur Calle Bailén oder auf der Calle Arenal zum Teatro Real und zum Königlichen Palast ziehen, herrscht dazwischen eher Ruhe. Dabei ist das Barrio Santiago ein sehenswertes Viertel mit weit in die Vergangenheit zurückreichender Geschichte. Es gehört zum architektonischen und geschichtlichen Umfeld des Barrio de las Austrias, und an seinem Rand befindet sich der Parque Mohamed I., der die Reste der ältesten Stadtmauer von Madrid bewahrt und schützt. Benachbart erhebt sich der Palacio Real – dieser nimmt den Platz des arabischen Alcázar ein.

Alt sind ebenso die beiden Kirchen des Viertels. Die erste, die man von der Calle Mayor aus kommend erreicht, ist die Kirche San Nicolás, die bereits im Jahr 1202 erwähnt wird. Doch auch sie hatte einen Vorläufer, und zwar höchstwahrscheinlich eine *mezquita*, eine islamische Moschee, wofür der Glockenturm spricht. Dieser stammt aus dem 12. Jahrhundert und diente als Minarett. Sein quadratischer Grundriss und die Dekoration aus blinden Halbbögen sind eindeutig der maurischen Formensprache zuzuordnen. Im

Mariano Conde ist ein Meister seines Faches, ein Spezialist für Gitarrenbau. Zu finden ist er im Barrio Santiago.

18. Jahrhundert setzte man ihm ein Giebeldach aus Schiefer auf. Der Vorgängerbau der jetzigen Iglesia San Nicolás ist jedenfalls die älteste Kirche Madrids und erfuhr wie das Barrio auch vielfach Änderungen. – Die einschneidendsten Veränderungen hielt Joseph Bonaparte für notwendig. Er ließ die Gässchenstruktur aufbrechen und durch Plätze ergänzen – was nicht die schlechteste Idee war, denn diese Plätze nehmen heute oft Terrassencafés auf. Am besten, man lässt sich ein bisschen durch die schmalen Gassen treiben, von denen einige in Fußgängerzonen verwandelt wurden, und geht unter lauter *madrileños* auf Entdeckungsreise: Vier- bis fünfstöckige, schmale Wohnhäuser mit französischen Balkonen aus der Zeit um die Wende zum 20. Jahrhundert, die Fassaden klassisch, im Erdgeschoss oft bunt angestrichene Ladenfronten mit Einzelhandelsgeschäften – diese Ensembles wirken anheimelnd. In der Calle de Espejo haben sich Gitarrenbauer und Musikaliengeschäfte niedergelassen. In der Calle Santiago lebte der Conde de Lemos (1560–1622), der Verleger von Miguel Cervantes (1547–1616).

Die Namensgeberin: Iglesia de Santiago

An derselben Stelle liegt auch die Kirche, die dem Viertel den Namen gegeben hat und sich ebenfalls auf eine uralte Vorgängerin berufen kann. Bereits 1202 soll am selben Platz eine Kirche gestanden haben, in denen die Ritter des Santiago-Ordens zusammenkamen, so erzählt die Geschichte. Der gegenwärtige Bau stammt von 1811, ist schlicht und schmucklos aus Ziegel und Granit errichtet, prunkt aber innen mit dem riesigen Altarbild vom *Santiago Matamoros* (»Maurentöter«) und vielen barocken und neoklassizistischen Madonnenskulpturen. Man vermutet, dass der Maler Diego Velázquez (1599–1660) hier oder in der nicht mehr be-

AUTORENTIPP!

SCHNICKSCHNACK UND MODROÑO

Das Geschäft mit dem schönen Namen »La Rebelión de los Mandiles« (»Die Rebellion der Kochschürzen«), an der Ecke zur Calle Bailén ist defintiv einen Besuch wert. Hier gibt es allen möglichen Schnickschnack – auch Lebensmittel, Schinken und Käse, und eben auch den Schnaps Medroño. Er schmeckt leicht klebrig und ist von einem tiefen Rosa. Der erste Schluck verrät noch nicht viel über die Zutaten. Doch dann gibt die Verkäuferin preis: Er wird auf der Basis von Schlehen destilliert, die mit Waldbeeren verfeinert werden.

La Rebelión de los Mandiles.
Mo–Sa 10–14 und 16–20 Uhr.
Calle Mayor 88, Tel. 915 41 76 30,
www.grupovinotium.com
Metro: Opera.

Oben: Weitgehend unter sich bleiben die Madrilenen, die sich ein Terrassencafé an der Plaza Vergara ausgesucht haben.
Unten: Die aus rosafarbenem Backstein gebaute Real Iglesia de Santiago y San Juan Bautista, Namensgeberin des Barrio Santiago.

stehenden Iglesia de San Juan Bautista beigesetzt wurde, die ursprünglich auf der Plaza de Ramales stand. Ein richtiger Rundgang wird es, wenn man wieder zurück auf die Calle Mayor schlendert. Ein wahrer Blickfang wartet an deren Ende, der Palacio Duque de Uceda aus dem 17. Jahrhundert, in dem heute der Staatsrat tagt. Dieser Fürstenpalast aus den typisch madrilener rötlichen Ziegeln mit Einfassungen und Verzierungen aus hellgrauem Stein diente der Königin Mariana von Austria (1634–1696), Mutter von Carlos II., als Residenz.

Parque Mohamed I.

Wenn man nun die Calle Bailén quert, steht man vor dem Parque Mohamed I. Er ist wie eine Terrasse angelegt und wirkt sehr idyllisch; Wildblumen blühen zwischen Stufen, die im Sommer u.a. bei Theateraufführungen als Kulisse dienen. Hier kann man einen Blick auf die Reste der allerersten Stadtmauer Madrids werfen, die im 9. Jahrhundert noch unter arabischer Herrschaft gebaut wurde. Von Madrid aus wurde damals Al-Andalus verteidigt. Auch Reste eines Wachturms, eines *atalaya*, ragen empor.

Infos und Adressen

SEHENSWÜRDIGKEITEN

Iglesia San Nicolás de las Servitas.
Mo 8.30–13 Uhr, Di–Sa 9–9.30 und 18.30–20.30 Uhr, So 10–14 und 18.30–20.30 Uhr, Plaza de San Nicolás 6, Tel. 915 59 40 64, Metro: Opéra

Iglesia Santiago y San Juan Bautista.
Mo–Fr 10–13 und 18–20 Uhr, Messen: Mo–Fr 11,12 und 19.30 Uhr, Sa 11,12, 17.30 und 19.30 Uhr, So 11,12,13 und 19.30 Uhr, Calle Santiago 23, Tel. 915 98 08 24, Metro: Opéra

ÜBERNACHTEN

Petit Palace Mayor Plaza. Modern-verspieltes Design mit viel indirektem Licht, bequeme, nicht gerade große Zimmer.
Calle Mayor 46, Tel. 915 42 69 99, www.petitpalacemayorplaza.com, Metro: Sol

ESSEN UND TRINKEN

Casa Boni. Luis und seine Frau führen dieses supergemütliche winzige Restaurant mit typisch deftigem Mittagstisch. Preiswert und richtig gut. Mo–Sa 13–16 Uhr, Calle Espejo 11, Tel. 915 59 39 79, Metro: Opéra

Vegania. Das älteste vegetarische und vegane Restaurant in der Stadt präsentiert sich bescheiden, bunt und einfach. Hamburger und Grillfleisch gibt es aus Tofu. Auch Fleischliebhaber sollten das einfach einmal versuchen. Es schmeckt. So–Di 13–16 Uhr, Mi–Sa 13–23 Uhr. Calle de Amnistia 6, Tel. 910 82 42 13, www.vegania.com/restaurante.html, Metro: Opéra

Restaurante Taberneros. Früher wurden alle Tavernen weinrot gestrichen – das war ihr Markenzeichen. Dieses einladende Weinlokal mit einer guten Karte hat sich selbstverständlich auch dieser Farbe verschrieben, serviert aber auch das Madrider Bier Cibeles – und klassische Speisen. Di–Sa 13–16.30 und 20–24 Uhr. Calle Santiago 9, Tel. 915 42 21 60, www.restaurantetaberneros.es Metro: Opéra

AKTIV

Urban Movil. Hier kann man sich Fahrräder und Segways mieten. Veranstalten auch Touren mit Segways. Calle Santiago 18, Tel. 915 42 77 71, info@urbanmovil.com, Metro: Opéra

Straßencafés in der Calle Arenal, einer beliebten Einkaufsmeile

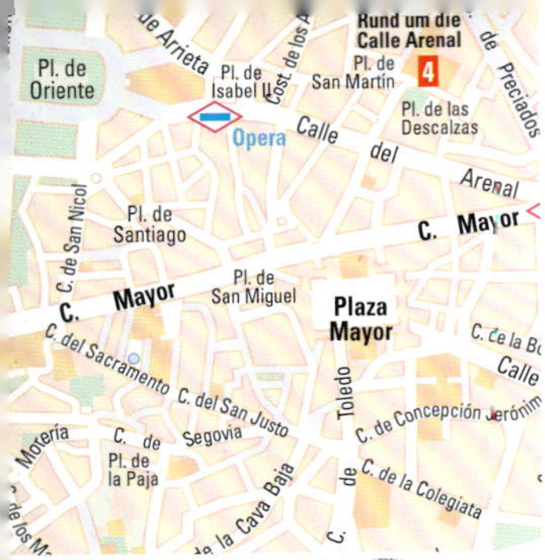

Aufwendige Buchhandlung und ein richtig gutes Café in einem: La Central in einer Seitengasse der Calle Arenal

4 Rund um die Calle Arenal

Einkaufen und Ruhe tanken

Durch eine Seitengasse der Calle Arenal geschlüpft – und schon steht man auf der Plaza de las Descalzas Reales, dort, wo sich vor langer Zeit der Palast von Carlos I. (1500–1558) und Isabels von Portugal befand. Der Name bezieht sich auf das ehrwürdige Kloster der Barfüßigen Franziskanerinnen, das man besichtigen kann. Der Platz atmet Ruhe zwischen der Einkaufsmeile Arenal und der Plaza de Callao mit ihren Art-déco-Kinopalästen.

Ein Kranz aus Straßen und Flaniermeilen umgibt die Puerta del Sol wie Sonnenstrahlen, und eine davon, die Passage Calle Arenal, lädt mit ihrem großzügigen Schnitt ganz besonders zum Flanieren ein. Herrscht in einigen der anderen Straßen Gehupe oder Gedränge, legen sich in der Calle Arenal höchstens die Darbietungen der Straßenmusikanten als Klangteppich über die Spaziergänger. Wenn die Sonne zu stark vom Himmel brennt, wird die Straße von hellen Segeln überspannt. Wer hier flaniert, bewegt sich in einem der ältesten Teile der Stadt. So nah beim Königspalast, wo sich früher der arabische Alcázar erhob, ist das eigentlich kein Wunder. Hier erstreckte sich in maurischen Zeiten das Wohngebiet der katholischen Bevölkerung.

Die Calle Arenal zeigt eine für Madrid typische Architektur mit sechsstöckigen, großbürgerlichen Wohnhäusern, die mit schmalen schmiedeeisernen Balkonen ausgeschmückt sind. In den Erdgeschossen konkurrieren Boutiquen, Ableger von Ladenketten, Schuh- und Dessous-Geschäfte,

Eisverkäufer, Tapasbars, Cafés – und Sandwich-Filialen um die Gunst des Gastes. Die Calle Arenal mündet in die Plaza Isabel II. vor dem Teatro Real und landet schlussendlich an der Plaza de Oriente zu Füßen des Palacio Real. Durch schmale Passagen ist sie mit der weiter südlich gelegenen Calle Mayor verbunden, in denen so manche Überraschung nistet, z. B. die »Chocolatería San Ginés« und das gleichnamige Buchantiquariat, oder eine der besten *mantequerías* der Innenstadt, ein Delikatessengeschäft, in dem man köstliche Mahlzeiten zum Mitnehmen ordern kann.

Höhepunkt ist freilich die Iglesia de San Ginés, die vermutlich den Platz einer bereits im 9. Jahrhundert bestehenden Einsiedelei einnimmt und im 17. Jahrhundert gebaut wurde. In ihrem Innern hütet sie einen wahren Schatz: El Grecos sehr bewegtes *Jesus vertreibt die Händler aus dem Tempel*, das zu einem seiner berühmtesten Gemälden gehört, aber leider nur jeweils montags um 12.30 Uhr zu sehen ist.

Das Kloster der barfüßigen Nonnen

Ungefähr in der Mitte zwischen der Puerta del Sol und der Plaza Isabel II. zweigt die Calle San Martín in Richtung Plaza de Callao links ab. Sie mündet in den Postigo San Martín und gleich darauf in die Plaza de las Descalzas, einem kleinen grünen Platz, auf dem entspannte Ruhe herrscht. Eine imposante Fassade im Stil der spanischen Renaissance (Plateresker Stil) beherrscht die Plaza – es ist das Monasterio de las Descalzas Reales (»Kloster der Barfüßigen Franziskanerinnen«), der königlichen Unbeschuhten, das von Juana von Österreich gegründet wurde. Ihre Eltern, Kaiser Karl V. (spanisch Carlos I., 1500–1588) und Isabella von Portugal (1503–1539) hatten das pracht-

AUTORENTIPP!

DIE TRADITIONELLSTE WEINHANDLUNG VON MADRID – MARIANO MADRUEÑO

Weinhandlung? Likör-Destillerie? Vermouth-Hersteller? Die Wein- und Spirituosenhandlung am Postigo de San Martín mit seiner weinroten Markise hat viel Tradition. Mariano Madrueño gründete im Jahr 1895 eine Spirituosendestillerie für den in Spanien so beliebten Anis und Vermouth. Er führte auch Weine in seinem Sortiment, dazu Mandelmilch, Frucht- und Karamellsirups. Bis zum heutigen Tag gibt es die Destillerie, das Sortiment umfasst aber auch japanischen Whisky, spezielles Tonicwater, Wodka, Chinchón sowie tausenderlei mehr. Und natürlich Weine und Champagner.

Licorería Mariano Madrueño.
Mo–Sa 10–14 und 17.30–20.30 Uhr,
Postigo de San Martín 3,
Tel. 915 21 19 55,
www.marianomadrueno.es
Metro: Callao

Oben: Ein recht unbeachtetes Schmuckstück ist das Kloster der Barfüßigen Nonnen.
Unten: Kostbare filigrane Schönheit: eine Madonna im Kloster der Barfüßigen Nonnen

volle Gebäude als ihre Königsresidenz errichten lassen. Juana erblickte dort 1535 das Licht der Welt; sie starb 1603 und ist in dem Kloster auch beigesetzt worden. Der Kunstschatz des Klosters ist enorm. Er gehörte den oft adligen Nonnen, die ihn als Mitgift eingebracht hatten bzw. sich mit ihrem wertvollen Besitz auch im Kloster umgeben wollten. Diese Schätze sind ausgestellt, darunter Teppiche nach Vorlagen von Peter Paul Rubens, Gemälde von Tizian und Pieter Brueghel.

Der Postigo San Martín schlängelt sich weiter nördlich in Richtung Plaza de Callao und versammelt empfehlenswerte Geschäfte. Da ist zum einen eine der renommiertesten Weinhandlungen Madrids, die »Mariano Madrueño« mit einer weinrot gestrichenen Markise, dann die neben der »Chocolatería San Gines« bekannteste Schokoladen-Konditorei Madrids, die »Chocolatería Valor«, die sich ihren Ruf mit ausgezeichneter Kochschokolade erwarb, und die »La Central«, eine Buchhandlung mit Kultcharakter. Auf drei schmalen Stockwerken werden hier nicht nur Bücher und alle möglichen Kleinigkeiten geboten, sondern auch ein gutes Café mit Restaurantbetrieb. Den Sommer über besetzen originelle Kunsthandwerker die Passage mit ihren Ständen und verkaufen Schmuck, Designartikel und kleine Objekte.

Die Plaza de Callao selbst ist wenig aufregend, die Schönheit der Gran Vía, die in den Platz mündet, ist allerdings auffällig. Dort sind architektonische Perlen aus der Zeit zwischen 1910 und 1940 zu finden: Das Edificio Carrión, das mit immerhin 14 Stockwerken seinerzeit höchste Gebäude von Madrid, der Palacio de la Prensa und das Edificio Cine de Callao. Die beiden letzteren sind so schön wie die Juwelen des Art déco. Das Edicifio Cine de Callao schmücken Stilelemente der Wiener Sezession.

Infos und Adressen

SEHENSWÜRDIGKEITEN

Iglesia de San Ginés. Calle Arenal 13, Tel. 913 66 48 78, Metro: Sol

Kloster de las Descalzas Reales. Di–Sa 10–14 Uhr und 16–18.30 Uhr, So, Feiertage 10–15 Uhr, Plaza de las Descalzas Reales, Tel. 914 54 88 00, 7 €, Metro: Callao

Chocolate con churros genießen die Madrilenen zu jeder Tages-und Nachtzeit.

ÜBERNACHTEN

Room Mate Laura. Frisches Konzept, lustig-poppig bunt gestylte und sehr bequeme Zimmer unterschiedlicher Größe. Travesía de Trujillos 3, Tel. 917 01 16 70, www.room-matehotels.com Metro: Callao

Hotel Intur Palacio San Martín. Komplett restauriertes Stadtpalais mit elegant-sommerlicher Einrichtung, schönen Zimmern. Guter Service. Plaza San Martín, Tel. 917 01 50 00, www.hotelpalaciosanmartin, Metro: Callao

ESSEN UND TRINKEN

Taberna 4 Robles. Hinter der holzgeschnitzten Tür versteckt sich – optisch nichts Besonderes. Aber es gibt ausgezeichnete *gambas al ajillo* und andere Tapas in empfehlenswerter Qualität. *Bacalao*, Stockfischkroketten. Mo–Sa 13–1 Uhr, Plaza de Celenque 1, Tel. 915 22 76 86, Metro: Opera

Chocolatería Valor. Eckcafé mit sommerlicher Einrichtung. Kaffee, Schokolade, Kuchen, Pralinentheke. Tgl. 9–20 Uhr Postigo de San Martín, Tel. 915 22 92 88, www.chocolateriasvalor.es Metro: Callao

EINKAUFEN

La Central. Mo–Fr 9.30–22, Sa 10–22 Uhr. Postigo de San Martín 8, Tel. 917 90 99 30, www.lacentral.com, Metro: Callao

AUSGEHEN

Cine Callao www.callaocitylights.com und **Palacio de la Prensa** sind gute Kinos mit schönen Sälen an der Plaza de Callao.

Joy Eslava. Jeden Tag Live-Acts und DJs der verschiedensten Stilrichtungen in prächtigem Theaterambiente. Tgl. 11.30–6 Uhr, Calle Arenal 11, Tel. 913 66 37 33, www.joy-eslava.com Metro: Sol

Disko mitten in der Innenstadt, das »Joy Eslava«

Oben: Ein schöner Einstieg zum Königlichen Palast: die Plaza de Oriente mit der Oper
Unten: Plaza de Oriente und die Fassade des Palacio Real. Davor reitet Felipe IV.

5 Palacio Real und Umgebung

Das königliche Madrid

Die Lage des königlichen Palastes entbehrt nicht einer gelungenen Dramaturgie: Die Plaza de Oriente mit ihren Buchsbaumhecken, dem Baumschmuck und Brunnen, dem imposanten Reiterstandbild von Philipp IV. und einer Skulpturenallee öffnet den Blick auf die Fassade des Palacio Real aus dem Jahr 1734, einem der voluminösesten Königspaläste Europas.

Von der Puerta del Sol ist dieses so attraktive historische Ensemble über die Calle Arenal schnell zu erreichen. Der Palast, so Ehrfurcht erheischend er auch wirken mag, er steht nicht losgelöst von seiner Umgebung einfach da, er ist einbezogen in die Straßen und Plätze davor. Der weite und ein wenig tiefer gelegte Platz vor dem königlichen Teatro Real mit der Statue der Isabel II. wirkt beispielsweise als Blicköffner. Links davon erklimmen Gässchen das Barrio Santiago (s. S. 44), zu Füßen des Teatro Real breiten sich die Terrassen schöner Cafés aus. Hinter der neoklassizistischen Fassade des Opernhauses, das von Königin Isabel II. 1850 eröffnet wurde, wird so manches Bühnenspektakel gefeiert, etwa 2013 die Uraufführung einer Oper von Philipp Glass. Das Tetro Real bietet Führungen an (s. S. 53).

Plaza de Oriente

Ist dieses Entree passiert, öffnet sich halbkreisförmig die Plaza de Oriente. Ein attraktives Ensemble aus großbürgerlichen, mit vielen Details verzierten Wohnhäusern in der für Madrid typischen Architektur des 19. Jahrhunderts, trennt wie ein sichel-

Die Kuppel der Königlichen Kapelle im Palacio Real

förmiger Riegel die Plaza de Oriente von der Calle Arenal. Das wirkt wie eine Art Schutzmauer. So lässt sich dieses Zusammenspiel von herrschaftlichem Parkanlagen und Palast in Ruhe genießen.

Dass ausgerechnet der »Fremdherrscher« Joseph de Bonaparte (1768–1844) als Erster die Anregung zu einem Park vor dem bestehenden Schloss gegeben haben soll, wirkt nahzu ironisch. Durchgesetzt hat diesen Plan dann Isabel II. (1830–1904), gestaltet wurde er von Narciso Pacual y Colomer (1808–1870). In der Mitte erhebt sich die Reiterskulptur von Philipp IV., die im Jahr 1640 Pietro Tacca schuf. Mit ihr soll ein Kunststück gelungen sein: Die Skulptur gilt als weltweit die erste, bei der ein Pferd samt Reiter so ausbalanciert ist, dass sie lediglich auf den Hinterbeinen des Tieres ruht. Mit ihren stattlichen 17 Metern Höhe überragt sie die in symmetrisch geschnittenen Hecken, die kleine abgeschlossene Areale bilden und mit weiteren Skulpturen ausgeschmückt sind. Die zentrale Gartenachse, die auf Philipp IV. hinleitet, ist in barockem Landschaftsstil gehalten und wird von Magnolien und Zypressen dominiert. Eine doppelte Skulpturenallee erinnert an die

AUTORENTIPP!

TEATRO REAL

Das Königliche Theater gestattet allen Interessierten einen Blick hinter die Kulissen. Bei der allgemeinen Führung werden die verschiedenen Säle aufgesucht und die innenarchitektonischen Kostbarkeiten wie Kronleuchter aus La Granja (s. S. 246) und wertvolle Tapisserien präsentiert. Eine zweite Führung macht mit den Probesälen, den Garderoben, dem Kostümfundus und den Bühnenbild- sowie Kostümbildwerkstätten bekannt. Mit den technischen Aspekten des Bühnengeschehens beschäftigt sich eine dritte Themen-Führung.

Teatro Real. Generalführung: tgl. jede halbe Stunde zwischen 10.30–13 Uhr. Künstlerische Führung: tgl. 9.30 und 9.45 Uhr. Technische Führung: tgl. 9.30 Uhr. Plaza Isabel II., Tel. 902 24 48 48, www.teatro-real.es, Metro: Opera

Könige Spaniens. Dabei werden die westgotischen Herrscher großzügig dazu gezählt. 20 Kalksteinmonumente sind es insgesamt, vom ersten westgotischen König Ataúlfo (372–415) bis zum letzten König Fernando von Aragón (1479–1516), der durch seine Heirat mit Isabella von Kastilien (1451–1504) Spaniens Provinzen zu einem gemeinsamen Königreich zusammenschloss. Heiter und ausgewogen, an sonnigen Tagen Schatten spendend: Diese Hinleitung zum Palast ist wirklich gelungen. Auf geschwungenen Steinbänken ist zudem gut ausruhen.

Palacio Real

An der Stelle des heutigen Palastes befand sich zunächst eine arabische Festung aus dem 9. Jahrhundert, die später von den kastilischen Königen umgebaut und von den spanischen Königen aus der Habsburger-Dynastie bewohnt wurde. Ein Feuer legte sie im Jahr 1734 in Schutt und Asche. Nach den Erbfolgekriegen bestieg nun der erste Bourbone den spanischen Königsthron, Philipp V., Herzog von Anjou und Enkel des französischen Königs Ludwig XIV. Sein Bestreben richtete sich darauf, einem dem Escorial der Habsburger-Dynastie ebenbürtigen Palast bauen zu lassen. Mehrere Architekten steuerten zu der repräsentativen, weiten dreiflügeligen Anlage ihre Pläne bei: Giovanni Battista Sacchetti, Filippo Juvarra, José Segundo de Lema und Francesco Sabatini. Mit über 2000 Sälen gehörte der 1755 fertig gestellte Palast zu den größten Herrscherhäusern Europas.

Stilistisch markiert er den Übergang vom Barock zum Klassizismus. Von außen relativ streng stilisiert, überwältigt innen die Prachtentfaltung. Marmor aus Spanien, Mahagoni und Stuck beherrschen die Ausstattung, und ganz besonders augenfällig ist der enorme Spiegelsaal aus der Zeit

Oben und Mitte: Ansichten aus dem prächtig ausstaffierten königlichen Schloss mit seinen über 2000 Räumen.
Unten: Die Jardines de Sabatini im Rücken des Schlosses sind perfekt, um sich vom Sight-Seeing auszuruhen.

von Carlos IV. (1748–1819), eine Modelaune jener Epoche, die in den bedeutsamsten Schlössern anzutreffen war. Ein die Sinne verwirrendes Spektakel bietet auch die Sala de Porcelana an, der Porzellansaal, den Carlos III. (1716–1788) in der Real Fábrica del Buen Retiro anfertigen ließ. Weintrauben, Medaillons und Engelchen treten plastisch aus den Wänden hervor. Auch der mit burgunderfarbenem Samt ausgeschlagene Thronsaal mit seinem den Thron flankierenden, fauchenden Löwenpaaren ist ein Ereignis. Ein Schloss ist immer auch eine Kunstgalerie, und so schmücken wunderbare Werke von u. a. Giovanni Battista Tiepolo, Diego de Velázquez, Francisco Bayeu y Subías und dessen Schwiegersohn Francisco de Goya den Palast. Die heutige königliche Familie freilich lebt nicht hier, sondern im Palacio Zarzuela.

Jardines de Sabatini

Hintrer dem Palast fällt das Gelände steil ab. Zunächst wurde der dortige Grund für die königlichen Stallungen genutzt, die der Lieblingsarchitekt der Könige, der aus Italien stammende Francesco Sabatini (1722–1797) entwarf. Dieser setzte überall im Stadtbild Madrids (und nicht nur dort) seine bestimmenden Akzente, wie z. B. die Puerta de Alcalá. Als die Reitställe im Jahr 1932 abgerissen wurden, gestaltete man auf diesem Gelände barock anmutende Gärten mit Statuen und Springbrunnen, mit Pinien, Platanen und Zypressen und taufte die Gärten nach Sabatini. Seit Juan Carlos I. sein Amt innehat (1975), stehen diese Gärten dem Publikum offen. Ihre Lage, die Ruhe und Abgeschiedenheit, obwohl sie sich mitten im Zentrum befinden, machen sie zu einem wirklichen Juwel. Ein besserer und entspannenderer Platz für eine Sightseeing-Pause mitten im Geschehen lässt sich kaum finden. Man muss vom Palast aus nur ein paar Treppen hinabsteigen.

Infos und Adressen

SEHENSWÜRDIGKEITEN

Palacio Real. Okt.–März tgl. 10–18 Uhr, April bis Sept. tgl. 10–20 Uhr, Calle Bailén s/n, Tel. 914 54 87 00, 11 €, Metro: Opera

Jardines de Sabatini. Tgl. Okt.–März 9–21 Uhr, April–Sept. 9–22 Uhr, Calle Bailén s/n, Cuesta de San Vicente, Metro: Opera

Metrostation Opera. Hier wurde bei Ausschachtungsarbeiten Überreste eines maurischen Wachturms entdeckt. Er bewachte eines der vier Stadttore, die damals Zugang boten. Unter Glas kann man sie betrachten.

ÜBERNACHTEN

Hotel TRYP Ambassador. Stilvolles großes Haus mit weiten, klassisch möblierten Zimmern. Gute Lage. Cuesta de Santo Domingo 5, Tel. 915 41 67 00, www.tryphotels.com, Metro: Opera

ESSEN UND TRINKEN

Mar del Alabardero. Auf der Karte viel Fisch und Meeresfrüchte. Mo–So 12.30–6 Uhr, 20.30–24 Uhr, Pasaje de Alabardero, Plaza de Oriente 6, Tel. 915 41 33 33, Metro: Opera

La Botillería de Oriente. Die bestimmt stilvollste Art, im Umkreis von Teatro und Palacio Real zu speisen. Feine Karte. Mo–Sa 12.30–16.30 und 20–1 Uhr, Plaza de Oriente 4, Tel. 915 48 46 20, Metro: Opera

Las Tres Manolas. In diesem originell gestalteten Restaurant mit Terrasse wird typisch spanische Küche serviert. Di–Fr 19–1.30 Uhr, Sa 12.30–2.30 Uhr, So 12.30–17 Uhr, Calle Vergara 14, Tel. 915 40 18 90, Metro: Opera

Oben: Ein wunderbar erholsamer Park ist der Campo del Moro. Hier ein Blick auf die Rückseite des Palacio Real.
Unten: Der Campo überrascht an vielen Ecken.

6 Campo del Moro
Gartenarchitektur erster Güte

Zwischen dem Río Manzanares, den Jardines de Sabatini und dem Königlichen Schloss breitet sich noch ein weiterer Schlosspark aus, der Campo del Moro. Er ist ein gartenarchitektonischer Höhepunkt mitten in der Stadt.

Der Campo del Moro breitet sich genau unterhalb der Rückseite des Palacio Real aus und gestattet einen wahrhaft majestätischen Blick vom Parkgelände aus auf das Schloss. Sein prosaische Name, Maurenfeld, verrät nichts von der Anmut und der Schönheit dieses Parks, der Ende des 19. Jahrhunderts nach den Mustern englischer Landschaftsgärten angelegt wurde. Der Name erinnert höchstwahrscheinlich an die Belagerung Madrids im 11. Jahrhundert, als die Heere unter dem Almoravidenherrscher Jusuf versuchten, die Festung Alcázar einzunehmen.

Madrid war über Jahrhunderte hinweg Spielball der arabisch-muslimischen Reiterheere und der katholischen Könige, der beiden größten kriegerischen und religiösen Mächte, die das südliche Europa bestimmten. Im 9. Jahrhundert hatten die damals herrschenden arabischen Fürsten eine Befestigung anlegen lassen, um die Grenze zum katholischen Norden vor Kriegseinfällen zu schützen. Alfons VI. von Kastilien eroberte das begehrte, weil so zentral gelegene Madrid, und seit dem 11. Jahrhundert wurde der Alcázar von Madrid immer wieder von maurischen Streitmächten belagert, die sich unterhalb des Festungsanlage versammelt hatten.

Obwohl der Campo del Moro auf dem Stadtplan so eng mit den Jardines de Sabatini verknüpft scheint, so dass man meint, man könne schnell von einem Garten zum anderen hinüberwechseln, gibt es dennoch keine direkte Verbindung. Der zu allen Tageszeiten zugängliche Eingang liegt am Paseo Virgen del Puerto, einer Straße, die man am besten über die Calle Bailén und die Cuesta de la Vega zu Fuß erreicht. Es geht zügig abwärts, vorbei am Parque Atenas und einem Terrassencafé.

Perfekte Blickachse zum Schloss

Eine Überraschung erlebt man, wenn man genau am Eingangstor des Campo del Moro steht. Er bildet die perfekteste Blickachse auf den Königspalast, die man sich vorstellen kann. Aus langsam ansteigenden Terrassen und Alleen komponiert, ergeben sich immer wieder überraschende Pflanzenbilder. Niedrige Hecken sind in Rhombenform geschnitten, Rosen- und Dahlienbeete wechseln sich ab. Aus barocken Springbrunnen mit allegorischen Darstellungen oder Skulpturen der griechischen Antike rieseln Wasserfontänen. Zwei davon haben beträchtlichen historischen Wert. *Los Tritones* stammt aus dem Jahr 1657, *Las Conchas* hat Ventura Rodríguez im 18. Jahrhundert entworfen. Gepflegte Spazierwege fädeln sich durch den mit Farnen durchmischten Wald und Bambushaine. Der Paseo de las Hayas, der Paseo de las Robinias, der Paseo de los Castaños und der Paseo de Damas bringen Ordnung in das Gelände. Es gibt Ententeiche, Rad schlagende Pfauen und einen Pavillon, der komplett aus Korkrindenmulch gebaut wurde.

In einem derzeit nicht zugänglichen Kutschenmuseum sind königliche Gespanne aufbewahrt. Der Park ist eine einzige Oase der Ruhe. Die Madrilenen kommen zum Joggen, zum Spazieren, zum Ausruhen und zum Luftholen hierher. Bänke gibt es genug.

Infos und Adressen

SEHENSWÜRDIGKEITEN

Campo del Moro. Eingang am Paseo Virgen del Puerto. Man sollte den Rückweg aus dem Park wegen seiner Größe eine halbe Stunde vor Schließung antreten. Okt.–März Mo–Sa 10–18, So 8–18 Uhr, April–30. Sept. Mo–Sa 10–20, So 9–20 Uhr, Metro: Príncipe Pío

Ermita de la Virgen del Puerto. Diese hübsche Barock-Einsiedelei ist eine Kopie des Bauwerks von Pedro de Ribera, die früher im Madrilener Leben eine ganz wichtige Rolle spielte. Zu ihr pilgerten im September die jungen Mädchen, um der Virgen del Puerto für einen Freund zu danken, den sie sich am 13. Juni vom San Antonio de Padua gewünscht hatten. Die Originalkirche würde während des Bürgerkrieges zerstört.
Tgl. 10.30- 20 Uhr,
Paseo Virgen del Puerto 4,
Tel. 913 66 77 69

ÜBERNACHTEN

Hotel Príncipe Pío. Angenehme, hübsch eingerichtete Zimmer, elegantes Ambiente. Cuesta de San Vicente 14, Tel. 915 47 08 00,
www.hotelprincipepio.com
Metro: Príncipe Pío, Plaza de España

Das »Bauernhaus« im Campo del Moro

Oben: Blick in das Hauptschiff der Almudena-Kathedrale. Die Fresken gestaltete Kiko Argüello.
Unten: Die zarte kindliche Madonna de Almudena

7 Kathedrale La Almudena/Krypta

Synthese aus alt und neu

Woher stammt der Name Almudena? Den arabischen Ursprung Almudin darin zu sehen, fällt nicht schwer, so wie der Königspalast Palacio Real ja auch auf dem Gelände der arabischen Festung Alcázar steht. Die Kathedrale Madrids ist jung, ganz frisch sozusagen, sie wurde erst 1993 von Papst Johannes Paul II. geweiht. Klassizistisch außen, neogotisch innen, aus Granit und Marmor, mit einer beeindruckenden Krypta, schenkt sie ein Erlebnis der besonderen Art.

Madrid fußt auf einer alten arabischen Festungssiedlung. Der Westgotenkönig Rodrigo hatte sich im Jahr 712 den maurischen Eroberungszügen von Tariq und Musa geschlagen geben müssen, die in Wellen von Andalusien ausgehend die Iberische Halbinsel erfassten. Damals schon soll das Bildnis der braunen *Madonna de Almudena* existiert haben. Christen hatten sie angeblich in einer später vergessenen Nische der Festung versteckt. Dem legendären El Cid sei sie dann mit der Bitte erschienen, die arabische Herrschaft über die spanischen Königreiche zu brechen. Die siegreichen Katholiken und König Alfonso XII. von Kastilien fanden das Bildnis schlussendlich – so geht die Legende –, und stellten sie in der Kirche Santa María la Real von Madrid auf, die zuvor eine *mezquita*, eine Moschee, gewesen war.

Der Begriff *almudena* lässt sich auf den spanischen Begriff für *ciudadela*, Festung, zurückführen, aber auch auf das arabische *almudin*, Speicher für Weizen. Unter maurischer Herrschaft

Kathedrale La Almudena

Aus der Ferne sieht man, wie groß die Kathedrale ist.

konnte der Marien-Mutterkult weiterbestehen, verknüpften sie ihn doch mit ihrer Verehrung für Fatima, der Tochter des Propheten Mohamed und für Maria, Mutter des Propheten Isa (Jesus).

Aus dem 16. Jahrhundert

Diese braune Madonna mit dem kleinen Jesus im Arm verbrannte bei einem Kirchenfeuer, das die Kirche Santa María la Real während der Herrschaft von Philipp II. erfasste, aber es besteht durchaus die Möglichkeit, dass die aktuell ausgestellte Madonna aus dem späten 16. Jahrhundert noch Kopf und Hände des alten Bildnisses trägt. Die Skulptur stammt vom Bildhauer Diego Copín de Toledo und trägt eine goldene, mit Juwelen besetzte Krone.

Von außen ist sie eine Mischung aus Gotik und Klassizismus, innen ist die kuppelgekrönte Kathedrale hoch und hell und mit zahlreichen interessanten Seitenkapellen ausgestattet. Mit ihrem Bau wurde 1833 begonnen, sie sollte die alte und über die Jahrhunderte baufällig gewordene Santa María La Real ersetzen. Doch erst nach dem Ende des spanischen Bürgerkriegs konnte an ihr weiter gebaut werden. Das erklärt ihr modernes Aussehen.

AUTORENTIPP!

TERRAZA LAS VISTILLAS.
Das ist einer der Lieblingsplätze für alle, die mal wieder durch das Zentrum gerauscht und von der Puerta del Sol über die Arenal zur Almudena und durch die Gassen der Latina gestreift sind, nachdem sie in der La Cebada eingekauft haben. Kurzum, wenn die Sohlen brennen und man einmal gemütlich die Zeitung aufschlagen und einen gepflegten *vermú* trinken will, eignet sich dieses Gartenlokal ganz besonders gut. Der Blick schweift hinüber zur Almudena oder zum Campo del Moro, man hat den Süden Madrids im Blick und ganz viel Platz. Man kann sich so in seine Ruhe versenken, dass sogar der Verkehrslärm der Calle Bailén nicht stört. Spatzen picken an den Kartoffelchips, die der Kellner ungefragt auf den Tisch stellt – das gehört zum Gedeck. Welche Wohltat, dieses Lokal!

Terraza las Vistillas.
Tgl. 12.30–24 Uhr. Calle Bailén 14,
Tel. 913 66 35 78. Metro: Opera

Erholung, Ruhe und einen weiten Blick genießt man von Las Vistillas aus.

Oben: Blick von der Almudena über die Backsteindächer des barocken Madrid hinüber zur Kirche San Francisco El Grande.
Unten: Ein aufwendiges detailreiches Retabel mit Gemälden von Juan de Borgoña umgibt die Almudena.

1993 dann weihte sie Papst Johannes Paul II. Der Welt bekannt wurde sie durch die Hochzeit des Kronprinzen Felipe mit Letizia Ortiz im Jahr 2004. Ein Eingang liegt genau gegenüber des Seitentraktes des Palacio Real. Dies hatte noch Alfonso XII. (1857–1885) veranlasst, der – so sagt man – nach dem frühen Tod seiner Frau rasch in die Kathedrale gelangen wollte, um für sie zu beten.

Der Innenraum präsentiert sich als eine spannende Synthese aus alten und neuen Elementen. Die Deckengemälde wirken wie eine Mischung aus Ikonenmalerei und afrikanisch inspirierter Mosaikkunst. Der kreuzförmige Raum wird durch hohe weiße Säulengänge strukturiert, rechts befindet sich der Marienaltar der Schutzpatronin von Madrid. Das Bildnis der zarten, lieben Almudena wird durch einen wunderbaren Altaraufsatz eingerahmt, der aus 18 verschiedenen goldgefassten Gemälden von Juan de Borgoña (1470–1536) besteht. Zwei Seitentreppen führen hinauf zum Retabel, dem Altaraufsatz. Der Hauptaltar besticht durch die Skulptur des Jesus am Kreuz, *Cristo de*

Das Portal der Madrider Kathedrale

Buena Muerte, vom Meister Juan de Mena aus Córdoba. Sie stammt aus dem 17. Jahrhundert. Gerahmt wird dieses Meisterwerk höchst unkonventionell von einem Ensemble aus farbenprächtigen Gemälden und Glasfenstern aus der Werkstatt des Picasso-Schülers und Ikonenmalers Kiko Argüello (*1939), die sogenannte *Corona Mistérica*. Er schuf sie anlässlich der Kronprinzenhochzeit.

In den Seitenkapellen befinden sich noch weitere Kunstschätze, so zum Beispiel der *Cristo Yacente*, der liegende Christus, eine unglaublich lebendig wirkende Skulptur, die 1993 vom Bildhauer Juan de Ávalos (1911–2006) der Kathedrale geschenkt und die mehrfach preisgekrönt wurde. Auch die Orgel ist ein Juwel.

Krypta

Eine zweite Überraschung bietet der Besuch der unterirdischen Kathedrale, wie die Krypta auch genannt wird. Das Besondere sind nicht nur die strahlende Helle und der neoromanische Aufbau, sondern auch die 400 Marmorsäulen, die den Raum strukturieren und jeweils unterschiedlich gestaltete Kapitelle haben. Der Aufsehen erregendste Schatz dürfte das Bildnis der *Nuestra Señora de la Flor de Lis* sein. Untersuchungen ergaben, dass es aus der Regentschaft von Alfonso IV. stammt und vermutlich 1083 gemalt wurde.

Infos und Adressen

SEHENSWÜRDIGKEITEN

Catedral de la Almudena.
Tgl. 9–20.30 Uhr. Calle de Bailén 10, Tel. 915 42 22 00, Messen: Mo–Sa 12, 18 und 19 Uhr, So 10.30, 12, 13.30, 18 und 19 Uhr, im Juli und August: 10–21 Uhr, Messen tgl. 12 und 20 Uhr, 1 € Spende

Museo de la Catedral. Mo–Sa 10–14.30 Uhr. Plaza de la Almudena. Tel. 915 59 28 74. Mit Besuch der Kuppel und der Sakristei 6 €, Metro: Opera

Krypta. Calle Mayor 92, Tel. 915 48 09 30, 3 €, Metro: Opera

ESSEN UND TRINKEN

Anciano Rey de los Vinos. Ein Klassiker unter den Restaurants. Die Innenausstattung spanisch und auch im Belle-Epoque-Stil. Mit einer ausgesuchten Spezialitätenkarte, exquisiten Weinen und Tapas. Mi–Mo 10–24 Uhr, Calle Bailén 19, Tel. 915 59 53 32, Metro: Opera

Tapas im »Anciano Rey de los Vinos«

8 Die Calle de Alcalá

Hier regiert die Grandezza

Die hochherrschaftliche Calle de Alcalá könnte selbst schon als Baukunst durchgehen mit ihren prachtvollen, für Madrid so typischen Palastfassaden, die im ausgehenden 19. Jahrhundert entstanden sind. Das Instituto Cervantes fällt auf und auch der Palacio Buenavista der Herzogin de Alba – aber es geht noch prächtiger: in der Real Academía de San Fernando und dem Círculo de Bellas Artes, beides Kunstzentren ersten Ranges, finden überdies exquisite Ausstellungen statt.

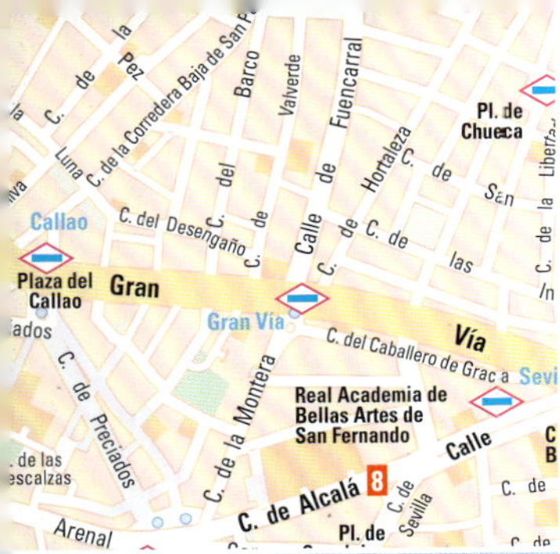

Oben: Ein wunderbares Gebäudeensemble auf der Calle de Alcalá: die Kuppel der Iglesia de la Concepción, der Turm der ehemaligen Klinik La Unión und das Hotel Petit Palace Alcalá Torre
Unten: Die Puerta de Alcalà gleicht einem Triumphbogen.

Entlang der Calle de Alcalá, die wegen ihrer großzügigen Gestaltung eigentlich Boulevard und nicht *calle*, »Straße« genannt werden müsste, reihen sich die Architekturpreziosen aneinander. Die Puerta de Alcalá, die sich so prächtig vor dem Eingang des Parque Retiro aufbaut, war bis 1869 wirklich ein Stadttor. Vom Aussehen her könnte man sie für einen Triumphbogen mit bloß repräsentativer Funktion halten. Man kann in der Höhe immer noch die Scharniere sehen, an denen die Eisengitter hingen, die das Tor verschließen konnten. Bemerkenswert ist zudem, dass dieses von Carlos III. im Jahr 1769 in Auftrag gegebene Tor zwei unterschiedliche Seiten aufweist. Das hat seinen Grund darin, dass der damit beauftragte Architekt Francesco Sabatini zwei Vorschläge in den vom König ausgeschriebenen Wettbewerb einreichte, den er vor seinem Konkurrenten Ventura Rodríguez gewann, dem anderen königlichen Star-Architekten jener Zeit. Doch offenbar gab es eine Verwirrung darüber, welchem Entwurf der König nun zugestimmt hatte. So ließ Sabatini beide Entwürfe realisieren, den einen auf der östli-

chen, den anderen auf der westlichen Seite. Die östliche Seite hat zehn Granitsäulen, die andere nur sechs, ergänzt durch vier Pilaster. Die östliche Seite ist mit Engeln und weiteren Allegorien ausgeschmückt, die westliche mit Standarten.

In westlicher Richtung folgt, umrahmt von einem Garten, der Palacio de Buenavista, den die achte Duquesa de Alba 1777 erbauen ließ; jene Dame, die der Maler Francisco de Goya so verehrte und als *Nackte Maya* porträtiert haben soll. Es ist ein prachtvolles, gleichwohl strenges Gebäude im Renaissance-Stil, das im 19. Jahrhundert ans Königshaus fiel. Zunächst als Kunstpalast konzipiert, als eine Art Prado, residiert heute das Verteidigungsministerium darin.

Instituto Cervantes

Nahebei macht das Instituto Cervantes auf sich aufmerksam. Die Hüterin der spanischen Sprache und Kultur im Ausland hat ein überaus repräsentatives Stadtpalais von 1918 bezogen, das ur-

Oben: Eine der meist fotografierten Stadtansichten von Madrid ist die Kreuzung der Calle de Alcalá mit der Gran Vía.
Unten: Das Instituto Cervantes reiht sich nahtlos in den Reigen der Prachtbauten ein.

In der Real Acadmia zu sehen: Peter Paul Rubens *Susana y los Viejos*

sprünglich der erste Firmensitz der argentinischen Banco Río de la Plata war. Es hat in bester Historismus-Manier eine grandiose Säulenfront, die der Akropolis alle Ehre machen würde. Den Architekten Joaquín Otamendi und Antonio Palacios, die den sagenhaften Palacio de Cibeles entworfen hatten, schwebte vor, damit Bezug auf die Statue und den Brunnen der Cibeles (s. S. 150) zu nehmen, die in der Nachbarschaft liegen.

Darauf folgt das nicht minder attraktive Gebäude der Versicherungsagentur Mapfre aus dem Jahr 1930. Es ist ein feiner Art-déco-Palais mit einer Dekoration aus Reliefs, die Arbeiter zeigen, was ziemlich ungewöhnlich ist. Daneben liegt die Kirche San José aus rötlichem Ziegelstein mit steinernem Barockportal von 1768. Sehr schön hat man diese architektonischen Preziosen im Auge, wenn man sich in das Terrassencafé des »Círculo de Bellas Artes« setzt. Dieser »Zirkel der Schönen Künste« tagt in einem ebenfalls nicht gerade unauffälligen Haus, halb Art Déco, halb klassisch-griechisch. Der Kunstzirkel entstand aus einer privaten Künstlerinitiative. Das Haus bietet heute ein anspruchsvolles Kunst- und Kulturprogramm.

AUTORENTIPP!

CAFÉ DEL CÍRCULO DE BELLAS ARTES

Dieses Jugendstil-Café hat eine ganz eigene Stimmung. Hier hinein geht man erhobenen Hauptes. Marmorsäulen, Deckenfresken und Kristallleuchter schmücken die Halle, in deren Mitte sich eine nackte Jugendstilschöne aus Marmor räkelt. Livrierte Kellner fragen nach den Wünschen. Es ist, als unternähme man eine Zeitreise. Früher verbrachten Intellektuelle und Schriftsteller ihre Tage hier, und es ratsam, es ihnen gleich zu tun und in aller Ruhe einen *Café con leche*, eine Schokolade oder ein Mittagsmenü zu genießen und die Augen schweifen zu lassen.

Café del Círculo de Bellas Artes.
So–Do 8–1 Uhr, Fr und Sa 8–3 Uhr,
Calle de Alcalá 42,
Tel: 913 60 54 00,
www.circulobellasartes.com

Königliche Kunstakademie

Niemand Geringerer als Francisco de Goya (1746–1828) war einst Direktor der Real Academía de Bellas Artes de San Fernando, der königlichen Kunstakademie, die seit 1744 existiert. Die Königliche Hochschule der Bildenden Künste residiert im Palacio de Goycheneche und genießt ein enormes Renommée, schließlich haben hier auch Pablo Picasso und Salvador Dalí studiert. Die Besucher interessiert vor allem das reich ausgestattetes Museum. Es enthält einige Meisterwerke von Goya, Velázquez, El Greco und Zubarán.

Ein kulinarischer Genuss kann der Besuch des hochvornehmen Casino de Madrid für Verehrer der Molekularküche von Ferran Adrià Acosta (*1962) sein, denn in diesem exklusiven Club öffnet das Terrassenrestaurant auch für Normalsterbliche seine Pforten, sofern sie bereit sind, 135 € für ein Menü zu bezahlen.

Es gibt nur einen Platz in Spanien, in dem man Guiseppe Arcimboldo, diesen verwegenen Künstler der italienischen Spätrenaissance, genießen kann: in der Real Academia.

Infos und Adressen

SEHENSWÜRDIGKEITEN

Círculo de Bellas Artes. Di–So 11–14 und 17–21 Uhr. Dachterrasse tgl. ab 9 Uhr, Sa, So 11–2.30 Uhr. Café tgl. 9–1 Uhr, Fr, Sa bis 3 Uhr, So bis 24 Uhr, Calle de Alcalá, 42, Tel. 913 60 54 00, Ausstellungssäle: Metro: Sevilla und Banco de España

Real Academia de Bellas Artes San Fernando. Di–Fr 9–14 und 16–19 Uhr, im Sommer bis 21 Uhr. Sa 9–14.30 und 14–17 Uhr, So, Mo 9–14.30 Uhr. Calle de Alcalá 13, Tel: 915 24 08 64, http://rabasf.insde.es, 3 €. Metro: Sol und Sevilla

ÜBERNACHTEN

Hotel Vincci Zentrum. Nach all dem opulenten Jugendstil- und Art-Déco-Prunk auf der Calle de Alcalá tut ein bisschen bunte Moderne gut. Gutes Preis-Leistungsverhältnis. Calle Cedaderos 4, Tel. 9136 04 77 20. www.vinccihoteles.com Metro: Banco de España

Hotel Petit Palace Alcalá Torre. Modern, unkompliziert, mit kleinen Anleihen an die 1960er-Jahre Pop-Art. Nicht grade große Zimmer. Calle Virgen de los Peligros 2, Tel. 915 32 19 01, www.hotelpetitpalacealcalatorre.com Metro: Banco de España.

ESSEN UND TRINKEN

Casino de Madrid. Mo–Fr 13.30–16 und 21–23.45 Uhr, Sa nur abends, So geschlossen, ebenfalls den ganzen August.

Restaurant und Terrasse. Feinste und experimentelle spanische Küche. Calle de Alcalá 15, Tel. 915 21 80 00, www.casinodemadrid.es Metro: Sevilla

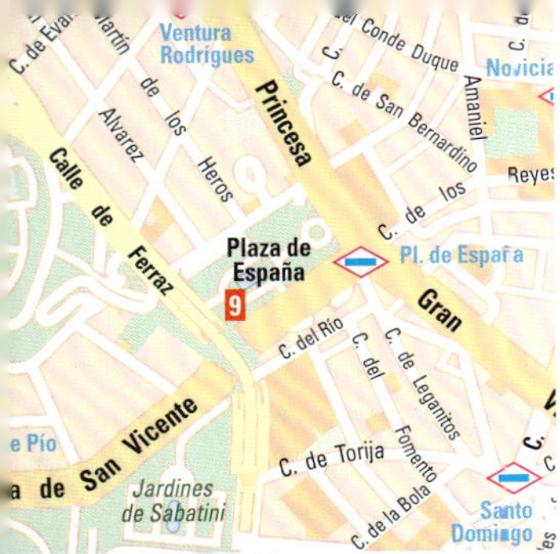

Die Plaza de España bildet das Scharnier zwischen dem barocken Madrid und dem Madrid der Moderne. Im Hintergrund des Denkmals für Miguel de Cervantes erhebt sich der Torre de España.

9 Plaza de España

Zwischen alt und neu

Wem gebührt die höchste Ehre auf der Plaza de España? Miguel de Cervantes natürlich, zusammen mit seinen unsterblichen Romanfiguren Don Quijote und Sancho Pansa. Ein originelles Denkmal den Dreien zu Ehren ziert den Platz, auf dessen Rasenflächen es sich prima ausruhen lässt – drumherum gibt's ja auch genug zu sehen; da kann man sich schon eine Verschnaufpause gönnen.

Die Plaza de España bildet das Scharnier zwischen dem alten Madrid und dem der 1960er-Jahre und sollte nach ursprünglichen Entwürfen Platz für ein Kloster bieten. Zumindest waren dies die Pläne von Carlos III. (1716–1788) und später von Isabel II. (1830–1904). Doch die Rasanz der Stadtentwicklung gegen Ende des 19. Jahrhunderts überholte die Pläne. Im Zuge der Umgestaltung des Stadtgefüges zu Beginn des 20. Jahrhunderts wurde unter anderem die Prachtstraße Gran Vía konzipiert, um die Plaza de España im Westen mit der Calle de Alcalá und dem Parque El Buen Retiro Retiro im Osten zu verknüpfen.

Dieses Projekt wurde angeschoben von Siedlungsimpulsen zur Stadtvergrößerung – sowohl im Osten wie im Westen. Dies ist die sogenannte *ensanche*, die auf zwei Phasen angelegt war. Das nördlich der Plaza de España liegende Viertel Argüelles gehört beispielsweise dazu. Und so kommt dem Platz die Funktion eines dritten Innenstadtzentrums zu (nach der Plaza Mayor und der Puerta del Sol): Schnell ist der Besucher von der Plaza de Oriente und dem Palacio Real oder auch von Argüelles hierher geeilt.

Der Luxus im Museo Cerralbo überwältigt.

Die einst höchsten Gebäude Europas

Absolut auffällig sind in der unmittelbaren Umgebung vier architektonische Höhepunkte: Nördlich und westlich der Plaza ragen das Edificio España (1953) und der Torre de Madrid (1957) in die Höhe. Beides sind übersehbar attraktive Reminiszenzen an die 1940er-Jahre-Architektur Chicagos und beruhen auf Entwürfen des Architektenteams Julian und Joaquín Otamendi. Zum Zeitpunkt ihrer Erbauung waren dies die höchsten Gebäude Europas und besaßen Dutzende der weltweit schnellsten Aufzüge. Besonders attraktiv kommt das repräsentative, 117 Meter hohe Edificio España daher mit mehrfach gestaffelten Gebäudeflügeln und gestuften Türmen mit Kronen – doch ausgerechnet diese Kathedrale der Moderne steht jetzt leer. Das weitere Schicksal ist unbestimmt. Früher beherbergte es das Hotel Crowne Plaza, später dann gehörte es der Banco Santander. Die nicht ganz so spektakulär schöne Torre de Madrid ist ein 120 Meter in die Luft ragender Solitär, in dem auch Wohnungen untergebracht wurden – der Filmemacher Luis Buñuel (1900–1983) war einer ihrer Mieter.

Aber es lassen sich noch weitere Architekturmoden an der Plaza bestaunen. Der Sitz der Real

AUTORENTIPP!

MUSEO DE CERRALBO

Die Villa des Marqués de Cerralbo wurde in einem Viertel errichtet, das gerade schick war – und 1889 war das die Umgebung der Plaza de España. Innen wirkt die Villa noch pompöser als von außen. Sie ist die Verwirklichung des Ideals des ausgehenden 19. Jahrhunderts, ein eklektischer aber immer prächtiger Sammlertraum. Gemälde von Tizian, Zubarán und El Greco wetteifern mit Wandteppichen aus Seide und Wolle. Bronzestatuetten und Bilder mit Heiligenlegenden zieren fast jedes Zimmer, die Bibliothek des Hausherrn ist exquisit. Auch sein Faible für Archäologie findet sich in den Räumen wieder, und der Rauchsalon wurde orientalisch ausstaffiert.

Museo Cerralbo. Di–Sa 9.30–15 Uhr, So und Feiertage 10–15 Uhr, 3 €, Do von 17–20 Uhr Eintritt frei, Calle Ventura Rodríguez 17, Tel. 915 47 36 46, www.museocerralbo.mcu.es, Metro: Plaza de España und Noviciado

Oben: Ein beeindruckendes Beispiel der Architektur des ausgehenden 19. Jahrhunderts liefert das Gebäude der königlichen asturianischen Minengesellschaft.
Unten: Filmplakat im Kunstkino Renoir

Compañía de Asturiana de Minas, der Königlichen Minengesellschaft von Asturien an der Plaza de España 8 ist ein leuchtendes Beispiel für das ausgehende 19. Jahrhundert. Entworfen wurde das Gebäude von Manuel Martínez Ángel im Jahr 1898, der später von einem seiner Schüler vor dem Portal dieses Bauwerks ermordert wurde.

Modernisme

Ein toller Hingucker ist die Casa Gallardo. Sie steht in voller Jugendstilpracht. Der spanische Jugendstil hat einen Zweig ganz eigenen Charakters – den *modernisme*, dessen herausragendster Vertreter Antoni Gaudí war. Er hat sich in Barcelona u.a. mit der Sagrada Familia und dem Parque Güell verewigt.

In Madrid ist der *modernisme* ebenfalls mit zahlreichen Beispielen vertreten, doch finden sie sich nicht so zentral und konzentriert wie in der

Hauptstadt der Katalanen. Die floralen und vegetablen Formen des Jugendstils lassen sich an der schneeweißen Konstruktion der Casa Gallardo von Federico Arias Rey, die mit ihrem Volumen buchstäblich aufzutrumpfen scheint, gut erkennen. 1911 wurde die Casa Gallardo gebaut, seit 1997 schmückt sie sich mit dem Titel »bién de interés cultural«.

Nun ist es an der Zeit, sich auf der Plaza de España selbst umzuschauen. Obwohl sie in den Achsen wichtiger Verkehrsadern liegt – der Gran Vía und der Calle de la Princesa, die nach Moncloa führt – kann ihr der Straßenlärm doch recht wenig anhaben. Nachdem der Plan, hier ein Kloster zu bauen, fallen gelassen worden war, entstand zunächst eine Kaserne an dieser Stelle. Doch auch die fiel. Die Plaza de España mit ihrer unkomplizierten Rechteckform entwickelte sich anschließend zu einem beliebten Treffpunkt – und nachdem die beiden Wolkenkratzer in die Höhe gezogen worden waren, kam sie erst recht *en vogue*. Das ist sie bis heute geblieben. Die geräumigen grünen Rasenflächen verführen zum Ausruhen, die anspruchsvollen Kunstgewerbestände, die während der Sommermonate aufgeschlagen werden, zum Stöbern.

Ein Denkmal für Cervantes

Man könnte sich auf dem Platz natürlich auch dem Lesen widmen, zum Beispiel des Romans *Don Quijote* – ein passenderer Ort dürfte kaum gefunden werden. Zahlreiche Erinnerungen an Spaniens Nationaldichter Miguel de Cervantes sind über die ganze Stadt verstreut, aber hier wird ihm sehr promient die Ehre erwiesen. Der Entwurf des 1928 bis 1930 errichteten Cervantes-Denkmals stammt von den Architekten Rafael Martínez Zapatero und Pedro Muguruza, die Skulpturen von Lorenzo

Oben: Ein beliebter, netter Treffpunkt ist das Café der Buchhandlung »Ocho y Medio«.
Unten: Miguel de Cervantes thront über seinen beiden berühmtesten literarischen Erfindungen, Don Quijote und Sancho Pansa.

AUTORENTIPP!

WALK OF FAME

An der Straße Martín de Los Heros wäre nun außer den Programmkinos gar nichts Besonderes, gäbe es da nicht die Madrider Version des *Walk of Fame.* Also: Stars des Filmbusiness bekommen stählerne Sterne ins Pflaster gesenkt, die sie mit ihren Handabdrücken veredeln dürfen. Und Spanien ist an bekannten Namen ja nicht grade arm – da lohnt sich das: Penélope Cruz, Javier Bardem, Antonio Banderas und Pedro Almodóvar Paco Rabal, Carlos Saura, Fernando Trueba, Fernando Rey und Carmen Sevilla haben sich vor den Kinos „Golem« und »Renoir« verewigt. Die Straße lebt vom Film-Nimbus: Ein Café-Restaurant heißt »Il Gattopardo« nach dem Film von Visconti und die originelle Filmbuchhandlung gegenüber den Kinos hat den Namen »Ochoymedio« (»Achteinhalb«) gewählt, nach dem berühmten Film des Italieners Federico Fellini mit Marcello Mastroianni und Claudia Cardinale in Hauptrollen.

Coullaut Valera. Es handelt sich um ein Ensemble aus Granitsäulen mit gestuftem Sockel, dessen höchste weit die Baumwipfel der Plaza überragt. Auf der dem Edificio España zugewandten Seite mündet sie in ein imposantes Wasserbecken mit Kaskaden, auf der anderen thront der sehr ehrwürdig aussehende Miguel de Cervantes mit einem aufgeschlagenen Buch auf den Knien, und davor reiten die Bronzestatuen von Don Quijote und Sancho Pansa ihren Abenteuern entgegen. Das Denkmal wurde wegen des blutigen Bürgerkrieges erst in den 1950er-Jahren fertig gestellt. Damals sollte es in seiner Monumentalität vor allem als triumphale Geste der Franco-Putschisten verstanden werden.

In eine ganz andere Ära katapultiert den Besucher das Museo Cerralbo in der Calle de Ventura Rodríguez 15–17. Es manifestiert den unglaublich großen Reichtum der einflussreichen Adelsfamilie de Cerralbo, die in ihrem imposant gestalteten Stadtpalast ein Museum mit unzähligen Kostbarkeiten einrichtete.

Einen spannenden Kontrast dazu bieten die Straße Martín de los Heros, die von der Plaza de España abzweigt, und die Plaza de los Cubos. In diesem Dreieck liegen die Kinos mit anspruchsvollem Programm – ein Ziel vieler Cineasten und ein Gegenstück zu den Mainstream-Multiplexkinos. Durch eine Passage von der Calle Martín de los Heros aus gelangt man auf die Plaza de los Cubos, an der sich um einen offenen Patio herum mehrere Fastfood-Restaurants und die besagten Kinos gruppieren. Sie bildet eine Bucht zur Calle de la Princesa und wird durch ein Denkmal aus aufeinander gestapelten metallenen Würfeln aus dem Jahr 1972 verziert, das dem damaligen Zeitgeschmack entspricht. Es hängt ein wenig seltsam über der Passage.

Infos und Adressen

ESSEN UND TRINKEN

Lempika Café Bar. Hier geht es spannend zu. Die Besitzer stammen aus dem Libanon und vermischen orientalische Einflüsse mit spanischen Ingredienzen – viele der Gerichte sind vegetarisch. Das Restaurant ist hübsch mit Kachelfußboden und Thonetstühlen ausstaffiert. Mo–So 13.30–00 Uhr, Fr, Sa 13.3–2 Uhr, Calle Mendizabal 10, Tel. 915 41 62 82, www. lempika.es, Metro: Plaza de España

ÜBERNACHTEN

Hotel Exe El Coloso. Ein bequemes und gepflegtes, modernes Vier-Sterne-Haus mit gutem Service. Elegant eingerichtete Zimmer. Calle Leganitos 13, Tel. 915 48 76 40, www.hotelexeelcoloso.com Metro: Plaza de España

EINKAUFEN

Buchhandlung »Ocho y Medio«. Wunderbar zum Stöbern und Schauen ist diese Filmbuchhandlung geeignet, die auch eine große Auswahl an Plakaten und T-Shirts führt, dazu Filme auf DVDs und jede Menge kleiner Gimmicks. Im »Il Gattopardo«, kann man gut Frühstücken und kleine Gerichte zu sich nehmen – auch im Freien. Genau gegenüber befindet sich der *Walk of Fame.* Mo–Sa 10–14 und 17–20.30 Uhr, Martin de los Heros 11, Tel. 91 55 90 62, www.ochoymedio.com, Metro: Plaza de España und Ventura Rodríguez

Bodega de los Reyes. Weinfarben und altmodisch kommt das Interieur daher; diese urige Weinhandlung hält viele feine Tropfen bereit. Mo–Sa 10.30–21 Uhr. Calle de los Reyes 6, Tel. 915 47 92 13, Metro: Plaza de España

AUSGEHEN – KINOS

Golem. Programmkino, Filme in OV. Martín de los Heros 14, Tel. 915 59 38 36, www.golem.es Metro: Plaza de España

Renoir. Programmkino, Filme in OV. Martín de los Heros 12, Tel. 915 41 41 00, www.cinesrenoir.com, Metro: Plaza de España

Princesa. Kino mit ausgewähltem Programm. Calle Princesa 3, Tel. 915 41 41 00, www.cinesrenoir.com, Metro: Plaza de España

Filmplakate und Starpostkarten schmücken die Theke des Cafés in der Filmbuchhandlung »Ocho y Medio«.

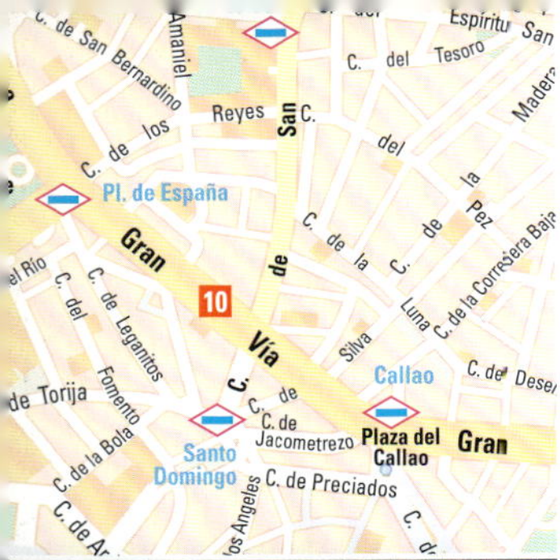

Vermutlich eines der prächtigsten Wahrzeichen von Madrid: Das Edificio Metropolis an der Gran Vía.

10 Gran Vía

Prachtstraße mit imperialem Zuschnitt

Man sollte gleich den prachtvollsten Einstieg zur Gran Vía wählen, das Metrópolis nämlich, das hoch aufragende, von einem schwebenden Engel gekrönte Stadtpalais an der Ecke zur eleganten Calle de Alcalá, und hinunterblicken auf die sich entrollende »Große Straße«, mit ihrer verschwenderischen Fassadenpracht, die der Volksmund ausgesprochen anschaulich als Sahnetörtchen-Architektur bezeichnet hat. Von hier aus entfaltet die Gran Vía ihren Zauber.

Wer von Madrid spricht, hat drei, vier Dinge vor Augen: Die Plaza Mayor, die Plaza de Cibeles, den Prado eventuell, ganz sicher aber die Gran Vía. Auch wenn man vielleicht gar nicht weiß, wie sie heißt, ist sie doch für die Ikonografie Madrids prägend. Die Architektur wirkt hochtrabend, eklektisch und verspielt, jeder kennt sie von Bildern – einfach sagenhaft! Kaum eine Postkarte, kaum ein Werbeflyer kommt ohne das legendäre Gebäude Metrópolis aus, und es gibt kaum einen jüngeren Touristen, der nicht mindestens eine der zahllosen Etagenpensionen an der Gran Vía kennt, die sich in den Madrider Gründerzeithäusern über weit verzweigte dunkle Flure ziehen. Die Gran Vía, das war und ist eine legendäre Adresse – und wird es wohl bleiben.

Und doch gab es um den Bau jahrelangen Streit, mussten doch für die knapp über einen Kilometer lange Prachtstraße zahlreiche Häuser weichen. Denn mit imperialer Breite sollte diese Avenida den Kern von Madrid erschließen, von der Calle de

Alcalá über die Plaza de Callao bis hinunter zur Plaza de España. Sie sollte gemäß der ersten Stufe des *ensanche*, der Stadterweiterung, den Osten um den Parque Retiro und das neue Salamanca-Viertel mit dem Westen bei Argüelles verknüpfen. Damit durchschnitt sie ganze *barrios* »wie ein Axthieb«, wie zahlreiche Kritiker beklagten. Paris hielt mit seinem Boulevard Haussmann als Vorbild her, und die Seinemetropole war damals das Maß aller Dinge.

Madrid musste wachsen

Die Stadt musste zudem aufgrund der allgemeinen Landflucht dringend neue Wohngebiete aufbauen und auch repräsentativen Wohnraum für den im Industriezeitalter zu Vermögen gekommenen Geldadel schaffen. Entstanden ist, wenn man von den schmerzlichen Geburtsstunden und Verlusten absieht, tatsächlich ein repräsentatives, ganz besonderes und einzigartiges Bild der Hauptstadt. Der Name Gran Vía übrigens ist mit der Rückkehr zur Demokratie nach dem Franco-Regime verknüpft. Je nachdem, wer politisch an der Macht war, taufte sie entsprechend: Sie hieß schon Avenida de la Unión Sovjética, aber auch Avenida de José Antonio (de Rivera), nach dem Gründer der faschistischen Falange. In mehreren Stufen vollzog sich der

AUTORENTIPP!

DIE BAR CHICOTE
Höchstwahrscheinlich gibt es in Madrid neuere, schickere Bars als das »Chicote«, das immerhin schon in der Zweiten Republik existiert hat. Aber keine kann von sich behaupten, dass Hollywood-Stars von Audrey Hepburn bis Orson Welles auf ihren Art-déco-Stühlchen balancierten und Cocktails tranken. Genießen Sie dieses Ambiente im »Chicote«, das auch noch ein Flaschenmuseum sein eigen nennt. Die klassische Moderne dominiert die Inneneinrichtung, amerikanische Cocktails bestimmen die Karte. Pedro Chicote, der 1977 leider verstorbene Besitzer, führte diese Trink-Mode in Madrid ein. Prominenz wie Ernest Hemingway, Cary Cooper und Grace Kelly wussten das zu schätzen. Es gibt kaum einen besseren Ort für einen Aperitif.

Bar Chicote. Mo–Fr 17–3 Uhr, Sa 17–24 Uhr. Gran Vía 12, Tel. 915 32 67 37, Metro: Gran Vía und Sevilla

Oben und Mitte: Die Lieblingsbeschäftigung Schaufensterbummel lässt sich auf der Gran Vía leicht realisieren.
Unten: Der Flagshipstore von Zara auf der Gran Vía hat wahrhaft großstädtischen Zuschnitt.

Bau dieser Straßenschneise. Begonnen wurde 1904, zum Abschluss kam er 1929. Und da er in eine Epoche der Rückbesinnung auf typisch spanische Architekturmerkmale fiel, kann man sich an dem Füllhorn dekorativer Ideen, die über die Hausfassaden ausgeschüttet wurden, gar nicht satt sehen. Regionalismus, Historismus, *modernisme*, Art-déco feiern an der Gran Vía ein fröhliches Fest. Muschelmotive aus Salamanca, Zitate des *mudéjar*-Stils, der Gotik, aber auch die *miradores* (»Erker«), die man an asturischen Häusern findet, Götterstatuen, Säulen und Halbsäulen, Kronen, Zinnen, Balkone und goldene Girlanden, die sich um Schieferkuppeln winden – die Gran Vía bietet den Augen so einiges, darunter ist auch manches, was man als kitschig empfinden kann.

Überall Pracht und Glanz

Das die Gran Via optisch prägende Gebäude ist sicherlich das Edificio Metrópolis an der Einmündung der Calle de Alcalá, das zwischen 1907 und 1911 gebaut wurde. So weiß wie Sahne, mit Säulen und Götterfiguren überreich verziert, von Balkonen gegliedert und mit einer Aufsehen erregenden Statue, die aus der Kuppelturmspitze heraus zu schweben scheint, erforderte es den Abriss von sieben Häusern. Das Metrópolis basiert auf einem Entwurf der französischen Architekten Jules und Raymond Février und ist Firmensitz einer Versicherungsgesellschaft. Früher erhob sich über der Kuppel ein Phönix aus der Asche, heute ist es eine geflügelte Victoria.

Ein Hingucker ist allerdings auch das Edificio Grassy an der Ecke gegenüber, das zwar nicht ganz die Höhe des Metrópolis erreicht, aber mit seinem halbrunden Grundriss, den vielen geschosshohen Pilastern, den halbrunden Balkonen, den Belvederen und dem opulenten Mosaik-

Von oben sieht man die Pracht Madrids am deutlichsten.

schmuck den Dekorationsideen des Metrópolis nicht nachsteht. Es entstand 1917 und ist seit 1952 Firmensitz der feinen Juweliere Grassy. Höchst begehrt an so prominenter Stelle ist eine Werbefläche im ersten Stock, die die Juweliere stets an Uhrenfirmen vermieten.

Sie wurde oft totgesagt und sie bietet sicherlich nicht mehr das exquisite und konkurrenzlose Einkaufs- und Flaniervergnügen wie vor 100 Jahren, dennoch prunkt die Gran Vía immer noch mit mehr Reizen als viele andere *avenidas*, und der Wille zur Größe, zum Großspurigen und zum Einzigartigen lebt fort. Sicherlich ist es zu bedauern, dass die ehedem exklusiven Kinopaläste, in denen Filmpremieren noch in Galarobe und mit rotem Teppich absolviert wurden, in eher verwechselbare Komödienbühnen verwandelt wurden, und von Abgasen angegraute Werbeplakate sich über die Fassaden spannen. Aber hier zu flanieren ist immer noch ein Hochgenuss. Boutiquen, feine Modehäusern wie Loewe und schicke Juweliere fin-

AUTORENTIPP!

AUSGEHEN!

Viel zu entdecken gibt es auf der Gran Vía tagsüber: Architektur, Klamotten, Souvenirshops, Fast-Food-Ketten, Kosmetik- und Schuhgeschäfte …
Aber es sei nicht vergessen, dass die Gran Vía einmal als ein Fixstern im abendlichen Vergnügungshimmel der Hauptstadt galt. Das war einmal. Wer heute wirklich angesagte Clubs, Bars und Lokalitäten sucht, ist in Chueca, TriBall und Malasaña besser aufgehoben. Trotzdem: Kinopaläste wie an der Plaza de Callao wird man in diesen Barrios nicht finden. Auch Theater- und Musicalbühnen gibt's hier, das Principe Gran Vía zum Beispiel. Schnell kann man zudem in den Seitenstraßen Fuencarral, Hortaleza oder Ballesta nette Bars finden und dort gute Tapas essen.

Oben: Ein Kinobesuch auf der Gran Vía ist immer etwas Besonderes.
Mitte: An der Plaza Callao, die die Gran Vía schneidet
Unten: Auf den verzierten, geschmückten Dächern gibt es stets was zu sehen. Im Hintergrund links das Edificio Telefónica.

den Kunden. So sind vermutlich auch die hohen Ladenmieten zu finanzieren, die es erst ermöglichen die opulenten Stadtpaläste zu erhalten. Und so präsentiert sich nicht nur in den oberen Stockwerken, sondern auch auf Augenhöhe ein besonderes Stil-Potpourri, meist aus dem Repertoire des Art déco. Halbrund gebogene Fenster, Marmor und Stuck an den Decken, Kronleuchter und Eingangstüren mit Glaseinsätzen bezeugen die Eleganz einer vergangenen Zeit.

Zara ist beispielsweise in einem solchen Palast untergebracht (Nr. 34). Im Stoffgeschäft Julián López posiert Greta Garbo als Ninotschka für Bettüberwürfe und gekreppten Tüll (Nr. 27). Nebenan lag vermutlich ein sehr schönes Café, heute ist dort die Filiale einer Fastfood-Kette eingezogen. Immerhin hat der neue Mieter dankenswerterweise die Innengestaltung weitgehend unberührt gelassen, sodass man sich nach wie vor an intarsiengemusterten Marmorsäulen und -fußböden und den Kugelkandelabern erfreuen kann.

Gegenüber in Richtung Plaza de Callao steht der erste Wolkenkratzer Madrids, das von Ignacio Cárdenas de Pastor entworfene (ehemalige) Telefónica-Gebäude – stolze 83,90 Meter hoch. Zum Zeitpunkt seiner Konstruktion im Jahr 1929 war es von jedem Standort in Madrid aus zu sehen (Nr. 28). Ein gestufter zentraler Turmaufsatz überragt die leuchtende Fassade, die dadurch wirkt, als habe man ihr eine Krone aufgesetzt. Davor war der elegante, lang gestreckte und pilastergeschmückte Paris-Madrid-Bau (Nr. 32) das höchste Gebäude Madrids. Von der Plaza de Callao aus in Richtung Plaza de España regiert an der Gran Vía jetzt eher die Moderne, beispielhaft zu sehen an der Nummer 78, dem Coliseo-Kino, bevor sie in der schönen Torre de España ihren Höhepunkt findet.

Infos und Adressen

SEHENSWÜRDIGKEITEN

Metrópolis. Calle de Alcalá 39. Metro: Banco de España und Sevilla

Grassy. Gran Vía 1, Metro Banco de España und Sevilla

Teléfonica. Gran Vía 28, Metro: Gran Vía.

Madrid-París. Gran Vía 32. Metro. Gran Vía.

Cinema Coliseo. Gran Vía 78. Metro Plaza de España.

Das Hotel Ada Palace mit Dachterrassenrestaurant

ÜBERNACHTEN

Hotel de las Letras. Dieses schöne Designhotel logiert in einem riesigen Stadtpalast. Wirkt trotz der Größe intim. Einige Zimmer haben (Dach-)Terrassen. Gran Vía 11, Tel. 915 23 79 80, www.hoteldelasletras.com, Metro: Gran Vía

Ada Palace. In einem typischen Gran Vía-Gebäude untergebracht, hat dieses Hotel eher kleine, aber schöne Zimmer und eine tolle Terrasse – mit Terassenrestaurant.
Gran Vía 2, Tel. 917 01 19 19,
www.hoteladapalace-madrid.com
Metro: Banco de España, Sevilla

Hotel Catalonia Gran Via.

Moderne Innenausstattung, Dach-Swimmingpool. Ebenfalls in einem historischen Gebäude.
Gran Vía 7–9, Tel. 915 31 22 22,
www.hoteles-catalonia.com, Metro: Sevilla

Praktik Metropol. Hell, frisch und funktional sind die Zimmer in dieser Etagenpension an der Plaza de Callao. Calle Montera 47, Tel. 915 21 29 35,
www.hotelpraktikmetropol.com
Metro: Callao

ESSEN UND TRINKEN

La Barraca. Wenn man in Madrid Paella oder Reisgerichte ausprobieren möchte, dann hier. Der Besitzer hat seine valencianischen Rezepte mitgebracht. Heimelig und gut. Tgl. 13.30–16 und 20.30–24 Uhr. Calle de la Reina 16,
Tel. 915 32 71 54, www.labarraca.es
Metro: Sevilla

Für den schnellen Hunger zwischendurch gibt es viele Filialen unterschiedlicher Fastfood-Ketten.

EINKAUFEN

Sephora, Zara, Mango, H&M, Sfera, Desigual, aber auch Markenschuhe bei Lorenzo Marquez – das Angebot kann breiter und üppiger nicht gefächert sein.

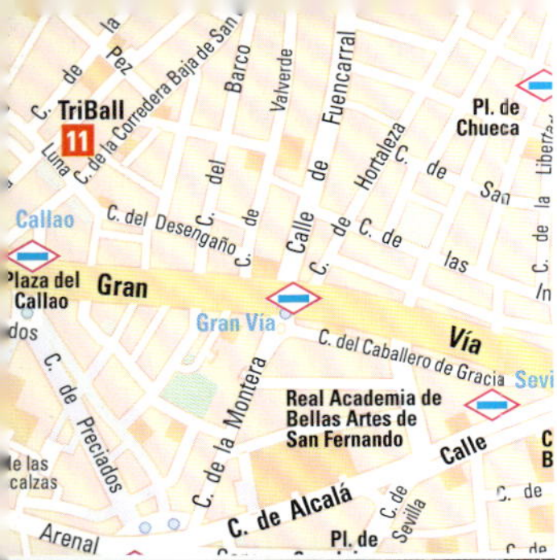

Graffiti in TriBall: jung und ein bisschen wild

11 TriBall

Flippig, lebendig, alternativ

Alternative Kulturen suchen stets unkonventionelle Räume, um sich nicht durch den Mainstream vereinnahmen zu lassen. Und so ist TriBall entstanden – eigentlich der Triangulo de Ballesta, was zunächst einmal lediglich eine geografische Bezeichnung ist. Im Hinterhof der Gran Vía beginnt TriBalls wichtigste Straße, die Corredera Baja de San Pablo, die sich später im In-Viertel Chueca fortsetzt. Ein bisschen anrüchig ist TriBall wegen der Prostituiertenszene, obschon diese streng kontrolliert wird.

Dieser Mix zwischen altmodischem, leicht derangiertem Wohnviertel und ein wenig Halbwelt zieht überall auf der Welt die Kreativen an – das ist in Madrid nicht anders. Und das umso mehr, als das andere In-Viertel Chueca vielen Menschen schon zu »gemäßigt« scheint. Seit viele Lesben und Schwule sich Chueca zum Wohn- und Arbeitsort auserkoren haben, hat sich dort die Drogenszene zurückgezogen.

TriBall versteht sich also als eine »Verlängerung« von Chueca, nur eben ein bisschen frecher und frischer. Die Namensschöpfung hört sich so schön nach TriBeCa in Manhattan an. Diese Assoziation ist gewollt und auch einigermaßen treffend, obwohl TriBall nie eine Industriegegend war und vermutlich auch nie so glamourös werden wird, dass sich Stararchitekten wie Herzog und de Meuron um Aufträge bemühen werden, die in New Yorks TriBeCa ein Wohnhochhaus bauen. Interessanter ist, dass der Szene-Liebling par excellence, der Regisseur Pedro Almodóvar, einen der

Das Teatro por Dinero ist ein kultureller Treffpunkt.

typischen Vintage-Läden als Filmkulisse für seinen Spielfilm *La Piel que habito* (»Die Haut, in der ich wohne« – 2011) erkor. Das kann man in der Szene sofort als Indikator für das »In-Sein« verstehen – und auch dass seine Filmausstatter hier schon lange eine Boutique für Vintage-Modelle hochwertiger Modeschöpfer betreiben.

2008 hat ein Investorenteam unter dem Namen »Okupación Creativa« beschlossen, diesen leicht angeschmuddelten »Hinterhof« der Gran Vía in ein Künstler-Kreativen-Viertel zu verwandeln. Gemeinsam mit weiteren Investoren und Geschäftsleuten kaufte die Initiative heruntergekommene Sex-Shops und Bordelle auf und überließ die Häuser und Grundstücke vielen unterschiedlichen Künstlern. Damit war die Veränderung zum Positiven angestoßen. Das Rotlichtgewerbe hat sich in einer sanften Variante weiter gehalten, und Geschäfte wie Bars kokettieren mit der Nähe zum scheinbar Sündigen.

San Antonio de los Alemanes

Ironischerweise ist eine Kirche das Herz des neuen Boom-Viertels, des Soho von Madrid. Die Kirche San Antonio de los Alemanes (Bauzeit

AUTORENTIPP!

CORACHÁN Y DELGADO

Eine Second-Hand-Boutique kann eine ganz schön tröge Angelegenheit sein, nämlich wenn mehr Mottenpulver zu riechen ist als Puderduft. Diese Gefahr umschifft elegant »Corachán y Delgado«, denn dort sind die Ständer nicht einfach vollbehängt, sondern werden die Stücke schön präsentiert – und außerdem gibt es hier neben vielen Accessoires und Schmuck Vintage von Dior oder Chanel! Paco Delgado arbeitete als Ausstatter bei Pedro Almodóvar – eine viel bessere Visitenkarte für Retro-Mode kann es gar nicht geben.
Ihn und seinen Kompagnon Bernardo Corachán interessiert der Alltagslook, aber mehr noch der Glamour der Hutschachteln und Chanel-Perlenschnüre, der Ansteckblumen, Schminkspiegel und der Stickereien.

Corachán y Delgado.
Mo 18–21 Uhr, Di–Fr 10.30–14.30 und 18–21 Uhr, Sa 11–15 Uhr, Calle del Barco 42, Tel. 915 23 03 64, Metro: Tribunal.

Die Fassade der Kirche San Anton de los Alemanes

Oben: Plüschig und beliebt ist das Teatro Lara.
Unten: Hauswände sind zum Bemalen da, wenigstens war hier ein Könner am Werk, hier trifft die Bezeichnung Street-Art zu.

1624–1633) ist purstes Madrider Barock, im Innern entfaltet sich ein wahrer Bildersturm. Überwältigende Deckenfresken von Carreño de Miranda (1614–1685) und Francisco Rizi (1614–1685) haben die *Apotheose des hl. Antonius* zum Thema.

Zu den weiteren kulturellen Attraktionen des neu geschaffenen Viertels gehört das Teatro Lara mit seiner hundertjährigen Geschichte. Dazu im Kontrast steht das Microteatro por Dinero mit seinem ungewöhnlichen Konzept. Hier werden 15-minütige Installationen und Theaterwerke für jeweils nur 15 Zuschauer präsentiert. Die Vorstellungen laufen den ganzen Abend lang.

Ansonsten kann sich die »Okupación Creativa« die Hände reiben, TriBall präsentiert sich mittlerweile als eine Fundgrube für Fashion- und Design-Fans. Das Ambiente ist originell, witzig, lässt aber auch Platz für ganz normale Haushaltwarengeschäfte oder den Laden von López Pascual, den es hier schon immer gab und der für Schinkenfans ein Wallfahrtsort ist.

Der Modedesigner Carlos Diez hat in der Straße Loreto y Chicote seinen eigenen Shop, dort residiert auch Pepa loves me. Emiika Style präsentiert cooles Design für Schmuck, Accessoires, Papier und Innenausstattung. Dolores Promesas ist auf junge Klassik abonniert, während Montigarden neue spanische Modedesigner verkauft. Im Tocado y Hundido widmet man sich der Korsettmode, und Lovani hat sich dem Fair Trade verschrieben. Und selbstverständlich sind Bars und Restaurants nachgezogen, was die angestammte und sehr empfehlenswerte »Casa Périco« mit ihrer Hausmannskost nicht verdrängt hat. »La Realidad« und »Café de la Luz« gehören zurzeit zu den gefragtesten Adressen.

Infos und Adressen

SEHENSWÜRDIGKEITEN

Iglesia de San Antonio de los Alemanes. Führung nur mit telefonischer Anmeldung. 2 €. Calle de la Puebla 20, Tel. 915 22 37 74, Metro: Gran Vía

Teatro Lara. Corredera Baja de San Pablo 15, Tel. 915 23 90 27, www.teatrolara.com, Metro: Callao

Teatro por Dinero. Mit Künstlerbar. Mo–Di 20.30–23.30 Uhr, Mi–So 19.30–23 Uhr. Calle de Loreto y Chicote 9, Tel. 915 21 88 74, www.microteatromadrid.es, Metro: Gran Vía und Callao

ÜBERNACHTEN

Hostal Ballesta. Modernes Hostal mit hellen großen Zimmern, gut ausgestattet. Calle Ballesta 5, Tel. 915 32 36 04, www.hostalballesta.com Metro: Gran Vía und Callao

Hotel TRYP Cibeles. Hinter der historischen Fassade verbirgt sich ein großes Hotel mit modernen, nüchternen, bequemen Zimmern. Calle Mesonero Romanos 13, Tel. 915 32 15 52, www.tryp-hotels.com, Metro: Callao

Im »Desengaño 13« zeichnet eine junge Mannschaft verantwortlich.

ESSEN UND TRINKEN

Casa Périco. Traditionsrestaurant seit 1942. Mit typisch spanischer Küche und vielen illustren Künstler-und Journalistengästen. Mo–Sa 13.30–16.30 Uhr und 20.30–23.30 Uhr, Calle Ballesta 18, Tel. 915 32 81 76, www.casapericomadrid.es Metro: Gran Vía und Callao

Restaurante Desengaño. Mo–Do 13–16 und 20.30–1 Uhr, Fr/Sa 20.30–2 Uhr, So nur mittags. Ein bisschen modernistisch und bunt die Einrichtung, vielfältig und voller mediterraner Spezialitäten die Karte. Calle Desengano 13, Tel. 915 32 80 87, http://restauranted13.blogspot.de/ Metro: Callao.

EINKAUFEN

Carlos Diez. Mo–Sa 11–14 und 17–21 Uhr, Calle Loreto y Chicote 4, Tel. 915 22 42 70, Metro: Gran Vía

Gük. Mo–Fr 12–15 und 17.30–21.30 Uhr, Sa 12–21.30 Uhr,Calle Loreto y Chicote 2, Tel. 915 23 91 16, www.gukshop.com, Metro: Callao und Gran Vía

Emiika Style. Mo–Sa 11–14, 17–20 Uhr, Corredera Baja de San Pablo 53, Tel. 915 23 36 70, Metro: Tribunal

Dolores Promesas. Mo–Fr 10–14 und 17–20 Uhr, Sa nur vorm. Calle Desengaño 22, Tel. 915 22 58 03, www.dolorespromesas.com, Metro: Callao und Gran Vía

Scarly. Mo–Fr 11–13.30 und 16.30–20 Uhr, Sa 10–18 Uhr, Calle Desengaño 16, Tel. 915 21 13 33, www.scarly.com, Metro: Callao und Gran Vía

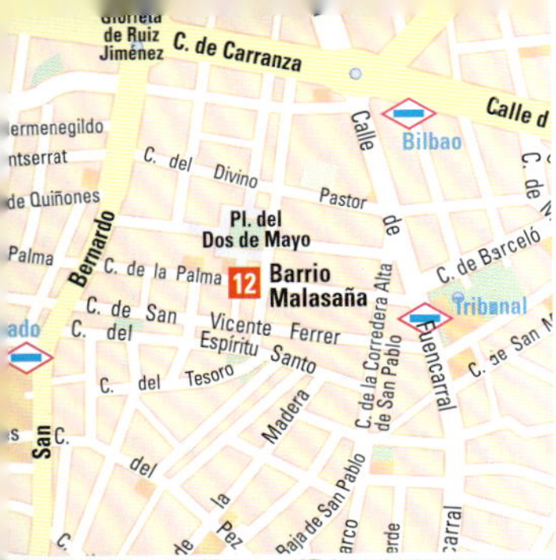

Oben: Ein wunderbarer Platz, dessen Name auf eine revolutionäre Geschichte verweist, ist die Plaza Dos de Mayo.
Unten: Eine der Lebensadern des Viertels ist die Corredera Alta de San Pablo.

12 Malasaña

Aufregend und gemütlich zugleich

Mehr Kreuzberg als das Berliner Kreuzberg, innovativer, verrückter, lustiger, älter, abgerockter, aber alles mit Geranien dekoriert – das ehedem kleinbürgerliche Malasaña mit seinen schmalen Gassen und den kleinen Plätzen ist eine Wundertüte für Design, Ausgehen und Nachtleben. Trotz steigenden Modewerts wirkt es immer (noch), als würde die Idee der Nachbarschaft funktionieren. Und es hat zwei sehenswerte Museen.

Malasaña erlebt den Lauf der Zeit wie viele andere Großstadtviertel auch. Kleinbürgerlich und ärmlich zuerst, später dann Zentrum der *móvida*, der spanischen Underground-Kulturbewegung nach Ende der Diktatur und der *transición*, dessen berühmtester Exponent der Filmregisseur Pedro Almodóvar ist, um sich anschließend in ein leicht verwahrlostes und vor allem nicht ganz ungefährliches Zentrum von Drogenkleindealern und Abhängigen zu verwandeln: Mittlerweile hat es den Aufstieg zum alternativ grundierten Künstler- und Modeviertel geschafft. Gut, dass dabei die alte Nachbarschaft, die *Barrio*-Mentalität, nicht verloren gegangen ist.

Manuela Malasaña und die Plaza Dos de Mayo

Zwischen Chueca und Argüelles eingequetscht sowie zwischen der Gran Vía und der Calle de Sagasta scharen sich die schmalen Straßen um einen beliebten Mittelpunkt: die Plaza Dos de Mayo. Er ist einerseits ein ganz normaler Platz, mit Kinder-

Das alte Madrid in einem Modell

spielplatz, andererseits ist dieser Platz ein historischer Zeitzeuge. Am 2. Mai 1808 *(dos de mayo)* nämlich hatten die Madrilenen auf dieser Plaza gegen die französisch-napoleonische Herrschaft aufbegehrt, der sie unterworfen waren. Ihr von den beiden Militärs Luis Daoíz (1767–1808) und Pedro Velarde (1779–1808) angeführter Aufstand wurde jedoch blutig niedergeschlagen. Das Denkmal, das die Plaza Dos de Mayo heute schmückt, ist den beiden gewidmet. Goya übrigens hat diesen Aufstand in seinen *Pinturas Negras* festgehalten, die man im Prado (s. S .140) bewundern kann. Mariana Malasaña nun, die Taufpatin des Viertels, war eine erst 15 Jahre alte Kämpferin, die in diesem Aufstand ihr Leben lassen musste. Vor diesem geschichtlichen Hintergrund ist es nicht erstaunlich, dass Dos de Mayo auch der Namensgeber von verschiedenen Straßen und einer beliebten Kneipe ist.

Die Terrassencafés auf dem Platz gehören jedenfalls zu den beliebtesten im Viertel. Und während sich tagsüber junge Mütter, Sprachstudenten und

AUTORENTIPP!

HISTORISCHES MUSEUM VON MADRID

Das anschaulich und großzügig gestaltete Museo de Historia de Madrid, das historische Museum Madrids, steckt hinter einer schönen Barock-Fassade. Ursprünglich war ein Generalkrankenhaus für Arme in diesem Gebäude.

Man legt großen Wert auf die historische und städtebauliche Entwicklung Madrids. Besonders eindrucksvoll ist die große *maqueta* (»Stadtmodell«), die auf einem Stadtplan aus dem Jahr 1656 basiert. Sie wird ergänzt durch zwei Animations-Videos, die Madrid im 17. und 18. Jahrhundert zeigen. Die Plaza Mayor ist selbstverständlich schon da, auch die ungepflasterte Calle de Alcalá, die Puerta de Segovia, die Puerta del Sol, der Paseo del Prado und die Calle de las Huertas. Damals gab es sogar schon fünfstöckige Wohnhäuser, auch die Plaza de Cebada existierte bereits. Der Retiro markierte die Stadtgrenze. Was sofort ins Auge fällt: Die Vielzahl an Kirchen prägen das Bild der Stadt, die Kirchtürme erzeugen ein ganz eigenes Relief.

Gemälde, Drucke, Landkarten, Möbel, Waffen, Münzen, historische Fotografien sowie Postkarten und vieles mehr ergänzen die Sammlung. So entsteht ein rundes Bild der Hauptstadtgeschichte.

Museo de Historia.
Calle Fuencarral 78,
www.munimadrid.es/museomunicipal

Rundgang durch Malasaña

A Museo de Historia de Madrid – Das historische Stadtmuseum ist in einem historischen Bau untergebracht – innen ist es natürlich ganz modern und bietet einen informativen und sehr anschaulichen Einstieg in die Stadtgeschichte.

B Calle de la Palma – Eine der ganz typischen Gassen dieses Viertels: in dieser Mixtur aus bodenständig, einfach, ein bisschen ausgeflippt und lustig findet alles Platz, z. B. der Gilda Cinemashop oder die Bar »Ay mi Madre«.

C Calle de San Andrés – Ebenfalls eine Lieblingsstraße der Malasaña-Fans mit vielen Kneipen.

D Plaza Dos de Mayo – Dieser Platz, nicht unscheinbar, aber auch nicht besonders prächtig, stellt eine sehr bedeutsame historische Kulisse dar. Hier versammelten sich die Aufständischen am 2. Mai 1808, um gegen die französische Herrschaft zu protestieren und zu kämpfen. Ein Denkmal ist den nationalen Helden gewidmet. Der Platz hat aber auch Gegenwärtiges zu bieten, etwa einen viel besuchten Kinderspielplatz und belebte Terrassencafés. Bäume spenden Schatten.

E Corredera Alta de San Pablo – Hier konzentriert sich das Geschäftsleben von Malasaña, schnell, vielfältig und bunt: Blumenläden, Bäckereien, Tapasbars, Wäschegeschäfte – die Vielfalt ist groß. Geschäfte großer Filialketten wird man vergeblich suchen.

F Concept Store Rughara – Darf als typischer Vertreter der Malasaña-Kreativen betrachtet werden: Hier werden Klamotten verkauft, meist von jungen Designern, aber es wird auch was fürs Nachtleben und Ausgehen getan: der Concept Store veranstaltet Konzerte und Ausstellungen.

G Museo del Romanticismo – Das Romantikmuseum versinnbildlicht auf anschauliche Weise den Lebensstil der Romantik – stilecht in einem Palais von 1776. Das Museum hat einen schönen Laden und ein tolles romantisches Garten-Café.

Hippies treffen, gehört der Platz abends ganz den Nachtschwärmern. Das »Café Pepe Botellas«, auf Deutsch: »Sepp, die Flasche«, ist besonders beliebt. So wurde Napoleons Bruder Joseph genannt, als er Spanien regierte.

Ursprünglich hieß dieses alte Viertel Las Maravillas Und auch zu diesem Namen gibt es eine dramatische Geschichte zu erzählen. *Maravilla* heißt übersetzt das Großartige, das Herrliche oder das Wunder. Groteskerweise ist das »Wunder« hier ein Blitzeinschlag, der das damals von zwangsgetauften Mauren bewohnte Viertel traf. Der spanische Regent betrachtete dies als ein Zeichen Gottes, die Mauren zu vertreiben, was er dann auch machte. Damals, im 17. Jahrhundert, lag Maravillas/Malasaña weit außerhalb der Tore der alten Stadt.

Etwa 170 Jahre nach dem blutigen Aufstand des 2. Mai wurde die Plaza Dos de Mayo zur Keimzelle der Móvida-Bewegung in Madrid. Die sexuelle Befreiung der Frau und ihre Gleichberechtigung, Kreativität ohne Zensur – aber unter Drogenkonsum – eigentlich alles, was seit den 1950er-Jahren in den USA und in vielen Staaten Europas ausprobiert wurde und in neue Lebensformen geflossen war – an diesem Platz fand das Madrid der Post-Franco-Zeit zuerst den Anschluss an die »modernen« Zeiten. Pedro Almodóvar und die Nina Hagen Spaniens, die legendäre Alaska, die Musiker Miguel Ordoñez und Carlos Berlanga trafen sich in den Bars »El Penta« (Calle Palma 4) und in der »Vía Láctea« (Calle Velarde 8). Oder im Costus-Kunstatelier von Juan Carrero und Enrique Naya. Hier kann man dem Geist dieses Aufbruchs folgen ... die Bars gibt's immer noch.

Die Calle de la Palma im heutigen Malasaña verkörpert viel vom damaligen Flair des Viertels. An-

AUTORENTIPP!

MUSEO DEL ROMANTICISMO

Die Romantik umfasst eine künstlerische Epoche, die auf die Klassik der Jahrhundertwende vom 18. zum 19. Jahrhundert folgt. Hier tritt der Mensch als Subjekt in den Vordergrund. Gleichzeitig weitet sich der Sinn für das Exotische: In Spanien kommt der Orientalismus hinzu. Das Museo del Romanticismo spiegelt in einem 1776 gebauten Stadtpalais diese Epoche wider. In seinen meist pastellfarben gehaltenen Zimmern zeigt es Gemälde, Möbel, Wohnaccessoires, Mode, Schmuck und Kunstobjekte aus Muscheln und Pferdehaar. Der Lyriker und Literatur-Nobelpreisträger Rafael Alberti ist einer der Direktoren des Museums.

Museo Nacional del Romanticismo. 1. Mai–31.Okt. Di–Sa 9.30–20.30 Uhr, So, Feiertage 10–16 Uhr. Im Winter jeweils eine Stunde kürzere Öffnungszeiten. Calle San Mateo 13, Tel. 914 48 10 45, www.museoromanticismo.mcu.es Metro: Tribunal und Alonso Martínez

Oben: In den vielen unkonventionellen Boutiquen in Malasaña könnte man stundenlang stöbern. **Unten:** Und auf den Märkten an der Plaza Dos de Mayo selbstverständlich auch.

genehm ist, dass sie eine Fußgängerzone ist. Entspannt kann man flanieren und so manchen Schatz heben, z.B. dürften Filmbegeisterte im Gilda Cinemashop fündig werden. Besonders Spaß dürfte dabei die Aura der Vernachlässigung machen, denn dort lagert alles unter einer Staubschicht. So scheint es zumindest. Dabei gibt es dort die originellsten Filmplakate aus allen Perioden, dazu Starpostkarten aus einer Zeit, als man sie tatsächlich noch sammelte und tauschte. Bücher und natürlich Filme vervollständigen das Angebot. Im Lebensmittelgeschäft nebenan werden Konservendosen ausgestellt – drin sind nicht Kaviar oder *paté*, sondern schlicht Ravioli und Thunfisch. Das »Café Byron« lebt ebenfalls von diesem leicht abgeblätterten Charme. Die Calle San Andrés ist dafür typisch: überall Bäume und Tavernen sowie mit Graffitis bedeckte Fassaden.

Lebensader

Die Corredera Alta de San Pablo ist so etwas wie die Lebensader des Viertels; sie zieht sich gen Süden hinunter bis nach Chueca, wo sie dann zur Corredera Baja de San Pablo wird. Hier trainieren Bewohner des Viertels bei geöffneten Fenstern eines Fitness-Studios, sodass jeder zugucken kann; hier verkauft der Concept Store Rughara (Esperanto für »Rotschopf«) selbst genähte Mode und veranstaltet Konzerte. In der Mercería kann man in wunderschönen Litzen, Borten und Knöpfen wühlen. Schneidern ist in Madrid groß in Mode, es gibt Workshops und viel Material zu kaufen; die Krise zeigt ihre Spuren. Selbst nähen hilft sicher Geld zu sparen und macht machmal auch Spaß. Einfache Bäckereien konkurrieren mit den Torten der »Cocina de mi Vecina«; das Schallplattengeschäft »Big Mamma« beglückt Liebhaber des Vinyls. Das beste Rezept, um sich hier zu bewegen, heißt, sich treiben lassen.

Infos und Adressen

Barock pur – die Fassade des Museo de la Historia de Madrid

SEHENSWÜRDIGKEITEN

Museo Municipal de Historia. Di–Fr 9.30–20 Uhr, Sa, So 10–14 Uhr. Calle de Fuencarral 78, Tel. 917 01 18 63, www.madrid.es Metro: Tribunal

ÜBERNACHTEN

Antigua Posada del Pez. In einer ruhigen Straße in einem der typischen Wohnhäuser der Wende zum 20. Jahrhundert untergebracht, ist dies ein sehr sauberes, originell gestaltetes Hostal. Calle Pizarro 16, Tel. 915 31 42 96, www.antiguaposadadelpez.com, Metro: Tribunal

Hotel Abalu. Schräg, bunt, alles mit Stil. Jedes Zimmer ist eine Überraschung. Calle Pez 19, Tel. 915 31 47 77, www.hotelabalu.com Metro: Noviciado

ESSEN UND TRINKEN

La Musa. Durchgestyltes Café-Restaurant, schlichte Möbel, viel Dekor. Ist angesagt, die Plätze begehrt. Ambitionierte Küche, klassische Rezepte. Frühstück und Gin-Bar. Mo–Do 9–24 Uhr, Fr 9–2 Uhr, Sa 13–2 Uhr, So 13–24 Uhr, Calle Manuela Malasaña 18, Tel. 914 48 75 58, www.grupolamusa.com, Metro: San Bernardo

Casa Camacho. Kontrastprogramm: Eine der bodenständigen alteingesessenen Tavernen. Vermuth fließt aus dem Zapfhahn, Wein und Bier. Mo–Fr 12–2 Uhr, Sa 12–24 Uhr, Calle de San Andrés 4, Tel. 915 31 35 98, Metro: Tribunal

AUSGEHEN

Olelola. Eine Supermischung aus Lounge, Café, Bar und Taverne, mit guten DJs, Poetry Slam und einer witzigen, ausgefeilten Innendekoration, die die spanischen Mythen aufs Korn nimmt. Mo–Do 17.30–2 Uhr, Fr 16.30–2 Uhr, Sa, So 12.30–2 Uhr, Calle San Mateo 28, Tel. 913 106 66 95, www.olelola.com Metro: Tribunal

EINKAUFEN

Biskuit. Verspielte, weibliche, junge Mode und Accessoires. Mo–Sa 11–15 und 17–21 Uhr, Calle del Divino Pastor 15, Tel. 915 91 62 75, www.buiscuitstore.es, Metro: Bilbao

Concept Store Rughara. Rughara versteht sich weder als Design- noch Klamottenladen, sondern als Konzeptstore. Es gibt auch Ausstellungen und Konzerte. Für den Laden gelten folgende Öffnungszeiten: Mo–Fr 11–14.30 und 17–21 Uhr, Corredera Alta de San Pablo 2, Tel. 910 11 65 65, www.rughara.com, Metro: Tribunal

Das Olé Lola gehört zu den angesagtesten Bar-Restaurant-Clubs in Malasaña.

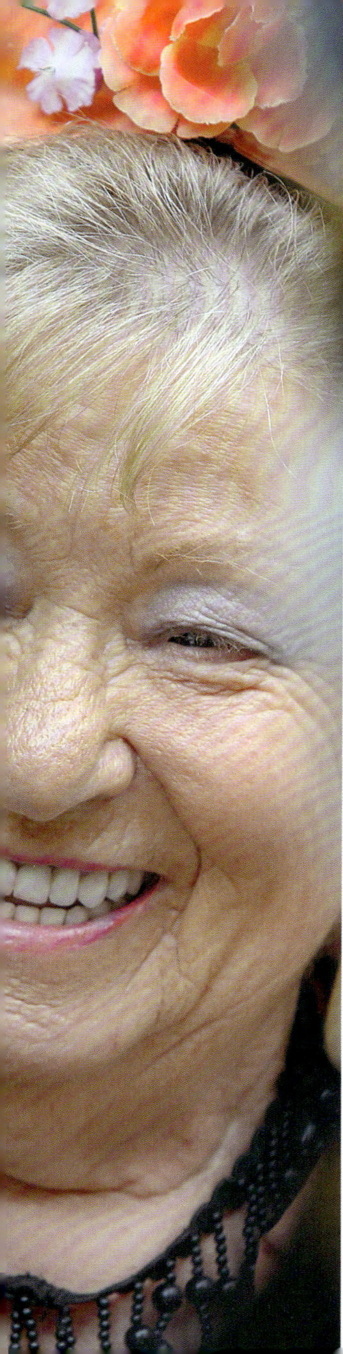

DER SÜDEN

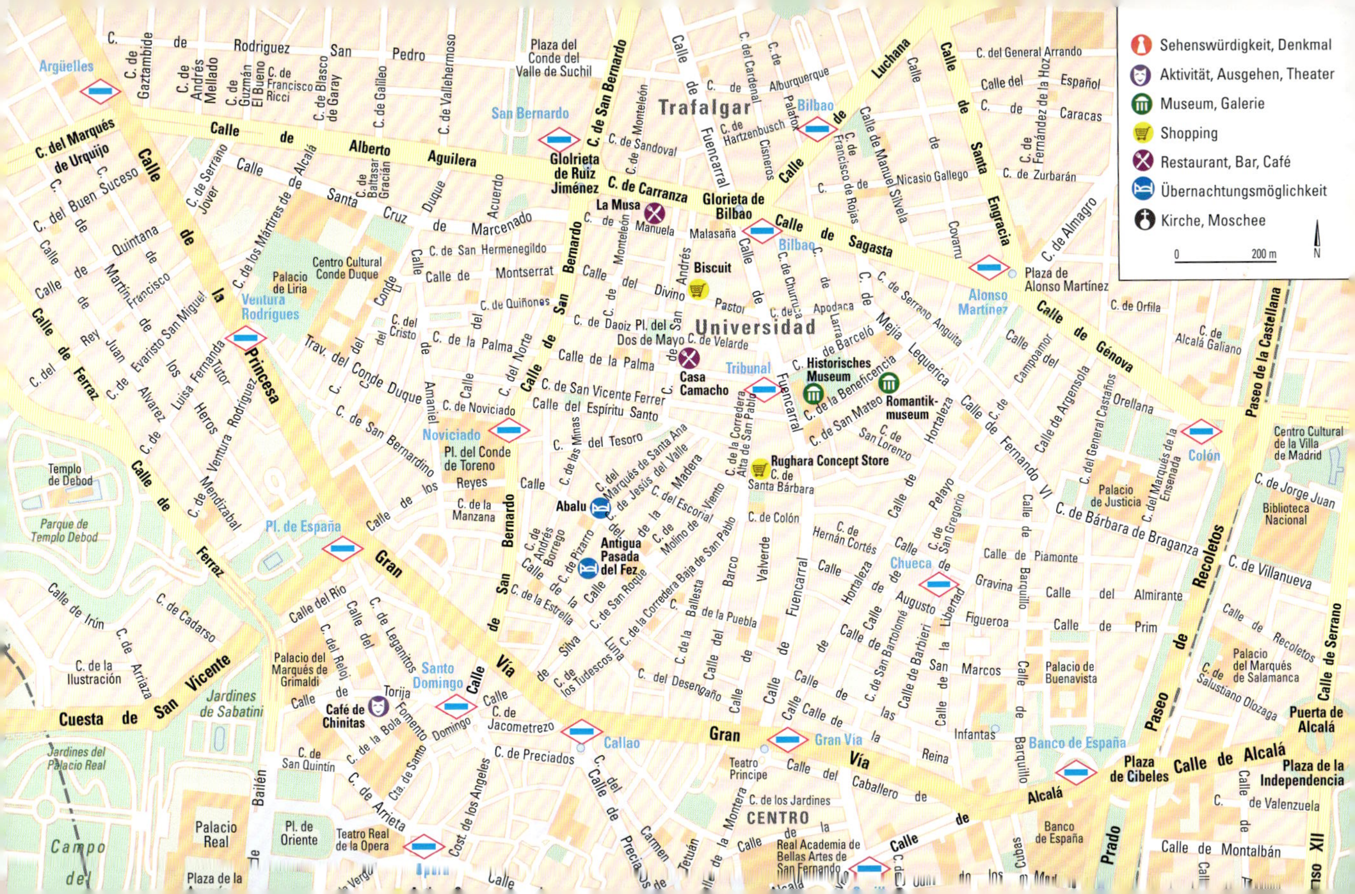

Sehenswürdigkeit, Denkmal
Aktivität, Ausgehen, Theater
Museum, Galerie
Shopping
Restaurant, Bar, Café
Übernachtungsmöglichkeit
Kirche, Moschee
0
200 m
N
Trafalgar
Universidad
CENTRO
La Musa
Biscuit
Casa Camacho
Historisches Museum
Romantik-museum
Rughara Concept Store
Abalu
Antigua Pasada del Fez
Café de Chinitas
Argüelles
San Bernardo
Bilbao
Alonso Martínez
Tribunal
Noviciado
Pl. de España
Santo Domingo
Callao
Gran Vía
Chueca
Colón
Banco de España
Glorieta de Ruiz Jiménez
Glorieta de Bilbao
Plaza de Alonso Martínez
Plaza del Conde del Valle de Suchil
Pl. del Conde de Toreno
Plaza de Cibeles
Plaza de la Independencia
Puerta de Alcalá
Palacio de Liria
Centro Cultural Conde Duque
Centro Cultural de la Villa de Madrid
Biblioteca Nacional
Palacio de Justicia
Palacio de Buenavista
Palacio del Marqués de Salamanca
Palacio del Marqués de Grimaldi
Banco de España
Real Academia de Bellas Artes de San Fernando
Teatro Príncipe
Teatro Real de la Ópera
Palacio Real
Pl. de Oriente
Templo de Debod
Parque de Templo Debod
Jardines de Sabatini
Jardines del Palacio Real
Campo del
Calle de Alberto Aguilera
Calle de la Princesa
Calle de Ferraz
Cuesta de San Vicente
Gran Vía
Calle de San Bernardo
C. de Carranza
Calle de Sagasta
Calle de Génova
Calle de Luchana
Calle de Santa Engracia
Calle de Fuencarral
Calle de Hortaleza
Paseo de Recoletos
Paseo de la Castellana
Paseo de Prado
Calle de Alcalá
Calle de Serrano
C. de Bárbara de Braganza
Calle de Fernando VI
Calle del Barquillo
C. de Villanueva
Calle de Montalbán
C. de Jorge Juan
Calle de Preciados
Calle del Arenal
C. de Arrieta
Bailén
Calle del Rio
C. de Leganitos
Calle del Conde Duque
Calle de la Palma
Calle del Espíritu Santo
C. de San Vicente Ferrer
Calle de Santa Cruz de Marcenado
C. del Marqués de Urquijo

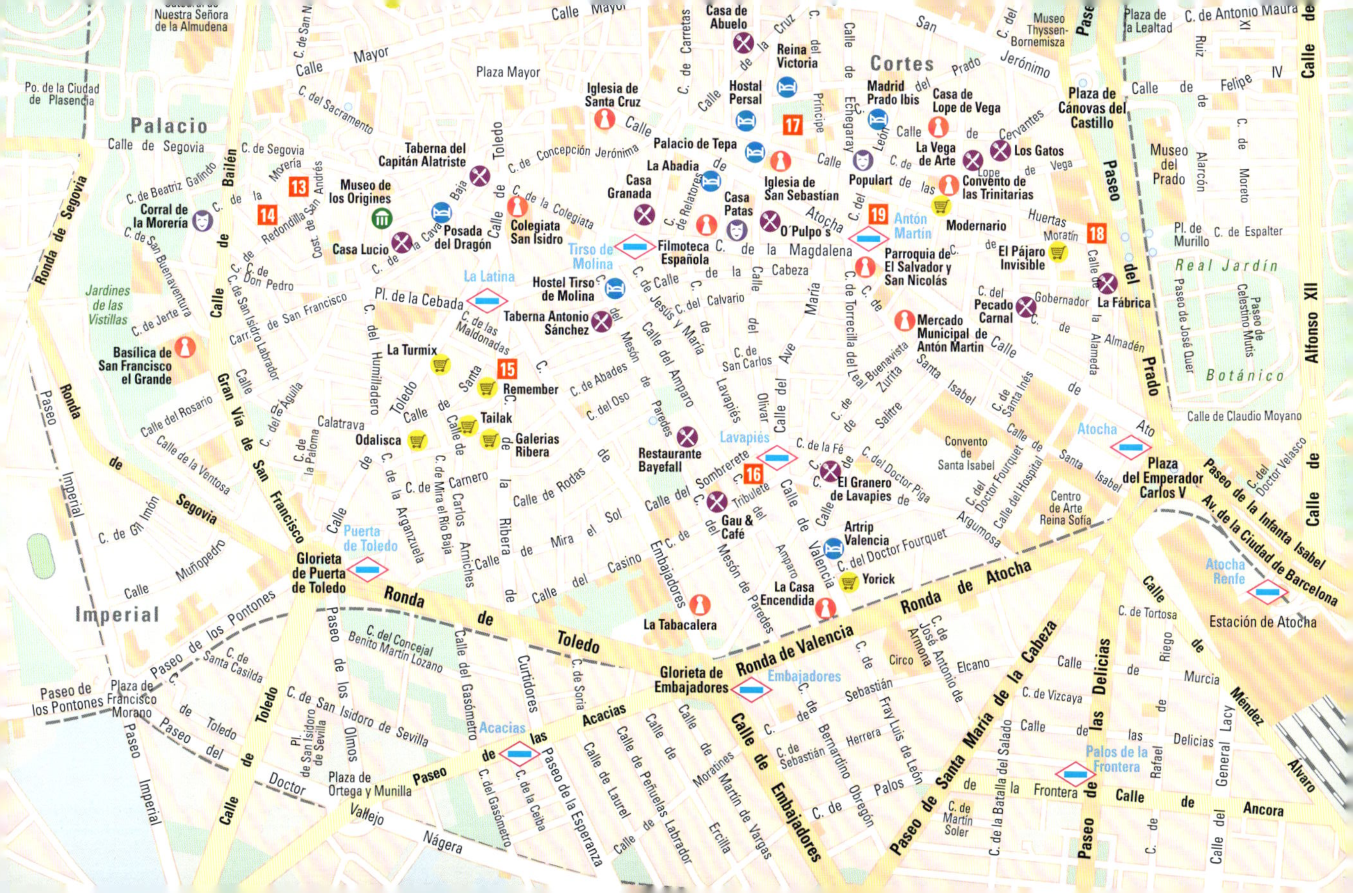

Palacio
Cortes
Imperial
Plaza Mayor
Iglesia de Santa Cruz
Reina Victoria
Hostal Persal
Casa de Abuelo
Madrid Prado Ibis
Casa de Lope de Vega
Museo Thyssen-Bornemisza
Plaza de Cánovas del Castillo
Museo del Prado
Plaza de la Lealtad
Taberna del Capitán Alatriste
Palacio de Tepa
La Abadia
Casa Granada
Iglesia de San Sebastían
Popluart
La Vega de Arte
Los Gatos
Convento de las Trinitarias
Modernario
Museo de los Origines
Colegiata San Isidro
Posada del Dragón
Casa Lucio
Corral de la Morería
Basílica de San Francisco el Grande
Jardines de las Vistillas
Tirso de Molina
Filmoteca Española
Casa Patas
O'Pulpo's
Antón Martín
Parroquia de El Salvador y San Nicolás
El Pájaro Invisible
La Fábrica
Real Jardín Botánico
Hostel Tirso de Molina
Taberna Antonio Sánchez
La Latina
C. del Pecado Carnal
Mercado Municipal de Antón Martín
La Turmix
Remember
Tailak
Galerias Ribera
Odalisca
Restaurante Bayefall
Lavapiés
El Granero de Lavapies
Gau & Café
Artrip Valencia
Yorick
La Casa Encendida
La Tabacalera
Convento de Santa Isabel
Centro de Arte Reina Sofía
Atocha
Plaza del Emperador Carlos V
Atocha Renfe
Estación de Atocha
Glorieta de Puerta de Toledo
Puerta de Toledo
Glorieta de Embajadores
Embajadores
Acacias
Palos de la Frontera
13
14
15
16
17
18
19
Calle Mayor
Calle de Alfonso XII
Paseo del Prado
Paseo de la Infanta Isabel
Av. de la Ciudad de Barcelona
Ronda de Atocha
Ronda de Valencia
Ronda de Toledo
Ronda de Segovia
Gran Vía de San Francisco
Calle de Bailén
Calle de Segovia
Paseo Imperial
Paseo de las Delicias
Paseo de Santa María de la Cabeza
Calle de Embajadores
Paseo de las Acacias
Calle de Toledo
Calle de Atocha
Calle de Echegaray
Calle del Prado
Calle de las Huertas
Calle de Lavapiés
Calle del Ave María
Calle de la Magdalena
Calle de Santa Isabel
Calle del Doctor Fourquet
Calle de Valencia
Calle de Méndez Álvaro
Calle de Ancora
Paseo de la Esperanza
Calle de la Ribera de Curtidores
Calle del Mesón de Paredes
Calle de San Bernardo
Calle de Claudio Moyano
Paseo de los Pontones
Paseo del Doctor Vallejo Nágera
Plaza de Ortega y Munilla
Pl. de la Cebada
Calle del Humilladero
Calle de Calatrava
Calle del Amparo
Calle de Jesús y María
Calle del Olivar
Calle de Argumosa
C. de Torrecilla del Leal
C. del Doctor Piga
Calle de Rodas
Calle del Casino
Calle de Mira el Sol
Calle de Carlos Arniches
C. de la Arganzuela
C. del Gasómetro
C. de Sebastián Herrera
C. de Bernardino Obregón
C. de Fray Luis de León
Calle de Murcia
Calle del General Lacy
C. de Vizcaya
C. de la Batalla del Salado
C. de Tortosa
Calle de Rafael de Riego
Calle de Martín de Vargas
Calle de Peñuelas
Calle del Labrador
Calle de Laurel
Calle de Ercilla
C. de Soria
C. de la Ceiba
Calle de la Ventosa
Calle del Rosario
C. de Aguila
C. de la Paloma
C. de Jerte
C. de San Buenaventura
C. de Beatriz Galindo
C. de Gil Imón
Calle Muñopedro
Po. de la Ciudad de Plasencia
Nuestra Señora de la Almudena

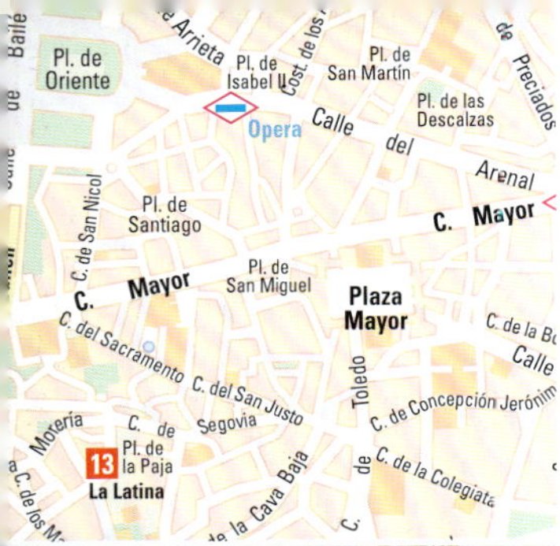

Oben: Das Teatro la Latina versteht es, Blicke anzulocken.
Unten: Vielleicht merkt man es nicht gleich, aber die Kirche San Francisco el Grande ist eines der imposantesten Gotteshäuser der Welt.

13 La Latina

Typisch Madrid

Das Viertel La Latina stand schon im Mittelalter in voller Blüte. Hier konzentrierten sich Pensionen und Weinschenken für Händler und deren Kunden, als der Markt noch auf der Plaza de la Paja abgehalten wurde, bervor er auf die Plaza Mayor umzog. Die Gassen zeigen noch immer den Stadtgrundriss aus dem 14. Jahrhundert.

Aber gerade dieser Umstand – dieses Nebeneinander von Tradition, Althergebrachtem und Neuem, einer teilweise unsensibel vorgenommenen Aktualisierung des Stadtgeflechts – macht La Latina so urban, so sprudelnd, so interessant. Am krudesten und eindrücklichsten tritt diese Spannung zutage, wenn man den Platz vor dem Mercado La Cebada betritt. Hier lag einst ein wirklicher Marktplatz. Später dann erhob sich dort ein Marktgebäude, eine architektonische Schwester des Mercado San Miguel (s. S. 31). Allerdings hat man La Cebada modernisiert – und eine Scheußlichkeit aus grauem Beton mit einem leeren Platz davor daraus gemacht. Der Markt darin – der ist gut. Eingefasst wird die Cebada von der Carretera San Francisco und ihren schmalen, mehrstöckigen Hausfassaden. Im Hintergrund ahnt man die Kirche San Pedro el Viejo mit ihrem Glockenturm, dessen Ursprung als Minarett sich unschwer erkennen lässt.

La Latina bestand schon im 9. Jahrhundert, als außerhalb des arabisch-maurischen *Alcázar*, auf dessen Gelände sich heute der Palacio Real erhebt, eine Medina heranwuchs. Indizien dafür liefert die Stadtstruktur, die einem maurischen Stadtentwurf entspricht. Es sind schmale Gassen, die sich labyrinthartig um größere Plätze schlingen.

Real Basílica San Francisco el Grande

Rollt man das Viertel vom Westen her auf, ist die größte Sehenswürdigkeit zunächst eine katholische Kirche, die Real Basílica San Francisco el Grande (Bauzeit 1761–1784). Das Kirchenschiff ist wahrhaft imposant. Die Architekten nutzten das dahinter zum Fluss hin abfallende Gelände als wirkungsvollen Prospekt, sodass die Basilika noch beeindruckender erscheint. Die Kuppel ist mit 33 Metern Durchmesser eine der größten unter den katholischen Gotteshäusern. Sie ist in acht Segmente gegliedert und erstrahlt in den himmlischsten Fresken zu Ehren der Nuestra Señora de los Ángeles. Die Kirche, die den Platz einer Einsiedelei einnimmt, wurde unter den verschiedenen Königsdynastien mehrfach umgebaut. Die bedeutendsten Architekten waren dazu ausersehen, sie immer wieder neu zu gestalten, darunter Francesco Sabatini unter Carlos III. im Jahr 1776. Zu den Innenausstattern zählte der Schwager Francisco de Goyas, Francisco Bayeu. Doch auch als Hospital und als Sitz der königlichen Infanterie wurde die Kirche schon benutzt.

Im angeschlossenen Museum kann man sich neben den Werken von Francisco de Zubarán (1598–1664) und Artemisia Gentileschi (1593–1653) auch das Gemälde ansehen, das Francisco de Goya einreichte, um in die Real Academía de Bellas Artes San Fernando aufgenommen zu werden: Es ist ein Christus am Kreuz.

Um die Plaza de los Carros

Das eigentliche Herz von La Latina schlägt auf der umweit vom Museum gelegenen Plaza de los Carros im Osten. Der Platz ist wesentlich älter als die Basilika und entstammt einer Zeit, als die Markthändler durch die Puerta de los Moros, das »Maurentor«, in die Stadt schlüpften. Die Plaza de los

AUTORENTIPP!

AM SONNTAG AUF DER PLAZA DE LOS CARROS

Man könnte auf der tollen Dachterrasse des Bar-Restaurants »Viajero« an der Plaza Cebada Platz nehmen, einen *cortado* trinken und erst einmal herunterschauen. Gleich benachbart liegt die Plaza de los Carros. Gewühl herrscht immer auf dem »Kutschenplatz« – und das soll auch so sein. Wer sich mit Madrid anfreunden will, stürzt sich am besten mitten hinein und genießt die Lebensfreude, die die Madrilenen auszeichnet. Es mag ja sein, dass die Krise deren Geldbeutel leert, aber das Ausgehen lassen sie sich nicht nehmen. Dann wird eben ein Kaffee oder ein Glas Wein weniger getrunken. Man geht immer in Begleitung. Morgens mit Kind und Familie, nachmittags mit der Oma und abends mit Freunden und Partner. Je mehr mitkommen, desto besser. Ein voller Tisch ist ideal. Da hilft nur eines: nachmachen!

AUTORENTIPP!

FIESTA DE SAN ISIDRO

San Isidro Labrador ist der Stadtheilige von Madrid, aber der Barrio La Latina reklamiert ihn doch ganz besonders für sich. Da mögen vom 10. Mai an einen Monat lang tolle Stierkämpfe draußen in Las Ventas geboten, Konzerte auf der Plaza Mayor zu seinen Ehren gegeben werden und Feuerwerke im Parque El Retiro gezündet, hier in La Latina spielt auch die Musik. Da gibt es Symphonie- und Rockkonzerte, Puppenspielfestivals und Tanzdarbietungen. Eine der Höhepunkte ist der festliche Umzug und der Umzug der *Gigantes*, der gigantischen Figuren aus Pappmaché. Meistens ziehen sie an der Plaza de la Villa abends gegen 20 Uhr los.

Übrigens gibt es auch in Palma de Mallorca einen Umzug gleichen Namens – dort anlässlich der Diada de Mallorca, dem Feiertag der Baleareninsel.

www.fiestas-de-madrid.com

Gut gelaunt beim Umzug

Eine der vielen Facetten des Barrios ist der barocke Jardín del Príncipe de Anglona.

Carros, der »Platz der Kutschen«, war ebenfalls in unmittelbarer Nähe der Stadtmauer.

Die Plaza de los Carros spaltet sich in zwei weitere Plätze auf, und alle liegen zu Füßen der Iglesia de San Andrés, auf deren Gelände sich zu maurischen Zeiten eine Moschee erhob.

Neben der Kirche ist in der Casa de San Isidro das Museo de los Orígines untergebracht, das städtische historische Museum. Dazu hat man den alten Stadtpalast der Adelsfamilie Vargas aus dem 16. Jahrhundert renoviert, in dem der Namenspatron von Madrid, San Isidro el Labrador (»der Bauer«) gelebt haben soll. Der Patio im Renaissance-Stil birgt einen Brunnen, aus dem der Sohn des Heiligen wundersam errettet wurde. Das Museum zeigt Fundstücke aus der Stadtgeschichte und themenverwandte Wanderausstellungen.

Die Plaza San Andrés und die Plaza de los Carros sind allerdings alles andere als museal, ganz im Gegenteil. Eine lebhafte Tapasbar-Terrasse drängt sich an die nächste, und alle sind von der Mittagszeit bis in die Nachtstunden gut besucht. Es macht Spaß, sich in den teils verschwiegenen

Das Fest zu Ehren des San Isidro wird in La Latina besonders lebhaft gefeiert.

Gässchen zu verlieren und so manche Schönheit aufzuspüren, so z. B. die Jardines del Príncipe de Anglona, einen kleinen Garten, der auf das 18. Jahrhundert zurückgeht. Er vervollständigte ursprünglich den Stadtpalast der Vargas und zeigt sowohl neoklassizistische als auch arabisch-hispanische Gestaltungselemente.

MAL EHRLICH

EIN GANZ NORMALER MARKTEINKAUF

Diese ganzen schicken Lebensmittelmärkte in Ehren, die auf stylish umfunktioniert worden sind und eher Tapas-Boutiquen gleichen: Doch so ein richtig normaler Lebensmittelmarkt ist auch was Feines! Wie zum Beispiel die Cebada. Auf dem Markt in Chueca kann man sich die am Stand ausgesuchten Hamburger auf der Dachterrasse braten lassen, in der Cebada dagegen schlendert man gemütlich an den Ständen vorbei, begutachtet Kirschen, bestaunt Fische und kostet Käse. Das ist wunderbar und zeigt, dass Madrid im Grunde aus vielen kleinen tollen Vierteln besteht, die sich ihr eigenes Flair bewahrt haben und nicht in modern-schickem Großstadtambiente untergehen.

Mitte: Feste müssen gefeiert werden – wie hier zur Fiesta des Stadtpatrons.
Unten: Ein ganz normales Sonntagsvergnügen auf der Plaza de Carros

Oben: Am schönsten: In Gesellschaft ausgehen
Unten: Zu jeder Tages-und Nachtzeit ein exzellenter Tipp zum Ausgehen sind die Tavernen in der Cava Baja.

Dahinter öffnet sich die Plaza de la Paja, der mittelalterliche Stadtkern Madrids. Westlich davon in der Calle Nuncio liegt die Kirche San Pedro el Viejo mit dem markanten Glockenturm, dem ehemaligen Minarett. Lassen wir einen Zeitgenossen sprechen, Abd Almunin Al-Himyari: »Madrid ist eine kleine Stadt, die sich in der Nähe von Toledo befindet. Sie ist gut befestigt. In ihren Moscheen wird regelmäßig gebetet«. Die Kirche stammt aus dem 14. Jahrhundert. Viel Aufsehen erregender allerdings ist der pure *mudéjar*-Stil des Glockenturms, das man so rein nirgendwo sonst in der Stadt sehen kann. Natürlich trägt der Turm schon lange einen jüngeren Glockenaufsatz.

Was die meisten Gäste in das Barrio La Latina zieht, dürfte indes nicht unbedingt sein historischer Gehalt sein – obwohl: eigentlich schon. Die beiden Parallelgassen Cava Alta und Cava Baja, die sich von der Cebada bis hoch zur Calle Colegiata ziehen, sind alt und schmal und beste heutige Ausgehadressen.

Tavernen und Läden mit Tradition

Besonders am Freitag und Samstag füllen sich die Tavernen, Restaurants und Bars und auch die gepflasterten Straßen mit denen, die keinen Platz gefunden haben. *Cava* bedeutet in Madrid nicht Höhle, sondern Graben – es sind jene Gräben gemeint, die sich einst um die Stadtmauer zogen.

Man isst und trinkt hier auf den Spuren des Capitán Alatriste, einer Romanfigur von Arturo Pérez-Reverte, der um diesen Capitán eine Romanreihe verfasste, die im Jahr 2006 aufwendig mit Viggo Mortensen als Hauptdarsteller verfilmt wurde. Der Streifen, dessen Handlung in den Jahren zwischen 1622 und 1643 spielt, war die bis dahin teuerste spanische Produktion. Auch die Beherbergungsbetriebe sind nicht gerade die jüngsten, aber das behutsam restaurierte historische Ambiente macht sie besonders stimmungsvoll. Wer um die Nachmittagszeit durch die Gassen streift, wenn die Bars und Restaurants geschlossen haben, entdeckt das Alltagsleben des Viertels und das eine oder andere betagte Geschäft, zum Beispiel die Espartería Sánchez an der Cava Baja 14, in deren verstaubten Schaufenstern Seile und Körbe aus Espartogras angeboten werden.

Fast schon an der Grenze zu Lavapiés liegt die erste Kathedrale Madrids, die kuppelgekrönte und barocke Colegiata San Isidro aus dem typischen Madrider Ziegelstein mit einer säulenverzierten repräsentativen Granitfassade. Sie ist dem Schutzpatron der Stadt San Isidro gewidmet.

Infos und Adressen

SEHENSWÜRDIGKEITEN

Basílica San Francisco el Grande. Di–Sa 10.30–12.30 und 16–18 Uhr, im Juli/August Di–So 10.30–12.30 und 17–19 Uhr, Plaza de San Francisco, s/n, Tel. 913 65 38 00, Metro: Puerta de Toledo und La Latina

Museo de los Origines. Di–So 9.30–20 Uhr, Plaza de San Andrés, 2, Tel. 913 66 74 15, Metro: La Latina

Colegiata San Isidro. Tgl. 7.30–13.30 Uhr und 18–21 Uhr. Calle Toledo 37, Tel. 914 20 17 83, Metro: La Latina und Tirso de Molina

ÜBERNACHTEN

Posada del Dragón. Diese historische Herberge passt gut ins Viertel. Cava Baja 14, Tel. 915 78 46 31, www.posadadeldragon.com Metro: La Latina

Posada del León de Oro. Historisches Haus mit geräumigen Zimmern. Tapasbar und Weinhandlung. Cava Baja 12, Tel. 911 19 14 94, www.posadadelleondeoro.com Metro: La Latina.

ESSEN UND TRINKEN

Casa Lucio. Hier wird traditionell spanisch gekocht. Mo–So 13–16 und 20.30–24 Uhr, Sa nur abends, Calle Cava Baja 35, Tel. 913 65 32 52, www.casalucio.es, Metro: La Latina

Taberna del Capitán Alatriste. Dieses Restaurant nimmt den Namen der Romanfigur von Pérez-Reverte auf. Gute, spanische Küche. Di–So 13–16 und 20–24 Uhr, Calle Grafal 7, Tel. 913 66 18 83, www.tabernadelcapitanalatriste.com Metro: La Latina

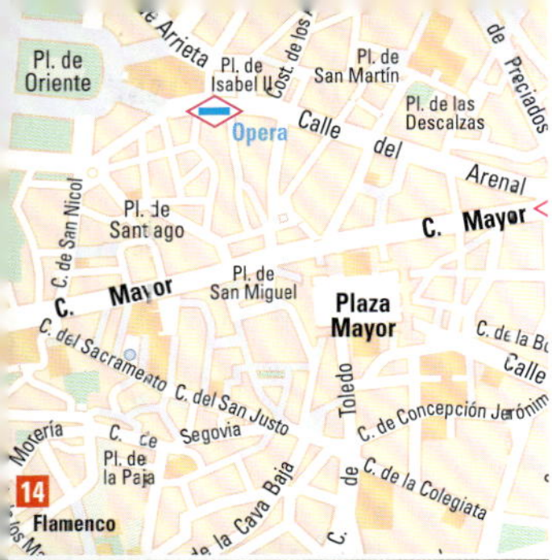

14 Flamenco in La Latina

Rhythmus und Gefühl

Selbstverständlich wurde der Flamenco in den Höhlen hinter Jerez de la Frontera geboren, in den tiefsten Tiefen Andalusiens. Selbstverständlich ist er auf dem Sacromonte in Granada zu Hause. Aber wer wirklich reüssieren möchte, der kommt nach Madrid und sucht dort das Weltpublikum zu überzeugen.

Wer reüssieren möchte, wählt Madrid als Bühne. Die Flamencostars geben sich hier ein Stelldichein. Am beliebtesten bei ihnen ist der Corral de la Morería.

Federico García Lorca, Poet, Bühnenautor und Pianist, strahlendstes Licht im Madrid der späten 1920er-Jahre, nahm den Flamenco aus seiner Heimat im ländlichen Granada mit nach Madrid. Gemeinsam mit dem Komponisten Manuel de Falla hatte er in Granada Festivals für den *cante jondo* ausgerichtet, den tief empfundenen Gesang, und mit Begeisterung huldigte er dem Flamenco als avantgardistischem Kunstkonzept. Ungefähr zur selben Zeit wurde der Stierkampf unter Juan Belmonte wieder populär. Es schien fast so, als hütete das sonnendürre Andalusien die Schatzkammer der spanischen Identität: Surrealismus, Kubismus, und dann noch Pablo Picasso, der aus Málaga stammt und sich für den Stierkampf begeisterte.

Tablaos

In Madrid gibt es zwölf *tablaos*. So werden die Podeste genannt, auf denen die Künstler auftreten. Man darf keine großen Bühnen erwarten und keine bunte Show, sondern ernsthafte Unterhaltung. Ihr Tempel ist allnächtlich der »Corral de la Morería« im Viertel La Latina. Hierher zieht es die berühmtesten Künstler. Die *New York Times* hat ihn auf Platz 3 gehievt, nach Prado und dem Palacio Real, als einen jener Höhepunkte, die man gesehen haben muss, bevor man stirbt. Hier sind schon die Sängerin Lola Flores und der Choreograph Antonio Gades aufgetreten, der mit seiner von Carlos Saura verfilmten Ballettversion von *Carmen* und Federico García Lorcas *Bluthochzeit* internationale Begeisterungsstürme entfachte.

Flamenco ist keine seichte Folklore, er ist sehr speziell und für Kenner. Flamenco, sagen die Künstler, ist der reine Schmerz, das reine Gefühl. Das wird bei jedem Auftritt spürbar. Der Flamencogesang kennt keine vorgegebene Melodie, er beruht auf Improvisation und Intuition des Sängers; er erzählt Geschichten nach seinem ganz eigenen Rhythmus. Etwas leichter zu konsumieren sind die Tanzdarbietungen, die aus einem großen Fundus an Gestik und stilisierter Bewegung schöpfen, aber immer einen Dialog zeigen: Man sieht in klare Formen gebändigte Leidenschaft.

Im »Corral de la Morería« treten die berühmtesten Sänger und Tänzer auf. Das »Café de Chinitas« arbeitet mit einem festen Musiker-Ensemble, einem *conjunto*, das aus Gitarristen und der Rhythmusgruppe besteht. Tänzer und Sänger werden dazu eingeladen. Eine Art Geheimtipp ist das »Casa Patas« mit fast familiär anmutenden, sehr guten Auftritten, und am touristischsten geht es in der »Villa Rosa« zu, obwohl dort natürlich auch erstklassige Künstler zu sehen sind.In Madrid sind Konkurrenz und Chancen auf einen Karriereschub gleichermaßen groß, und in diesem Rahmen gibt sich niemand eine Blöße. Seitdem die Stadt Madrid ein sommerliches Flamenco-Festival organisiert, ist die Stadt als Bühne noch beliebter geworden. Denn die Auftrittsmöglichkeiten sind rar gesät – nur in Andalusien kann man z. B. in Sevilla und Granada den Flamenco regelmäßig genießen. Und natürlich in seiner Wiege, in Jerez de la Frontera.

Infos und Adressen

EINKAUFEN

Antigua Casa Hermanos Esteso. Die besten und teuersten Gitarren Spaniens. Mo–Sa 10–13.30 und 17–20 Uhr, Calle Amnistía 1, Tel. 915 21 81 55, www.marianoconde.com Metro: Opera

Flamenco Vive. Hier gibt's alles rund um den Flamenco: Partituren, CDs, Bücher, Instrumente, Kleidung. Mo–Fr 10–14 und 17–21 Uhr, Sa nur vormittags, Calle Conde Lemos 7, Tel. 915 47 39 17, Metro: Opera.

AUSGEHEN

Corral de la Morería. Tgl. mehrere Shows mit Dinner ab 20 Uhr, auch Besuch nur mit Show möglich, die späteste beginnt um 22.55 Uhr. Calle Morería 17, Tel. 913 65 84 46, www.corraldelamoreria.com Metro: La Latina

Café de Chinitas. Mo–Sa 20–0.30 Uhr, mit zwei Shows. Mit Dinner. Wer nur die Show sehen möchte, sitzt im Café. Calle Torija 7, Tel. 915 47 15 02, www.chinitas.com Metro: Santo Domingo

Casa Patas. Strikt getrennt sind Dinner und Show. Das Restaurant liegt vorne, der Bühnenraum dahinter. Mo–Fr 12.30–16 Uhr (Restaurant) und 19.30-24 Uhr, Sa nur abends. Calle Cañizares 10, Tel. 913 69 04 96, www.casapatras.com Metro: Antón Martín

Oben: Pflichttermin am Sonntag Vormittag: Der Besuch des Rastro
Unten: Man sollte unbedingt auch in den Seitenstraßen umherstreifen und die Angebote dort studieren.

15 Rastro, der Flohmarkt

Bunter geht nicht

Der Plan für einen schönen Sonntagvormittag steht: Erst beim Münzenmarkt auf der Plaza Mayor vorbeischauen, dann zum legendären Flohmarkt bummeln! Beide Ziele liegen nah beieinander. Der Rastro im Stadtteil Lavapiés ist einer der ältesten Straßenmärkte Europas und führt seinen Ursprung auf einen Ledermarkt zurück.

Der Straßen- und Flohmarkt Madrids ist zweifellos einer der bedeutendsten Europas. Was ihn so einzigartig macht, ist nicht unbedingt die schiere Größe – obwohl 3500 Stände kaum zu überbieten sind! Was ihn so beeindruckend macht, ist, dass er zeigt, wie kosmopolitisch Madrid eigentlich ist. Gebrauchtes, Altes und auch Neues verraten die unterschiedlichsten Herkunftsländer. Typisch ist – zumindest für *madrileños* – danach oder vor dem Marktbummel eine der Tavernen aufzusuchen, die auch mitten im Marktgeschehen zu finden sind, und der sonntäglichen Spätvormittags-Tradition zu frönen: ein kleines Glas Bier und ein paar Tapas. Das geschieht alles in einer so lässigen Stimmung, dass es zur Nachahmung einlädt. Glücklich darf sich schätzen, wer zum Abschluss des Besuchs an der Ronda de Toledo im »Capricho Extremeño« eine der riesigen *tostas* ergattert, getränkt in Olivenöl, mit Bergen voller kleiner Aale, Stockfisch, Schinken und Tomate. Wer früh zum Rastro kommt, also gegen zehn Uhr, vermeidet das dichteste Gedränge, aber schön ist es immer. Und leer ist der Markt sowieso nie.

An der Plaza de Cascorro, unter dem Denkmal zu Ehren des Eloy Gonzalo, einem Soldaten aus dem

Krieg gegen die ehemalige Kolonie Kuba, was eigentlich nicht so recht zum friedlichen Miteinander des Marktes passen will, entrollt sich die ganze vielfältige Pracht. Dort hat eine Blumenhändlerin ihren Strand aufgeschlagen und ein Gitarrist bietet die Songs von John Lennon dar. Hier, am Beginn, erinnert der Rastro mehr an einen *mercadillo*, einen der ganz normalen Straßenmärkte für Kleider, Schuhe, Haushaltswaren und Taschen. Bestickte Tischläufer wechseln den Besitzer, Chiffontücher, Schuhe, Küchenschürzen, Uhrenarmbänder, CDs, Handys, Elektrokleinwaren und Stretchkleider, Wollmäntel, Handtaschen, Gürtel, Modeschmuck und Billigkosmetika werden gehandelt. Und das alles wird für einen kleinen Preis angeboten – der allerdings die Preise in den angrenzenden Geschäften nicht unbedingt unterbieten muss. Trotzdem macht das Geschiebe und Herumschlendern auf dem Flohmarkt entschieden mehr Spaß als ein normales Geschäft zu besuchen, auch wenn das Anprobieren der Kleidungsstücke ein wenig improvisiert werden muss. Geboten sind außerdem Kunstgewerbe, Mode und

MAL EHRLICH

BESSER OHNE TASCHE

Wer auf den Flohmarkt geht, sollte sich auf Taschendiebstähle gefasst machen. Wirklich? Dann nehmen wir doch einfach keine Taschen mit! Sind sowieso hinderlich beim Abtransport von Bilderrahmen, Lampenschirmen und Thonetstühlchen. Und wir tragen auch nicht unseren schönsten Diamantschmuck – dann müssen wir ihn beim Anprobieren der Ethnocolliers, die es in großer Auswahl zu bestaunen gibt, auch nicht ablegen. Der Ausweis ist ebenfalls entbehrlich. Viel Bargeld? Wir wollen eigentlich um Preise feilschen und einen günstigen Handel abschließen.

AUTORENTIPP!

STIMMUNGSVOLLE LOKALE RUND UM DEN RASTRO

Den Sonntag mit einem guten *cortado* oder *café con leche* an der Plaza Mayor entspannt beginnen zu lassen, ist eine gute Idee. Drumherum baut sich langsam der Münzenmarkt auf. Die »Taberna San Bruno« an der Calle Toledo wäre ein guter Einstieg, wenn es nicht noch etwas zu früh für eine caña und gegrillte Schweinsohren wäre, eine Spezialität der Lokalität. Erst mal lieber ins winzige und nette »Toma que toma« in der Ribera de Curtidores 10 ziehen, für einen café solo, einen Orangensaft und eine tosta. Ein Schneckentempel, und zwar ein sehr uriger, ist das »Caracoles« an der Plaza de Cascorro. Die Schnecken im würzigen Chorizo-Sud schöpft der Wirt direkt aus der Terrine ins Tapas-Schälchen. Das ist ein würdiger Abschluss – für den, der es nicht vorzieht, für eine der berühmten, dick belegten *tostas* im »Capricho Extremeño« an der Ronda de Toledo Schlange zu stehen.

AUTORENTIPP!

MUSEO DE ARTES Y TRADICIONES POPULARES. In der Calle Carlos Arniches 3–5 wartet ein besonders schönes Exemplar einer *corrala* darauf, bestaunt zu werden. Diese Haus- und Wohnform, die für Madrid so typisch ist, wird man selten in einem solch perfekten, vollständig und behutsam restaurierten Zustand sehen wie hier. Das zweistöckige Gebäude aus Ziegeln mit hölzernen Stützbalken und geschnitzten Toren, das sich um einen weiten Patio schließt, wurde vermutlich 1860 errichtet.

Das Museum basiert auf privaten Sammlungen und zeigt Trachten der verschiedenen spanischen Regionen, typische Haushaltsgegenstände, Karnevalskostüme, Brauchtumsgegenstände, Hüte und Dekorationen.

Museo de Artes y Tradiciones Populares. Mo, Mi, Fr 11–14 Uhr, 2 €, Tel. 914 97 65 00, Metro: La Latina

Diese selbst genähten Handtaschen finden sicherlich auch ihre Bewunder/innen.

Kunsthandwerk, darunter sehr wohl auch von kundigen Schneiderinnen, Goldschmiedinnen und Schmuckdesignern gestaltete und entworfene Schnäppchen. Es lohnt sich, die Dinge gebührend zu würdigen. In den Seitenstraßen, die sich in alle Richtungen durch Lavapiés fingern, hingegen dominiert das, was einen echten Flohmarkt auszeichnet – der Trödel, aber auch die Antiquitäten. Bilderrahmen, Bücher, Möbel, Emaille- und Porzellanwaschschüsseln, Kerzenständer, Kronleuchter, alte Postkarten, Schmuck, Hüte, Teppiche und Stoffe aus allen möglichen Epochen und Stilrichtungen, darunter wirklich Hinreißendes, bereichern das Sortiment.

Die Ursprünge

Seit 1740 wird auf der Plaza Cascorro ein Markt für Gebrauchtes abgehalten, denn in Lavapiés lebten damals schon Spanier, die nicht zu den reichsten der Stadt gehörten. In der Folge siedelten sich Händler für preiswerte Waren an – heute sind diese Geschäfte nahezu ausnahmslos in asiatischen Händen. Die Straßennamen um den Flohmarkt herum geben Auskunft über seine Geschichte. Die Ribera de Curtidores war die Straße der Gerber, und eine

Spur (auf Spanisch *rastro*) hinterließ das Blut der abgezogenen Tierfelle. Denn im Süden vom heutigen Flohmarkt lag – und liegt heute noch – der Schlachthof Matadero de la Villa, der damals aber näher an der Plaza de Cascorro platziert war.

Die leicht abschüssige, breite und trotzdem fast familiär anmutende Straße Ribera de Curtidores bietet einen Orientierungspunkt für alle, die ein wenig in den kleinen Straßen links und rechts herumschlendern. Ansonsten kann man leicht mal die Orientierung verlieren – und in gewisser Weise ist das gut so. In diesen oft ein wenig ungepflegt daherkommenden Gassen finden sich nämlich unzählige Händler – und zwar nach Branchen geordnet. In der Calle Mira el Río Alto, einer schmalen, langen Straße, lohnt sich der Besuch der beiden Geschäfte Almudena und Odalisca mit überraschendem und lustigem Design und Möbeln aus den 1940er-Jahren, und auch die Fortsetzung Mira el Río Baja birgt so manche Überraschung. In

Oben: Wühlen macht Spaß, vor allem, wenn das Angebot so bunt und vielfältig daher kommt.
Unten: Vinyl ist in, auch wenn es zu Seitenwänden von Taschen wird.

Oben: Sonntägliches Treiben an den Rändern des Rastro
Unten: Auch Kurioses findet seine Anhängerschaft.

der Calle López de Silva gibts viel zu sehen: z. B. die Galería de Creadores, also eine Einkaufsgalerie von Kreativen mit Gegenständen, die ausschließlich aus recycelten Materialien hergesellt sind. Um die Plaza General Vara del Rey herum haben sich eher die Designläden für Möbel und Wohnaccessoires niedergelassen, z. B. Tailak für Stoffe aus Afghanistan und Usbekistan. Aber zu finden sind hier auch – im Patio de Antigüedades Palacios etwa – neben teils wertvollen Antiquitäten auch die dazu gehörenden Restaurateure, die ein betagtes Stück wieder auf Vordermann bringen.

Bücher und Comics

Die Plaza del Campillo del Mundo Nuevo wartet mit echtem Flohmarkt-Feeling auf, denn hier schlägt die Stunde der gebrauchten Bücher, Comics und Spiele. In der Calle del Carnero findet sich das gleiche Sortiment. In der Calle Rodrigo Guevara stehen die zu verkaufenden Möbel zur Begutachtung gleich auf der Gasse, in der malerischen Carlos Arniches findet man so manche Kuriosität. Früher einmal wurden in der Straße Fray Ceferino Gonzalez Haustiere verkauft, wofür sie sich ihren Spitznamen Vogelgasse eingehandelt hat. Für Besucher, die auf der Suche nach Gemälden sind, könnte sich ein Besuch der Calle de San Cayetano lohnen, denn hier haben sich die Kunsthändler angesiedelt. Man kann aber auch Malutensilien erstehen.

Wie wäre es, das Straßengewirr um den Rastro einmal nicht sonntagsvormittags zu besuchen, sondern zu einem anderen Termin? Es ist spannend, wie nachbarschaftlich intakt und liebenswert das Viertel daherkommt, wenn die ganz normalen *mantequerías* geöffnet haben. Und auch ein Museum wäre noch zu besuchen, das Museo de Artes y Tradiciones Populares.

Infos und Adressen

SEHENSWÜRDIGKEITEN

Der Rastro wird jeden Sonntag zwischen 8 und 15 Uhr abgehalten. Der Einstieg ist die Plaza Cascorro, er umfasst ein Areal von der Calle Ribera de Curtidores und der Calle Mira el Río Alta/Baja bis zur Ronda de Toledo. Metro: La Latina, Tirso de Molina und Puerta de Toledo

ÜBERNACHTEN

THC Latina Hostel. Moderne, stylishe Pension mit kleinen, liebevoll ausgestatteten Zimmern, die französische Balkone haben. Gute Lage.Calle Ceferino González Leganitos 13, Tel. 910 02 75 70, www.htchostels, Metro: Embajadores

ESSEN UND TRINKEN

Taberna San Bruno. Von außen ist sie nichts Besonderes: Metallstühle und runde Tische auf der Straße, gefliester Tresen im Innern. Aber das Essen ist von typisch hausfraulicher Qualität. Wer die Spezialität Gegrillte Schweineohren scheut (sie sind in Stückchen gezupft), probiert das köstliche Ochsenschwanzragout mit Kartoffeln, Calamares oder eine *Ración Jamón Ibérico*, dazu passt ein authentischer *vermú del grifo*. Die Madrilenen lieben es als Mittagsrestaurant. Tgl. 13–16.15 und 19–24 Uhr, Calle Toledo 36, Tel. 913 66 49 30, Metro: La Latina

EINKAUFEN

Tailak. Wunderschöne Kelims, Ikatdrucke, Seidenkissen – alles aus Afghanistan und Zentralasien. Mo 17–19.30 Uhr, Di– Fr 11–14 und 17.30–19 Uhr, Sa, So 11–14 Uhr, Plaza del General Vara del Rey, Tel. 910 10 80 75, www.tailak.com Metro: La Latina

La Europea. Witzige Möbel und Innendesign, Vintage in echt und in Kopie, Spiegel, Kerzenleuchter, Lampen – eine Fundgrube! Mo–Fr 10–14 und 17–20 Uhr, Sa, So 10.30–14.30 Uhr, Plaza del General Vara del Rey 11, Tel. 913 66 63 09, www.laeuropea.es, Metro: La Latina

La Turmix. Die Kreativen, die hier verkaufen, haben sich dem Recycling verschrieben. Mode, Schmuck, Kleinmöbel, Puppen, Schreibbücher, alles wird wiederverwendet und neu gestaltet. Witzig! Sa, So, 10.30–15 Uhr, Calle López Silva 4, Tel. 687 93 29 19, Metro: La Latina

Odalisca. Hier kann man in Art-déco-Schmuck wühlen, Plastikaschenbecher und Stuhldesign aus den 1960er-Jahren bestaunen. Der Laden ist leicht vollgestopft, leicht chaotisch, sympathisch. Di–Fr 11–14 und 17.30–20 Uhr, Sa, So 10.30–14.30 Uhr, Calle Bastero 13/Mira el Río Alto, Tel. 620 56 36 16, Metro: La Latina und Puerta de Toledo

Galerias Ribera. Antiquitäten-Shopping in verschiedenen kleinen Geschäften: Teppiche, Gemälde, Kristallleuchter, Porzellan, Schmuck. Mo–Sa 10–14 und 17–20 Uhr, So 10–14 Uhr, Calle Ribera de Curtidores 15, www.galeriasribera.es Metro: La Latina

Phantasie an die Macht – der Flohmarkt ist ein prima Terrain für Design-Nachwuchs.

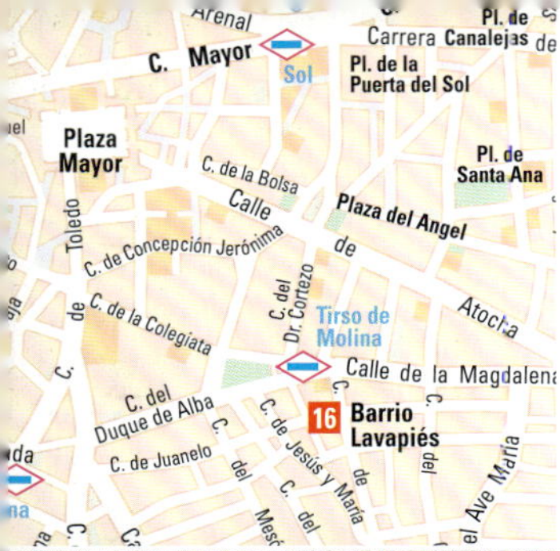

Oben: Die Calle Argumosa ist eine der der Lebensadern von Lavapiés. **Unten:** Die Kirche San Lorenzo zeigt den typischen Backstein-Barock.

16 Lavapiés

Buntes multikulturelles Leben

Früher wehten die Regenbogenfahnen aus den Häusern des Stadtteils Chueca, heute schmücken sie die Häuser von Lavapiés. Durch die Calle Argumosa schlendern, eine Ausstellung in einer Fabrik ansehen, in Trödelläden stöbern, einen vermú in einer der Barrio-Bars genießen und im besten senegalesischen Restaurant speisen – so könnte ein Tag in Lavapiés aussehen.

Lavapiés ist ein alter Stadtteil mit einer bewegten Vergangenheit. Der Geschichte nach soll er – lange bevor Madrid Spaniens Hauptstadt wurde –, der jüdischen Bevölkerung als Wohnviertel gedient haben, bevor sie durch die Katholischen Könige Isabella von Kastilien und Fernando von Aragón Ende des 15. und zu Beginn des 16. Jahrhunderts vertrieben oder zum Konfessionswechsel gezwungen wurde. Es war ihr *barrio*, die heute noch existierende Kirche San Lorenzo in der Calle Doctor Piga ehedem eine Synagoge. Aber ganz gesichert ist das nicht. *Lavapiés*, »Fußwaschung«, – auch der Name des Viertels verharrt da im Ungefähren, denn Fußwaschungen gibt es in allen drei Weltreligionen. Der Name ließe sich allerdings auch auf eine hebräische Bedeutung rückführen, auf *aba-puest* – »jüdischer Platz«.

Lavapiés stand lange in dem Ruf, ein Arme-Leute-Viertel zu sein. Dass es eines ist, in dem sich die Arbeiterklasse niederließ, der Widerstand gegen das Franco-Regime am heftigsten blühte und später, nach Ende der Diktatur 1976, die bunte kulturelle Untergrundbewegung *movida* am stärksten Fuß fasste und das Leben durcheinanderwirbelte, ist indes verbürgt.

Der ehemalige Schlachthof Mataderos ist jetzt Kulturzentrum.

Das Viertel der Corralas

Das Viertel ist gesprenkelt mit *corrala*-Häusern, eine typische spanische Architekturform, die zwar im ausgehenden 18. Jahrhundert begründet, aber in den 1920er-Jahren so richtig populär wurde. Damals baute man für die wachsende Industriearbeiterschaft drei – bis vierstöckige Mietshäuser aus Ziegelsteinen – *ladrillo* –, deren Riegel um einen Innenhof gruppiert waren, in dem sich das Nachbarschaftsleben abspielte. Sanitäre Einrichtungen befanden sich meist im Hof und wurden geteilt. Normalerweise überstieg eine Wohnungsgröße selten mehr als 30 Quadratmeter. Eine *corrala* übrigens symbolisiert auch Solidarität, Nachbarschaftsgefühl, Organisation und gegenseitige Hilfe; nicht umsonst nennen sich die aktuellen Bewegungen gegen den Rauswurf aus Wohnungen, gegen die Enteignung von Wohnraum, die der spanischen Wirtschaftskrise geschuldet sind, ebenfalls *corralas*. Schöne Exemplare dieser immer noch gerne bewohnten *corralas* sieht man in den Straßen Mesón de Paredes, Fuquet, Tribulete und Sombrerete.

Starke ausländische Präsenz macht Lavapiés zum buntesten Stadtteil Madrids; die Gassen wurden zur Heimat für viele schwarzafrikanische Flücht-

AUTORENTIPP!

MATADEROS

Ganz am südlichen Rand von Lavapiés, fast schon am Río Manzanares macht Madrid vor, was man mit einem stillgelegten Schlachthof so alles anfangen kann. Ein Kulturzentrum nämlich. Die Struktur des Schlachthofes wurde nicht angetastet, was das Gelände auch zum einem Denkmal der Industriekultur werden lässt – nur ist es von Grund auf aufwendig saniert. Im *Nave de Musica* kann man selber produzieren, es gibt ein Tonstudio und eine Bühne. Theater und Performances bietet das *Nave del Español.* In der *Cineteca* werden ausschließlich Dokumentarfilme gezeigt. Ausstellungen und andere Veranstaltungen sowie zwei Restaurants ergänzen das Angebot.

Mataderos. Di–Fr 16– 22 Uhr, Sa, So, Fei 11–22 Uhr. Bei Veranstaltungen länger. Führungen. Plaza de Legazpi 8, Paseo La Chopera, Tel. 915 17 73 09, www.mataderomadrid.org Metro: Legazpi.

Rundgang durch Lavapiés

A Calle Argumosa – Diese Straße ist ein bisschen so was wie die Lebensader von Lavapies und verführt mit vielen kleinen Geschäften, originellen Cafés und rustikalen Tapasbars zum Herumstreifen.

B La Casa Encendida – Ein tolles Kulturzentrum in einem historischen Gebäude mit viel Platz für Wechselausstellungen, Workshops und einem Transfair-Laden.

C Casino de la Reina – In dem schönen alten Backsteinpalast, gebaut für die Königin Isabel de Braganza im Jahr 1817, ist heute ein kommunales Sozialzentrum untergebracht. Es hat auch schon als Wohnhaus für die Tabakarbeiterinnen aus der Tabacalera gedient.

D Tabalacera – Spannendes Kulturzentrum in einer ehemaligen Tabakfabrik. Nicht nur die Ausstellungen sind sehenswert, der Ort selbst ist es als Denkmal der Industriekultur ebenfalls. In den angrenzenden Straßen zeigt sich Lavapiés als Industriestandort auch als dem 19. Jahrhundert.

E Calle Tribulete, Calle Somberete – In diesen beiden Straßen sind viele Häuser in der typischen Corrala-Architektur versammelt, in dem gemeinschaftliches Wohnen ausprobiert wurde und wird. Sie bestehen häufig aus dem für Madrid typischen *ladrillo.*

F Plaza Tirso de Molina – Hübsche, lebhafte Plaza mit einem bunten Blumenmarkt und einigen Terrassencafés und Tapasbars. Der Namenspate, ein berühmter Barockautor und geistiger Vater des Don Juan, wird mit einer Skulptur geehrt. Hier liegt die »Taverna Tirso de Molina« – deren Fliesenschmuck nach Vorlagen von Toulouse-Lautrec gestaltet wurde.

G Teatro Apolo – Das Apollotheater ist für seine qualitätsvollen Musicalaufführungen bekannt und beliebt.

H Taberna Antonio Sánchez – Heimelige schöne Taverne – und die drittälteste Schenke Madrids – sie stammt aus dem Jahr 1830.

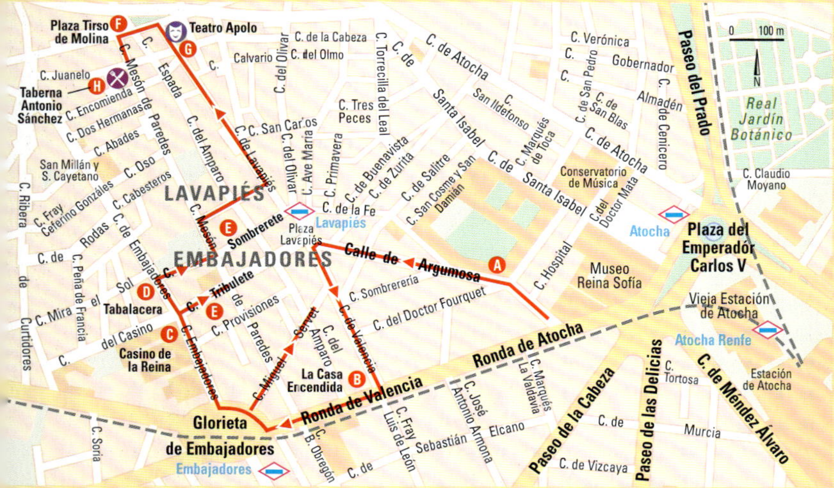

linge und andere, die es geschafft haben, in Spaniens Gesellschaft anzukommen, darunter viele Chinesen, Einwanderer aus Bangladesh, Indien, Pakistan und Sri Lanka. Nirgendwo sonst wird man so viele indische, pakistanische und afrikanische Geschäfte, Bars und Restaurants finden, allerdings auch nirgendwo so viel Plastikramsch, den die Chinesen anbieten, nirgendwo so viele Telefonbuden, in denen man auch Geld verschicken und für preiswerte Tarife in der fernen Heimat anrufen kann. Nirgendwo in Zentrumsnähe wohnt man heute preiswerter als hier: in schmalen Häusern mit regelmäßig angeordneten, französischen Balkonfenstern, auf denen Geranien blühen, ein Vogelkäfig zu sehen ist oder lustig Wäsche flattert. Hügelauf, hügelab ziehen sich die zumeist schmalen Gassen zwischen der Ronda de Toledo, der Calle Jesús y María und der Calle Magdalena.

Das besonders Anziehende daran: Lavapiés ist ein echtes *barrio* geblieben, in dem Kunstgalerien und spontan ausgerufene Feste in ausrangierten Hinterhäusern ebenso Platz finden wie der angestammte Modeladen für die betagte Dame oder die Alt-Madrider Tavernen, die aus nicht viel mehr als einem Tresen und einem mit Plastikmobiliar ausstaffierten Schankraum bestehen und in denen die Wirtin *chorizo* und Käse klein würfelt und als Tapas gratis zum Bier anbietet wie in der »La Mancha en Madrid« in der Calle Miguel Servet.

Am schönsten lässt sich das Alltagsleben von Lavapiés beobachten, wenn man es »von unten« aufrollt, also quasi im Hinterhof des Museo de Arte Contemporaneo Reina Sofia beginnt. Von der Calle del Hospital zweigt die Calle Argumosa ab, eine mit Bäumen geschmückte breite und trotzdem ruhige Straße, die das Viertel wie eine Lebensader durchzieht. Wer des Spanischen mächtig

Oben: Enge Straßen, Häuser mit französischen Balkonen und immer schön ein Bäumchen vor der Tür – typisch für Lavapiés.
Unten: Die drittälteste Taverne der Stadt ist die »Taberna Sánchez«. Morgens muss man sich auch dort vom Nachleben ausruhen.

AUTORENTIPP!

EL HAMMAM ALANDALUS

Authentischer arabisch baden kann man wohl nirgendwo sonst in Madrid, denn das Dampfbad war einmal eine Zisterne aus arabischer Zeit, als das Viertel noch Al-Mudaina hieß – wie die Kathedrale Almudena. Mit viel Stilwillen wird eine sehr heimelige »arabische« Atmosphäre heraufbeschworen: Die Wände sind aus Ziegeln gemauert, die Durchgänge mit Hufeisenbögen verziert, die Gänge, Becken und Räume durch Ampeln erleuchtet und wohlriechend parfümiert. Zu haben sind Bäder, verschiedene Massagen und Peelings.

Am besten ist es, im Voraus zu reservieren. Ein Bad kostet 30 €, zusammen mit einer traditionellen Kessa-Peeling-Massage 47 €.

El Hammam Alandalus. Calle Atocha 14, Tel. 914 29 90 20, www.hammamalandalus.com Metro: Tirso de Molina

ist und dazu gerne Bücher liest, kann es sich im »Lalibro« bequem machen, ein Buch ausleihen und dazu à la Eric Satie frühstücken – mit Frischkäse und einem Glas Sekt - oder zur Mittagszeit in dem schönen alten »Economico« einkehren, wo das Menü für zehn Euro angeboten wird. Hier liegen ein vegetarisches Restaurant und die »Pastelería Higueria« Seit an Seit, ein indisches Schmuckládchen, ein Zeitungskiosk und ein Lampengeschäft gleich nebenan.

Kulturtempel

Mit mehreren wahren Sehenswürdigkeiten kann Lavapiés natürlich zudem aufwarten. An vorderster Stelle steht die Casa Encendida, ein ganz besonderes Kulturzentrum mit viel Platz für Workshops, Ausstellungen und Installationen.

Sehenswert ist die Casa Encendida im doppelten Sinn, denn die majestätische Fassade aus den typischen Madrider Barock-Ziegeln mit Granitbändern ist bildschön. Ursprünglich war in dem 1878 entworfenen Gebäude an der Ronda de Valencia die Caja de Madrid untergebracht, die 2002 eine Stiftung zur Unterstützung von regionalen jungen Künstlern gründete und dort unterbrachte. Für alle Kunstinteressierte höchst interessant! In der Casa ist darüber hinaus ein Transfair-Laden untergebracht, in dem man originelle Design-Objekte erstehen kann.

In der Calle Embajadores liegt ein weiteres Highlight für Kunstfreunde, die Tabalacera. Auf dem Weg dorthin kommt der Stadtspaziergänger an dem Casino de La Reina in schönstem Backstein-Barock vorbei sowie am Verwaltungsgebäude des Instituto Cervantes. Die Tabacalera, eine still gelegte Tabakfabrik, wurde entkernt. Die rauen Wände, die Hinweisschilder, die Farbaufschriften an den Mauern blieben dabei erhalten. Und in diesem kathedralenhaften Gebäude mit riesig hohen Decken platzierte man einfach ein paar Stellwände und daran brachte man Fotos oder Gemälde an – fertig ist die meist sehr faszinierende Ausstellung. Ein tolles Konzept!

Mit der Plaza Tirso de Molina hat Lavapiés noch einen weiteren, richtig hübschen Platz aufzuweisen, der täglich von einem Blumenmarkt geschmückt wird. Ein weltberühmter Dramatiker hat ihr seinen Namen gegeben, Tirso de Molina (1579–1648), der die Bühnenfigur des Don Juan schuf und damit auch das Vorbild für Mozarts Don Giovanni. Mit einem Denkmal wird seiner gedacht. Das Teatro Apolo an der Plaza hat sich seinen Ruf mit Musical-Aufführungen verdient.

Arme Ritter und Kutteln

In einem Stadtteil mit so langer Tradition wie Lavapiés muss es auch ein Traditionslokal mit Geschichte geben, und das ist die »Taberna Antonio Sánchez«, die verbürgt drittälteste Taverne von Madrid. Sie besteht seit 1830 und nennt sich nach einem berühmten Torero. Ein sehr uriges Lokal, alterspatiniert und mit ausgestopften Stierköpfen dekoriert; es hat vorne einen Schankraum und dahinter ein kleines Restaurant. Der Maler Ignacio Zuloaga erkor die Taverne zu seinem Stammlokal, in die er andere Künstler und Intellektuelle zum Gespräch lud. Das war im ausgehenden 19. Jahrhundert. Das hier gekochte Essen ist genauso urig wie die Kneipe. Berühmt wurde die Taberna für ihre *torrijas*, die spanische Variante der Armen Ritter, die man am liebsten zu Ostern verzehrt. Wer sich traut, bestellt die *callos a la madrileña*, denn auch dafür ist das Restaurant bekannt. Dabei handelt es sich allerdings um Kutteln … nicht jedermanns Sache.

Oben: Teils ist es ganz schön hügelig in Lavapiés.
Mitte: Der Dichter Tirso de Molina schuf das Vorbild für den Don Juan und den Don Giovanni.
Unten: So ein tolles Kulturzentrum wie die Casa Encendida muss man erst einmal haben – Madrid hat es.

Infos und Adressen

SEHENSWÜRDIGKEITEN

La Casa Encendida. Ein schönes Kulturzentrum in einem eindrucksvoll renovierten großbürgerlichen Stadthaus mit Tagungsräumen, einem Transfair-Laden, einem Café und zwei geräumigen Ausstellungsräumlichkeiten. Tgl. 10–22 Uhr, Ronda Valencia 2, Tel. 902 43 03 22, www.lacasaencendida.es Metro: Lavapiés und Embajadores.

La Tabacalera. Selbst verwaltetes Kulturzentrum in einer ehemaligen Tabakfabrik, tolle Ausstellungen, Tanztheater, Workshops, Foren, Diskussionsveranstaltungen. Mo–Sa 10–19 Uhr, So je nach Event, Calle Embajadores 53, www.latabacalera.net, Metro: Embajadores

In der Taberna Sánchez muss man nicht Kutteln essen, es gibt auch gegrillte Sardinen!.

ÜBERNACHTEN

Hotel Artrip Valencia. Kleines Hotel in restauriertem Jugendstil-Gebäude. Sehr stilvoll. Im Frühstücksraum sitzen alle Gäste beisammen. Puristisch und hell eingerichtete, kleine Zimmer mit französischen Balkonfenstern. Calle Valencia 11, Tel. 915 39 32 82, www.artriphotel.com Metro: Tirso de Molina

Hostel Tirso de Molina. Ebenfalls in einem restaurierten Haus untergebracht, schönes Designhostel mit sehr freundlichem Service in recht ruhiger Lage. Calle Mesón de Paredes 9, Tel. 915 39 80 66, www.thchostels.com Metro: Tirso de Molina

La Abadia. Ein ganzes Haus voller Etagenpensionen, geführt von einer Familie! Die Zimmer sind unterschiedlich gestaltet, unterschiedlich großzügig und unterschiedlich teuer. Mit Frühstückscafé nebenan. Calle Luis Vélez de Guevara 2, Tel. 914 29 20 04, www.hostalabadia.com Metro: Tirso de Molina und Sol

ESSEN UND TRINKEN

Taberna Antonio Sánchez. In dieser drittältesten Taverne Madrids, die hinter holzgetäfelten Türen ihr Lokalkolorit bewahrt hat, drehte Pedro Almodóvar Szenen für *La Flor de mi Secreto.* Erworben wurde sie anno 1830 von einem berühmten Stierkämpfer. Zu essen gibt es Eintöpfe, Kichererbsen und Kutteln. Mo–Sa 13–16 und 20–24 Uhr, So 12–16.30 Uhr, Calle Mesón de Paredes 13, Tel. 915 39 78 26, www.tabernaantoniosanchez.com Metro: Tirso de Molina

Taberna Café Tirso de Molina. Liegt schön beim Blumenmarkt auf der Plaza Tirso de Molina und ist wunderbar mit Kacheln ausgestattet, auf denen Motive von Toulouse-Lautrec zu sehen sind. Auch innen: Belle époque. Schön fürs Frühstück. Tgl. 8–1 Uhr, Plaza Tirso de Molina 9, Tel. 914 29 17 56, Metro: Tirso de Molina

El Granero de Lavapiés. Hübsches vegetarisches Restaurant, viele Quichesarten und Aufläufe, Salate und Suppen. Das Menü liest man von einer Holztafel ab. Tgl. 13-–16 Uhr, Fr, Sa auch 20.30–23 Uhr Calle Argumosa 10, Tel. 914 67 76 11, Metro: Lavapiés

Restaurante Bayefall. Klein und unscheinbar, aber eines der besten senegalesischen Restaurants in Lavapiés. Mo–Sa 13–16.30 Uhr, 20–24 Uhr, So 13–16.30 Uhr, Calle Mesón de Paredes 55, Tel. 912 30 97 79, Metro: Lavapiés

Casa Granada. Dies ist ein kleiner Geheimtipp: Die spanischen Provinzen sind mit ihren Spezialitätenrestaurants in Madrid vertreten, und die »Casa de Granada« mit ihren typisch andalusischen Tapas (Spargel, Spinat mit Kichenerbsen, Wild) im 7. Stock eines Wohnhauses. Kleine, aber lohnenswerte Terrasse mit Weitblick.
Tgl. 12–24 Uhr, Calle del Doctor Cortezo 17, 6. Stock, Aufzug vorhanden, Tel. 914 20 08 25, Metro: Tirso de Molina

Gau & Café. Terrassencafé im 4. Stock eines Baclsteinhauses, sehr quirlig und nett, europäische Küche. Auch gut für einen Drink. Mo–Fr 12–24 Uhr, Sa 13.30–24 Uhr, Calle Tribulete 14, 5. Stock, Tel. 915 28 25 94, www.gaucafe.com
Metro: Lavapiés

EINKAUFEN

Yorick. Theaterbuchhandlung mit Papiertheaterfiguren, Szenenbildern aus Pappe, kleinen Holztheaterbühnen und Marionetten. Mo–Fr 10–14.30 und 16.30–20.30 Uhr, Sa 11–13 und 14–14.30 Uhr, Calle Valencia 21, Tel. 915 28 87 04, www.libreriayorick.com
Metro: Lavapiés und Tirso de Molina

Remember. Nostalgisch gemusterte Stoffe in klaren schönen Schnitten, Kleider, Röcke, Oberteile, Schmuck und Accessoires. Mo–Fr 11–14 und 16.30–20 Uhr, Sa, So 10–15 Uhr, Calle de las Amazonas 6, Tel. 915 31 20 73, www.remembermadrid.com
Metro: Tirso de Molina

Vor dem Flamenco: erst einmal speisen in der Casa Patas

Oben: Die Fassade des »Hotel Reina Victoria« ist schöner *modernisme.*
Unten: Die beliebte Cervecería Alemana ist die älteste Taverne am Platz.

17 Plaza Santa Ana/ Plaza del Ángel

Eine kleine Oase

Lorenzo de Medicis Grabfiguren auf einem Haus in faszinierender Zuckerbäcker-Architektur, eine deutsche Bierkneipe, DAS Stierkämpferhotel von Madrid, dazu Statuen für Calderón de la Barca und Federico García Lorca, ein Traditionstheater, Tauben und ein Kinderspielplatz – fertig ist die beliebte Plaza Santa Ana mit ihrer Nachbarin, der nicht minder schönen Plaza del Ángel, zwei Ruheoasen mitten im Trubel der Innenstadt an der Schnittstelle zum Barrio de las Letras.

Drumherum tobt das Leben. Von der Puerta del Sol, auf der es keinen Moment lang Stillstand zu geben scheint, sind es nur ein paar Schritte, über die Calle Jerónimo braust der Verkehr. Die Plaza Jacinto Benavente ist eine großzügig geschnittene, bessere Bushaltestelle mit ein paar netten Kneipen und die Calle Atocha ist auch nicht gerade ruhig. Doch kaum hat man die Plaza Santa Ana erreicht, fällt die ganze Aufgeregtheit der Umgebung ab, die Schmuddeligkeit der Internetläden und der preiswerten asiatischen Minisupermärkte sind vergessen. Vier Lokale haben hier ihre Tische aufgestellt. Mit ihrem Baumschmuck wirkt der Platz wie eine wahrhaftige Oase. Die Gässchen, die von hier wegführen, strotzen vor Lokalkolorit.

Fassaden wie aus Schlagsahne

Auf der historischen Plaza Santa Ana befand sich ursprünglich ein Konvent der Karmeliterinnen. Zu Beginn des 18. Jahrhunderts bekam die Stadt ein neues Antlitz – das bereits leer stehende Kloster und die angrenzenden Häuser mussten weichen. Das erklärt auch die relative Gleichförmigkeit der Häuser - sie entstanden fast ausnahmslos vor 1830. Später hielt die *pastelito*-Architektur (»Zuckerbäckerstil«) Einzug und erzielte in Madrid große Erfolge. Und es stimmt schon, dass die Fassaden teilweise so wirken, als seien sie mit Schlagsahne aus der Spritztülle verziert worden. An der Nordseite der Plaza fällt ein Haus mit einer Uhr auf dem Dachgesims auf – und die beiden Figuren, die sie halten, repräsentieren Tag und Nacht; diese sind Originalen von Michelangelo nachempfunden, die das Grab von Lorenzo de Medici schmücken.

Und noch ein Architekturstil kommt hinzu. Mit dem »Hotel Reina Victoria« befindet sich ein Vorläufermodell des *modernisme* an der Plaza Santa Ana. Wer es unter die Lupe nimmt, entdeckt viele Elemente dieser spanisch-katalanischen Version des Jugendstils, z.B. die floralen Verzierungen entlang der Simse und in den Kapitellen, die gewölbten Balkone und die schmiedeeisernen Einfassungen, die einen gelungenen Kontrast zum Weiß der Fassade und der klassizistischen Anordnung der Fensterreihen bilden. Man wird darin nicht unbedingt einen Antoni Gaudí entdecken wie in der Casa Gallardo an der Plaza de España (s. S. 66), aber vieles weist bereits eindeutig auf den entstehenden spanischen Jugenstil hin.

Calderón de la Barca und Federico García Lorca

Unweit des Hotels wird die Plaza Santa Ana von einer Statue des Dichters und wichtigsten Stückeschreibers des Barock geschmückt, Calderón de la Barca. Der im Jahr 1600 geborene Bühnenautor erklomm Zeit seines Lebens die höchsten Sprossen

AUTORENTIPP!

TEATRO ESPAÑOL

Es wird behauptet, dass das Teatro Español das älteste Theater Spaniens sein soll – nun, da wehren sich die Konkurrenten Alcalá de Henares und San Lorenzo de El Escorial heftig, die jeweils ebenso behaupten, diesen Ehrentitel zu besitzen. Tatsache ist, dass die Spanier Theaterspektakel schon immer liebten – und die Theater sahen früher eher so wie das Globe Theatre zu Shakespeares Zeiten. Ein solcher *Corral de Comedias* stand hier ursprünglich – und das bereits im 16. Jahrhundert. Den *Corral* gibt's nicht mehr, das Teatro Español schmückt sich mit einer schönen klassizistischen Fassade und bietet unter anderen internationale Gastproduktionen.

Teatro Español. Besichtigungen: dienstags bis freitags um 12 Uhr. Eintritt 3 Euro. Calle Príncipe 25, Tel. 913 60 14 84, www.teatroespanol.es
Metro: Sol und Antón Martín

Oben: Der bedeutende Dichter der spanischen Moderne, Federico García Lorca, hält die Friedenstaube in der Hand.
Unten: Die Tapas in der Cervecería Alemana sind alles andere als »deutsch«.

einer möglichen Karriere: Er wurde Hofdichter und später, nach seiner Weihe zum Priester, Hofkaplan. Seine allegorisch-philosophischen Stücke *Das Leben ein Traum* und *Dame Kobold* eroberten auch das nicht-spanische Europa, ein wenig überragt nur von Lope de Vega, der sich auf noch größeren Beifall beim Publikum verlassen konnte. Die Statue stammt aus dem Jahr 1880.

Noch ganz jung hingegen ist die Skulptur zu Ehren von Federico García Lorca, der 1938 von den faschistischen Franco-Truppen erschossen und verscharrt wurde – sein Grab ist trotz einiger Nachforschungen bislang nicht gefunden worden. Viele interpretieren es als Beispiel für die Unentschlossenheit, mit der die spanischen Regierungen das schwierige Thema Bürgerkrieg und Franco-Herrschaft anpacken, das ganze Familien auseinandergerissen hat. Man könnte annehmen, es müssten sich Zeugen für den Mord an einem der bedeutendsten Künstler seiner Zeit finden lassen. Als Skulptur steht er entspannt da, der berühmte Autor der immer noch viel gespielten Stücke *Bernarda Albas Haus, Yerma* sowie *Bluthochzeit*, zudem war Lorca Maler und Pianist. Er ist in Bronze gegossen und hält eine Friedenstaube in den Händen, die auf das Teatro Español zuzufliegen scheint, einen schönen Jahrhundertwendebau an der Südseite der Plaza, genau gegenüber des »Hotels Reina Victoria«. Diese Unterkunft sollte man übrigens einmal während der Stierkampfsaison (Feria San Isidro im Mai) besuchen – es ist tatsächlich so, dass sie von Stierkämpfern frequentiert wird.

Traditionslokale

Als im Jahr 1904 die »Cervecería Alemana« ihre Pforten öffnete, war sie die erste Taverne an der Plaza Santa Ana, mittlerweile gibt es drei weitere.

Plaza Santa Ana/Plaza del Angel

Wer die berühmten Gitarren Spaniens sucht, wird hier fündig.

Als jüngste hat das »Estado Puro« an der Ecke zur Plaza del Ángel aufgemacht, die eine »dekonstruierte« Tortilla serviert – das sollte man mal einem der Kellner in der »Cervecería Alemana« sagen – er würde den Einfall bestimmt kommentieren. In der »Cervecería Alemana« gibt es Bier, darauf deutet ja schon der Name hin, und typisch spanische Tapas von der normalen Tortilla bis zu Schinkenkroketten und mariniertem Tintenfisch.

An der gegenüberliegenden Ecke an der Einmündung der Nuñez de Arce befindet sich eines der bekanntesten Flamenco-Tablaos, die »Villa Rosa«, ein schön gefliestes Lokal. Diese Keramik stammt tatsächlich noch aus den 1930er-Jahren und zeigt die Silhouetten der andalusischen Städte Granada, Sevilla und Córdoba. Mit dem *modernisme*, der die Architekturmode jener Zeit darstellte, ging die Wertschätzung des Kunsthandwerks einher – auch die Fertigkeit, *azulejos* (»Fliesen«) herzustellen, erfuhr einen neuen Aufschwung. Im obersten Stockwerk dieses Hauses ist die »Casa de Guadalajara« untergebracht, mit Versammlungsraum und Restaurant.

All die Literaten und Schauspieler – falls sie im barocken Spanien nicht gerade vom Hof feste An-

AUTORENTIPP!

SESEÑA
Eine Dekoration aus zusammengeknülltem Stanniolpapier, dunkelrot angestrichene Holzläden und eine Plakette im Pflaster vor der Tür, die besagt, dass dieses Geschäft mehr als hundert Jahre alt ist – dazu zwei schlichte Capes in den Schaufenstern. Mehr braucht es nicht. Das Seseña verzichtet auf eine spektakuläre Inszenierung, um für sich zu werben, das tun Pablo Picasso, Bruce Springsteen, Placido Domingo, Jane Fonda, Hilary Clinton und Catherine Deneuve schon. Alle haben sich hier mit Capes versorgt, die nach schlichten und trotzdem effektvollen Schnitten aus reiner Wolle und hochwertigem Samt angefertigt werden.

Auch das spanische Königspaar bestellt hier.

Seseña. Calle de la Cruz 23, Tel. 915 31 68 40, www.sesena.com, Metro: Sol

Oben: Uriger geht es kaum: die Taverna Pompeyana
Mitte: Calderón de la Barca thront vor dem »Hotel Reina Victoria«.
Unten: Der Fliesenschmuck an der Villa Rosa ist original aus den 1930er-Jahren. Ein Hingucker.

stellungen bekamen – waren gesellschaftlich nicht sehr anerkannt, sondern waren fahrendes Volk und wurden entsprechend kritisch beäugt. Und so ist die enggassige Umgebung der beiden Plätze auch ein klein wenig anrüchig gewesen, bevölkert von Studenten und Prostituierten, eben allen, die preiswerten Wohnraum suchten, zum Beispiel auch von Giacomo Casanova (1725–1798), der hier mit einer Schauspielerin zusammen lebte – man sagt, in der Pasaje de Matheu.

In den Gässchen Alvarez Gato und Espoz y Mina liegen urige Tavernen, die sich auf lange Traditionen berufen können, z.B. »La Fragua de Volcano« oder »La Casa del Abuelo«, ebenfalls eine hundertjährige Kneipe, in der dem Sagen nach der Schauspieler und Regisseur Danny de Vito seine Gambas zu verzehren pflegt. In der seit 1827 existierenden »Casa Alberto«, der drittältesten Taverne der Stadt, fließt hervorragender Vermouth aus dem Zapfhahn. Und jeder, der sich Runzelkartoffeln bestellen möchte und dazu die *salsa brava*, kann sie an ihrem Ursprung genießen – in der Alvarez Gato liegt das Restaurant »Las Bravas«, das sich 1974 das Rezept für die scharfe rote Sauce patentieren ließ.

Die Plaza del Angel scheint mit der Plaza Santa Ana zu verschmelzen. Genau an diesem Übergang befand sich die »Fonda San Sebastian«, in der die Schriftsteller der Romantik gerne einkehrten, etwa Gustavo Adolfo Bécquer (1836–1870) und Mariano José de Larra (1809–1837). Die Fonda wurde abgerissen, an ihrer Stelle entstand der Palast der Condes de Tepa, heute ein Hotel, in das man mal einen Blick werfen sollte – denn während der Restaurierungsarbeiten entdeckten Arbeiter alte Wasserkanäle, deren Ursprünge immerhin auf die arabische Festungsanlage zurückgehen. Einfach an der Rezeption Bescheid geben.

Infos und Adressen

ÜBERNACHTEN

Hotel Reina Victoria. So strahlend weiß wie selten zuvor leuchtet die Fassade des Traditionshotels seit seiner Renovierung. Es ist seitdem zwei Sterne nach oben geklettert. Luxuriös, mit toller Lage und Dachterrasse mit spektakulärem Blick. Plaza Santa Ana 2, Tel. 917 01 60 00, www.melia.com Metro: Sol

NH Palacio de Tepa. Dieses Hotel war tatsächlich einmal der Palast der Grafen von Tepa. Wunderbar renoviert, zurückhaltender Belle-Epoque-Stil, schöne Zimmer. Im Hotel befindet sich die gestylte Tapas-Bar »Estado Puro« mit Terrasse. Calle San Sebastián 2, Tel. 913 98 46 61, www.nh-hoteles.es, Metro: Sol

Hostal Persal. Tolle Lage an der Plaza del Angel, hat funktionale und nicht zu kleine Zimmer mit Balkonen. Plaza del Angel 12, Tel. 913 69 46 43, www.hostalpersal.com, Metro: Sol

ESSEN UND TRINKEN

Casa de Abuelo. So urig und pittoresk wie es nur sein kann, mit Fliesenbildern, Holztheke und Weinfässern vor der Tür. Spezialität sind die *gambas*, auch gute andere Tapas. Tgl. 12–24 Uhr. Calle de la Victoria 12, Tel. 91 00 01 13, www.lacasadelabuelo.com, Metro: Sol.

Cervecería Alemana. Der Klassiker an der Plaza de Santa Ana ist dieses »deutsche« Lokal, das zwar namensgerecht Bier serviert, aber ansonsten vollkommen spanisch ausgerichtet ist. Das erste Lokal am Platz. Mi–Mo 11–0.30 Uhr. Plaza Santa Ana 6, Tel. 914 29 70 33, www.cerveceriaalemana.com, Metro: Sol

AUSGEHEN

Café Central. Kenner halten es für das beste Jazzlokal in Madrid mit vielen Live-Auftritten, die es dort seit über 30 Jahren gibt. Man kann auch über Twitter dem Programm folgen – und über die Webseite des Kaffees ist es möglich, sich über kommende Künstler informiert zu halten. Toll ist das unkonventionelle Bistro den ganzen Tag über. Tgl. 12.30–2.30 Uhr. Plaza del Angel 11, Tel. 913 69 41 43, www.cafecentralmadrid.com Metro: Antón Martín

Das Hostal Persal liegt an der Plaza del Angel – und das ist wahrlich keine schlechte Lage.

Oben: Eine barocke Perle ist die Kiche San Sebastián – viele Prominente wurden hier getauft oder getraut.
Unten: In das Pflaster der Calle Huertas sind Zitate und Verse berühmter spanischer Dichter eingearbeitet.

18 Barrio de las Letras/ Huertas

Das Literatenviertel

Das Barrio de las Letras erstreckt sich zwischen der Plaza Santa Ana und dem Paseo del Prado und ist ein ausgezeichneter Platz für entspannte Streifzüge durch eine Gegend, in dem es Designer, Traditions-Tavernen, Gitarrenbauer und natürlich letras gibt, Buchstaben. Sie sind in Gold in die Calle de las Huertas eingelassen und geben Zitate aus den Werken der berühmtesten spanischen Dichter wieder. Miguel de Cervantes und Lope de Vega haben hier gelebt und sind hier begraben.

Gleich um die Ecke von der Plaza Santa Ana liegt die barocke Kirche San Sebastián aus hellem Ziegelstein, sie steht seit 1969 unter Denkmalschutz; direkt daneben liegt eine kleine Blumen- und Pflanzenhandlung mit einer Freiverkaufsfläche, ein grünes Paradies. Hier ist man schon mittendrin in der Geschichte des Barrio de las Letras, dem Literatenviertel. Die Blumenhandlung steht auf geweihtem Grund, soll sich hier doch die letzte Ruhestätte all derer befunden haben, die in alten Zeiten zu diesem Kirchensprengel gehörten – und das waren nach heutiger Erkenntnis unter anderem Spaniens höchster Dichterfürst Miguel de Cervantes nebst Gattin und auch Lope de Vega. Immerhin hat man deren Totenurkunden in der Kirche gefunden. Aber über den genauen Verbleib der Gebeine existieren dennoch allenfalls Spekulationen. Damals wurden diie Verstorbenen, nachdem Carlos III. die Beerdigungen innerhalb der Kirchengebäude verboten hatte, mitunter einfach in Gemeinschaftsgräbern auf dem Kirchengrund beigesetzt, weil der oft zu klein geworden war.

Die Kirche war Hort eines wahren Schatzkästleins von Kunstobjekten und wurde während des Bürgerkrieges Opfer republikanischer Plünderungen, später dann eines franquistischen Bombenanschlags. Die Gemälde und Objekte kamen in anderen Kirchen unter. In dem 1950er-Jahren wurde die Kirche restauriert, wobei der Glockenturm unvollendet blieb.

Illustre Namen

Wer die Kirche heute besucht, erfährt von einem wahren *Who is Who* an prominenten Spanier aus Literatur, Politik und Gesellschaft, die hier getauft oder verheiratet wurden, so die Literaturnobelpreisträger von 1904 José Echegaray und von 1922 Jacinto Benavente, die literarischen Vertreter der spanischen Romantik, Gustavo Adolfo Bécquer und Mariano José de Larra, der Architekt Buenaventura Rodríguez Tizón, bekannt als Ventura Rodríguez, der den spanischen Spätbarock prägen sollte, und *last but not least* Augustin Lhardy, Maler und Koch, dessen berühmtes Café-Restaurant immer noch existiert – und zwar gleich um die Ecke in der Calle Jerónimo. All die illustren Namen findet man in einer Seitenkapelle, die Lope de Vega zu Ehren eingerichtet wurde.

AUTORENTIPP!

LOLA CAÓTICA

Lola sitzt am Ladenfenster und erteilt Kunstunterricht. Es gibt nur einen Teilnehmer, aber er hat – so sieht es nach den Materialien zu urteilen, die vor ihm auf dem Zeichentisch liegen – einiges vor. Neben dem Unterrichten widmet sich Lola Caótica hingebungsvoll dem Recyceln – und daraus entsteht stets etwas Neues: Kunst, Schmuck, Objekte, Bilder, Wohnaccessoires und Mode. Das können Lampen sein, bedrucktes Papier zum Tapezieren, Halsketten aus Stoffperlen, Glasvasen, Schatzkästchen, Minikommoden, Plakate. Diese Dinge sind ganz zwanglos dekoriert und verstreut, sodass man sich ein bisschen wie in einem unaufgeräumten Zimmer wähnt. Sie nennt es Kreativität ohne Grenzen und lädt großzügig zum Umherschauen ein.

Lola Caótica. Mo–Sa 10–14 und 17–20 Uhr, So 11-15 Uhr, Calle Moratín 26, Tel. 916 90 01 32 94, Metro: Antón Martín

Oben: Straßenkonzert auf der Plaza Platería de Martínez
Unten: Eine der typischen *mantequerías* im Viertel

Historische Gassen …

Die schmale Calle del Príncipe, die von der Plaza Santa Ana wegführt, bezieht sich mit ihrem Namen auf einen marokkanischen Prinzen, der aus seinem Königreich fliehen musste, von Spanien aufgenommen wurde und zum Christentum konvertierte. Der von ihm bewohnte Palast Santona steht an der Calle de las Huertas 18.

Die Calle de las Huertas führt in Richtung Osten schnurstracks und ganz ohne Verkehr auf den Paseo del Prado zu. Beide Namen weisen auf die ursprüngliche Bestimmung der Gegend hin: *Huertas* sind Nutzgärten und *prado* heißt Wiese. Diese Freiflächen befanden sich im 18. Jahrhundert im Besitz des Klosters zu Ehren des hl. Hieronymus, dessen Kirche sich hinter dem Museo del Prado erhebt.

Heute ist die Calle de las Huertas eine der typischen kleinbürgerlichen, baumbestandenen Gassen, die Madrid durchflechten, mit den typischen Hausfassaden, den französischen, fensterschmalen Balkonen, die meist nur Platz für ein paar Geranientöpfe bieten. Die oberen Stockwerke sehen oft ein ganz klein wenig mitgenommen aus. Die Kundschaft liebt ihre *mantequería* an der lebhaften Plaza de Matute, einer der traditionellen Milch- und Butterläden, die aus dem Stadtbild Madrids leider immer mehr verschwinden, aber lange Zeit als Nachrichtenbörsen des jeweiligen Viertels gedient hatten.

... und ihre Bewohner

In den Gassen des Viertels lebten einst Lope de Vega und Miguel Cervantes genauso wie die Barockschriftsteller Luis de Góngora und Francisco de Quevedo. Kein Wunder also, dass man Straßen nach diesen literarischen Granden benannt hat, wobei sich das Haus von Lope de Vega in der Calle Cervantes befindet und Cervantes in der Calle de las Huertas Nr. 19 gelebt hat – allerhöchstwahrscheinlich. Straßenschilder aus mit Motiven versehenen Fliesen weisen den Weg. Auch findet man hier das Kloster Convento de las Trinitarias, das sich für die Befreiung Miguel de Cervantes' und seines Bruders vehement einsetzte und sie schlussendlich auch freikaufte, als sie nach der Seeschlacht von Lepanto 1571 gegen das Osmanische Reich in algerische Kerkerhaft geraten waren.

Es ist nicht so einfach, das Klostergebäude zu besichtigen, es ist oft verschlossen und hat keine geregelten Öffnungszeiten. Zum Trost: Es ist kein Grab zu sehen, sondern lediglich ein Epitaph. Wobei das wiederum ein Skandal ist und von den Madrider Bürgern auch mit Missfallen kommentiert wird. Wie kann es sein, dass der berühmteste

AUTORENTIPP!

MERCADO DE LAS RANAS

Der Ranas ist kein Flohmarkt, aber ein bisschen was wie Camden Town in London möchte der »Mercado de las Ranas« auch sein, der jeweils am ersten Samstag im Monat stattfindet. Die Geschäftsleute und Galeristen möchten auf ihre Angebote im Viertel aufmerksam machen. Dort sind Antiquitäten ebenso zu Hause wie Avantgarde-Design und Modeläden, echter Schmuck aus dem 19. Jahrhundert ebenso wie junge Schneiderinnen, die in umfunktionierten Ladengeschäften ihre Kurse anbieten – im Zeichen der Krise sind sie übrigens meist gut gebucht.

Der Markt lebt von einer entspannten, nachbarschaftlichen Atmosphäre – und die Nähe zu den vielen Cafés im Viertel tut ihm sicherlich nicht schlecht. Den Namen hat der »Froschmarkt« übrigens von den vielen niedlichen Tierchen, die ehedem die Klostergärten bewohnten und dort ihren Lärm veranstalteten.

Informationen: www.barrioletras.com

Oben: Schön zum Ausgehen ist die Calle Huertas …
Mitte: Als Ziel bietet sich beispielsweise die »Casa Alberto« an.
Unten: Verse von einem der berühmtesten Bewohner des Viertels, Lope de Vega

Dichter des Landes kein eigenes Grab hat, sondern in einem Gemeinschaftsgrab bestattet wurde? Isabel, eine Tochter von Miguel de Cervantes, trat übrigens aus Dank für die Rettung der Brüder in dieses Ordenshaus ein.

Ebenso bedeutsam wie das Kloster ist das blassrosa Gebäude, das ein ganzes Straßengeviert zwischen Huertas, León, Amor de Dios und Santa María einnimmt. Es ist der Sitz der Real Academia de la Historia, das mit einer langen Geschichte aufwartet. Hier wurden im 18. Jahrhundert auf königliche Order die Gebetbücher der Mönche des Klosters El Escorial gedruckt und aufbewahrt. Heute verfügt die Academia über eine profunde Bibliothek zur Geschichte Spaniens und Lateinamerikas sowie eine immense Kartensammlung.

Buchstaben am Boden

Wenn man eine besondere Würdigung von Spaniens berühmtesten Schriftstellern und Bühnenautoren sucht, dann findet man sie buchstäblich auf dem Boden. In das Straßenpflaster sind in goldenen Lettern Zitate sowie Gedichtfragmente von José Sorio, José Echegaray und Calderón de la Barca eingelassen. Man könnte also im Pflaster lesend die Calle de las Huertas hinabschreiten. Um diese ungewöhnliche Zier wirklich ungestört genießen zu können, empfiehlt sich der Besuch tagsüber während der mittäglichen Ladenschlusszeiten, dann ist es ruhig. Am Abend dann verwandelt sich die sonst recht stille Straße in ein äußerst beliebtes Ausgehviertel mit einer Vielzahl an Bars und kleinen Restaurants – Huertas ist ziemlich angesagt. Auch eine der besten Jazzkneipen, die »Populart«, mit Live-Konzerten liegt hier. Viele kleine Galerien, Antiquitätengeschäfte, stilvolle Tavernen und Cafés machen den Bummel doppelt angenehm.

Infos und Adressen

SEHENSWÜRDIGKEITEN

Iglesia de San Sebastián. Tgl. 10–12.30 und 18–20.30 Uhr, Messen 10 und 19.30 Uhr, So 10, 12, 13 und 19.30 Uhr, Calle Atocha 39, Tel. 914 29 13 61. Metro: Antón Martín

»Los Gatos« ist ein anderes Wort für lecker!

Casa Lope de Vega. In diesem Haus verbrachte der berühmte Bühnenautor seine letzten 25 Jahre. Möbel, Dekors und Einrichtungsgegenstände wollen den Eindruck erwecken, man befände sich mitten im *Siglo de Oro*, dem Goldenen Zeitalter. Hübsch und intim. Di–So 10–15 Uhr, freier Eintritt, für eine Führung muss man sich telefonisch anmelden. Calle Cervantes 11, Tel. 914 29 92 16. Metro: Antón Martín

Convento de las Trinitarias. Die schöne Klosterkirche im Barockstil ist nur zu sehen, während Messen gehalten werden. Am Todestag von Miguel de Cervantes am 23. April wird eine Gedenkmesse gefeiert. Calle Lope de Vega 18, Metro: Antón Martín

ÜBERNACHTEN

Madrid Prado Ibis. Bunt frisch und ganz peppig ist dieses Hotel aufgemacht. Es hat 48 Zimmer in einem traditionellen Haus. Calle Prado 11, Tel. 913 69 02 34, www.accorhotels.com Metro: Antón Martín

ESSEN UND TRINKEN

Los Gatos. Diese kleine Tapasbar wirkt, als hätte man das Mobiliar und die Dekoration aus den Trödel- und Antiquitätengeschäften der Umgebung eingesammelt – mit viel Sinn für Witz. Nett, Spezialität sind *vermú* und köstlich belegte *tostas*. So–Do 12–1 Uhr, Fr/Sa bis 2 Uhr, Calle de Jesús 2, Tel. 914 29 30 67, Metro: Antón Martí.

La Vega de Arte. Edel und schlicht aufgemachtes Bistro mit klassisch spanischer Küche. Di–Sa 13–16.30 und 20–24 Uhr, So 13–16.30 Uhr, Calle Lope de Vega 20, Tel. 911 56 86 25, Metro: Antón Martín.

AUSGEHEN

Populart. Seit über zwei Jahrzehnten treten in diesem atmosphärisch stimmigen Lokal spanische und internationale Jazzformationen auf. »Populart« bietet ein tägliches Liveprogramm! 20–2 Uhr, Konzerte 22–23.15 Uhr. Calle de las Huertas 22, Tel. 914 29 84 07, www.populart.es Metro: Antón Martín

»Populart« ist ein Jazzclub mit großartigen Gigs.

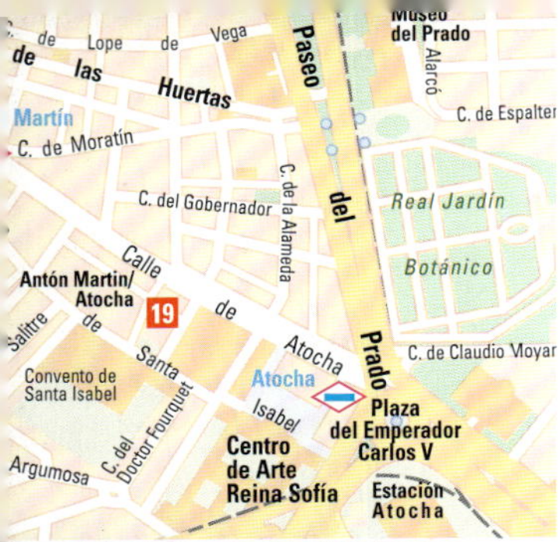

Oben: Das Caixa Forum wurde von Herzog und Meuron geschaffen. Die Architektur ist elegant und »cool«. Diesen Vorgaben folgen auch die Ausstellungskonzepte. **Unten:** Ein typischer Barrio-Markt ist der Mercado Antón Martín.

19 Zwischen Antón Martín und Atocha

Das kommende In-Viertel?

Es ist noch nicht ganz klar, in welche Richtung sich dieses bürgerlich-schöne Viertel hin entwickeln wird. Die Madrilenen behaupten, es kommt in Mode, wenn die Kreativ-Szene aus Chueca sich die Mieten dort nicht mehr leisten kann. Jedenfalls kann man auf dem Mercado de Antón Martín noch richtig und „normal" einkaufen. Das Programmkino Ciné Doré ist sehenswert mit seiner Fassade aus den 1940er-Jahren und das Caixa Forum, entworfen von Herzog & de Meuron, dient als toller Ausstellungsort.

In dem Dreieck, das die Straßen Atocha und Moratin zeichnen, verschafft eine neue Szene dem Viertel frische Luft. Es sind hübsche, ziemlich gleichmäßige und schmale gepflasterte Straßenzüge mit Wohnhäusern, die zu Beginn des 20. Jahrhunderts entstanden sind mit pastellfarbenen Fassaden und Belvederen. Im Erdgeschoss gibt es genügend Platz für ein Ladengeschäft. Diese Szenerie zieht sich zwischen Lavapiés und dem Barrio de las Letras bis hinunter zum Paseo del Prado.

Iglesia de Santa Cruz

Ein bisschen außerhalb dieser eigentlichen Zone und näher an der Plaza Mayor liegt die Iglesia de Santa Cruz in der Calle de Atocha, 6. Die aktuelle Kirche – es gab Vorgängerbauten – entstand Ende des 19. Jahrhunderts im neogotischen Stil mit Mauern aus dunkelroten Ziegeln und einem auffällig verzierten Spitzbogenportal aus weißem Granit. Der 86 Meter hohe Turm erinnert mit seinem geometrischen Schmuck aus steinernen Bändern ein wenig an *mudéjar*-Baukunst, aber auch an den ursprünglichen Turm der Kirche, den man den Atalaya de la Corte nannte, den Wachturm des Hofes. Was die Kirche aber wirklich besonders macht, ist der Brauch, hier seinen Lotterieschein segnen zu lassen! Sie ist Judas Tadeo geweiht, und an seinem Sterbetag, einem Mittwoch, pilgern die Gläubigen zur Kirche Santa Cruz, um ihre Fürbitten auszusprechen. Das darf auch gerne ein Wettspiel-Gewinn sein. Man sieht die Gläubigen in langen Schlangen vor dem Eingang warten. Gleich um die Ecke der Metro-Station Antón Martín glaubt man sich in einen Straßenmarkt versetzt, der teilweise orientalische Züge trägt. Ein Lebensmittelstand drängt sich an den nächsten. Ein bunt gemischter Reigen von Eierläden, Fischhandlungen, Obstgeschäften, Tee- und Gewürzläden sowie duftenden Schinkenständen belebt die Straßenfront der Calle de Santa Isabel. Dazwischen liegen Modeschmuckläden und die typisch spanischen Parfümerien, die literweise *Aqua de Colonia* verkaufen. Der richtige Mercado Municipal de Antón Martín liegt ein paar Treppenstufen niedriger im Souterrain und zeichnet sich durch eine solide Auswahl und einige wenige aber gute Tapas-Stände aus.

Für Filmfans

Genau in dieser Ecke konzentrieren sich die Tempel für Filmbegeisterte. Zum einen ist es die Filmoteca Español in der Calle de la Magdalena, die in einem rosafarbenen Ziegelsteinpalast mit barocker Steinfassade residiert und ihre gut ausgestattete prächtige Filmbibliothek für Besucher öffnet. Auch werden in diesen Räumen Ausstellungen gezeigt und Buchveröffentlichungen gefeiert. Das dazugehörige Programmkino ist das wunderschöne, kleine Ciné Dor, das vergoldete

AUTORENTIPP!

CAIXA FORUM

Wenn man genau davor steht, ist es einfach umwerfend. Doch ein wenig geht der futuristische Reiz des kühn konstruierten Kunstforums der Sparkasse Caixa am viel befahrenen Paseo del Prado unter. Das Caixa Forum steht ein wenig rückversetzt zum Paseo. Geschaffen hat diese außerordentliche Konstruktion im Jahr 2007 das Schweizer Architektenteam Herzog & de Meuron, das auch das Olympiastadion in Peking entwarf. Eine Fassade aus Kupfer und bronzefarbenen Steinen mit Reliefstruktur scheint förmlich über den Platz zu schweben. Als Höhepunkt ist eine Wand komplett mit vertikal angeordneten Pflanzen bedeckt – es sind 15 000! Dieser hängende Garten beruht auf einem Konzept von Patrick Blanc, einem französischen Botaniker und »Pflanzenkünstler«.

Zwei Stockwerke sind stets interessanten und sorgfältig kuratierten Ausstellungen gewidmet, die die unterschiedlichsten Schwerpunkte haben: Geschichte, Ethnologie, Kino, Kunst. Neben dem Prado, dem Museo de Arte Contemporáneo Reina Sofia und dem Thyssen-Bornemisza ist hier am Paseo del Prado ein neuer wichtiger Kulturtempel entstanden.

Im obersten Stockwerk steht ein Café den Besuchern offen.

Caixa Forum. Tgl. 10–20 Uhr,
Paseo del Prado 36,
Tel. 913 30 73 00, www.lacaixa.es
Metro: Atocha

Rundgang zwischen Antón Martín und Atocha

A Iglesia de Santa Cruz – Die Kirche mit einem Glockenturm, der ein wenig an ein Minarett erinnert, füllt sich stets am Mittwoch. Dann werden die Lotteriescheine gesegnet.

B Mercado Municipal de Antón Martín – Markt, um den herum viele Einzelhandelsgeschäfte mit Lebensmitteln liegen.

C Ciné Dore – In unmittelbarer Nachbarschaft befindet sich das Programmkino, das die Filmoteca Española betreibt. Es ist ein auffälliges Schatzkästlein im *modernisme*-Stil.

D Calle de Santa Isabel – Verströmt in Marktnähe die Lebhaftigkeit eines orientalischen Bazars.

E Filmoteca Española – Wenn man die Calle Magdalena ein wenig zurückläuft, zieht das Gebäude des spanischen Filminstituts alle Blicke auf sich. Es ist in einem Barockpalast untergebracht.

F Calle Cañizares – Zwischen die Calle Magdalena und die Calle Atocha schiebt sich die Calle Cañizares, eine für dieses Viertel typische Straße. Halb altmodisch, halb in Aufbruchsstimmung.

G La Fábrica – Um zum Hauptbahnhof Atocha zu kommen, streift man am besten durch die Gassen. Die Chancen stehen auf der Calle Alameda im Rücken des Paseo del Prado zu landen. Dort liegt »La Fábrica«, eine Kreativwerkstatt mit Café.

H Estación Atocha – Dieser Bahnhof ist eine Sehenswürdigkeit, denn er hat eine wunderbare Halle, kunstvoll konstruiert aus Glas und Eisen.

I Monumento M 11 – Der Glaszylinder erinnert an die Attentate auf vier Vorortzüge in der Estación Atocha in den Morgenstunden des 11. März 2004. Vom Bahnhof aus gibt es einen Zugang.

J Caixa Forum – Zurück auf den Paseo del Prado: Toll konstruiertes Ausstellungsgebäude aus Kupfer und bronzefarbenen Reliefsteinen mit einem hängenden Garten. Wechselausstellungen aus vielen Bereichen der Kultur und Geschichte.

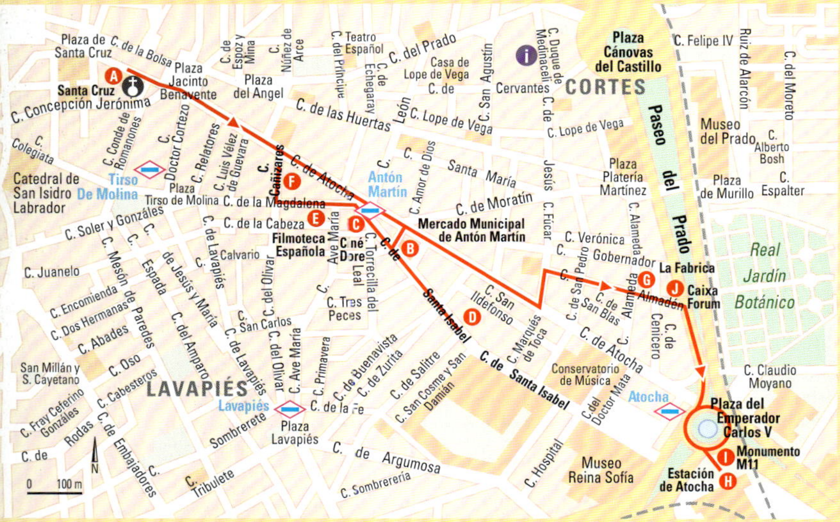

Kino. Es sieht aus wie ein kleines Juwel. Das Ciné Doré hat eine winzige Tempelfassade mit kannelierten Säulen. In seinen beiden Sälen wird anspruchsvolle internationale Kinokunst in Originalfassungen gezeigt.

In den vielen schmalen Straßen dieses Viertels öffnen immer mehr Galerien, Designläden, witzige Bäckereien und lustige Restaurants sowie Teestuben ihre Pforten. Trotzdem wird man hier nach wie vor die typischen kleinen Lebensmittelgeschäfte finden, die *mantequerías*, in denen der Plausch mit Verkäuferin und Nachbarn zur Tagesordnung gehört. Atocha/Antón Martín wirkt nicht so hippie-punkig-nervös wie Malasaña oder so multikulturell wie Lavapiés, es ist eher bodenständig geblieben. Ein Modell dafür, in welche Richtung sich dieses Viertel entwickeln könnte, liefert anschaulich »La Fábrica« an der Calle Alameda. Hier arbeiten Leute, die kulturelle Projekte entwickeln und initiieren, es gibt eine Buchhandlung für Kunstbücher und Kunstdrucke, einen Ausstellungsraum, eine Blumenhandlung und ein Café.

Bahnhofshalle Atocha

Und dann ist da natürlich noch der bedeutsamste Verkehrsknotenpunkt Madrids, der Bahnhof Atocha, in dem auf vier übereinander gestapelten Ebenen Züge und Busse abgefertigt werden. Nicht nur der internationale Verkehr, auch die Regionalverbindungen und die Metro werden hier abgewickelt. Das wäre nun nicht weiter erwähnenswert, gäbe es nicht das repräsentative Bahnhofsgebäude mit seiner Jugendstil-Kuppelhalle, die Ende des 19. Jahrhunderts entstand und das schönste Exemplar der von Gustave Eiffel inspirierten Stahl- und Glaskonstruktionen in Madrid ist – eindruckvoller noch als der Palacio de Cristal im Parque Retiro (s. S.148) und der Mercado San

Oben: Ein Schmuckkästlein für Kinoliebhaber ist das Ciné Doré, das Kino der Filmoteca Española. **Unten:** Was fängt man mit einer stillgelegten Bahnhofshalle an? Man könnte sie beispielsweise in einen botanischen Garten verwandeln. So geschah es bei Atocha.

AUTORENTIPP!

MONUMENTO M 11
Als in den belebten Morgenstunden des 11. März 2004 in der Nahverkehrsstation des Madrider Bahnhofs Atocha elf Bomben explodierten, erschütterte dieses Attentat die Welt. Mehr als 2000 Menschen wurden teilweise schwer verletzt, 192 getötet. Das Attentat hatte einen radikalislamistischen Hintergrund. Seit 2007 schraubt sich vor dem Bahnhof ein Glaszylinder elf Meter in die Höhe, zusammengesetzt aus transparenten Borosilicat-Glasscheiben, die von innen mit Kondolenzschreiben und Zitaten der Madrider Bevölkerung beschrieben sind. Man erreicht die beiden Räume des Zylinders über einen ausgeschilderten Zugang im Bahnhof.

Monumento M 11. Di–So 11–14 und 17–19 Uhr, Paseo de la Reina Cristina, Estación Atocha, Metro: Atocha

Miguel. Wunderbar ist das von Löwenskulpturen flankierte Portal und der Brunnen mit den drei Engeln der Apokalypse, das den geräumigen Vorplatz schmückt. Dieser Jugendstilbahnhof hat jedoch schon lange ausgedient, der Verkehr pulsiert inzwischen in einem weiter südlich gelegenen Gebäude, dem er nur seine Fassade leiht. Funktionslos geworden, wurde er in eine palmenbestandene Wartehalle verwandelt, was sicherlich die allerschönste Form ist, mit stillgelegten Bahnhofshallen umzugehen.

Stadtteil im Wandel

Lavapiés wird seinen Hippie-Glamour wohl eher nicht verlieren, dafür ist es dort zu ruppig. Chueca ist schon ein bisschen Mainstream geworden. Wie steht es mit Antón Martín-Atocha? Die Mieten sind noch relativ niedrig. Antón Martín lebt von seinem Barrio-Charakter, in dem es noch normale *mantequerías* gibt. Und gleich daneben hat eine Galerie aufgemacht; vor dem Stoffgeschäft sitzen Kundin und Inhaberin Seite an Seite gemütlich auf Stühlchen. Man kann nur hoffen, dass diese Bodenständigkeit in ihrer Vielfalt noch lange erhalten bleibt.

Infos und Adressen

SEHENSWÜRDIGKEITEN

Iglesia de Santa Cruz. Mo–Sa (außer Mi) 8.30–13 und 17– 20.30 Uhr, Mi 8–21 Uhr, im Sommer eine Stunde länger. Calle Atocha 6, Tel. 913 61 12 39, www.parroquiadesantacruz.com, Metro: Sol

Parroquia de El Salvador y San Nicolás. Di–So 8.30–12.45 und 17–19 Uhr, Mo 8–20 Uhr. Calle de Atocha 58, Tel. 913 69 05 79, Metro: Antón Martín

Mercado Municipal de Antón Martin. Mo–Fr 9–14 und 17–20 Uhr, Sa 9–14 Uhr. Im Sommer abends eine halbe Stunde länger. Calle de Santa Isabel 5, Tel. 913 69 06 20, www.mercadoantonmartin.com Metro: Antón Martín

Filmoteca Española. Mo–Fr 9.30–14 Uhr (Bibliothek). Calle de la Magdalena 10, Tel. 914 67 26 00, www.mcu-es/cine/ Metro: Antón Martín

ESSEN UND TRINKEN

O'Pulpo's. Serviert nach Kenner-Meinungen den besten Pulpo von Madrid. Mittagsmenüs mit traditioneller spanischer Küche im traditionell eingerichteten Restaurant. Mo–Sa 13.30–16 Uhr, 20.30–24 Uhr, Calle Cañizares 8, Tel. 913 69 02 46, www.opulpo.com Metro: Tirso de Molina

La Fábrica. Café und Bistro mit typischem Angebot, auch Tapas. Mo–Sa 10–24 Uhr, So 10–17 Uhr, Calle Alameda 9, Tel. 912 98 55 46, www.lafabrica.com, Metro: Atocha

Pecado Carnal. Stylish, Ziegelstein-Stahl-Interieur. Angeboten wird vor allem Fleisch, allen voran die in Madrid sehr angesagten Qualitäts-Hamburger. Mo–Fr 13.30–16 Uhr, 20.30–1 Uhr, Sa bis 2 Uhr, Calle Fucar 9, Tel. 911 72 22 07, www.pecado-carnal.com, Metro: Atocha

AUSGEHEN

Ciné Doré. Calle de Santa Isabel 3, Tel. 913 69 11 25. www.mcu-es/cine/MC/FE, Metro: Antón Martín

EINKAUFEN

Modernario. Verkauft Möbel und Wohnaccessoires der modernen Klassik. Mo–Fr 11–14 und 17–20 Uhr, Sa 11–15 Uhr, Calle de Santa María 20, Tel. 913 69 76 78, www.modernario.es

El Pájaro Invisible. Design, Möbel, Kleidung, Kosmetik, Accessoires. Mo–Fr 11–14 Uhr und 16.30–20.30 Uhr, Sa 11–16 Uhr, Calle San Pedro 6, Tel. 911 56 90 29, www.elpajaroinvisible.com Metro: Antón Martín

Sehen und Gesehenwerden vorm Ciné Doré

DER OSTEN

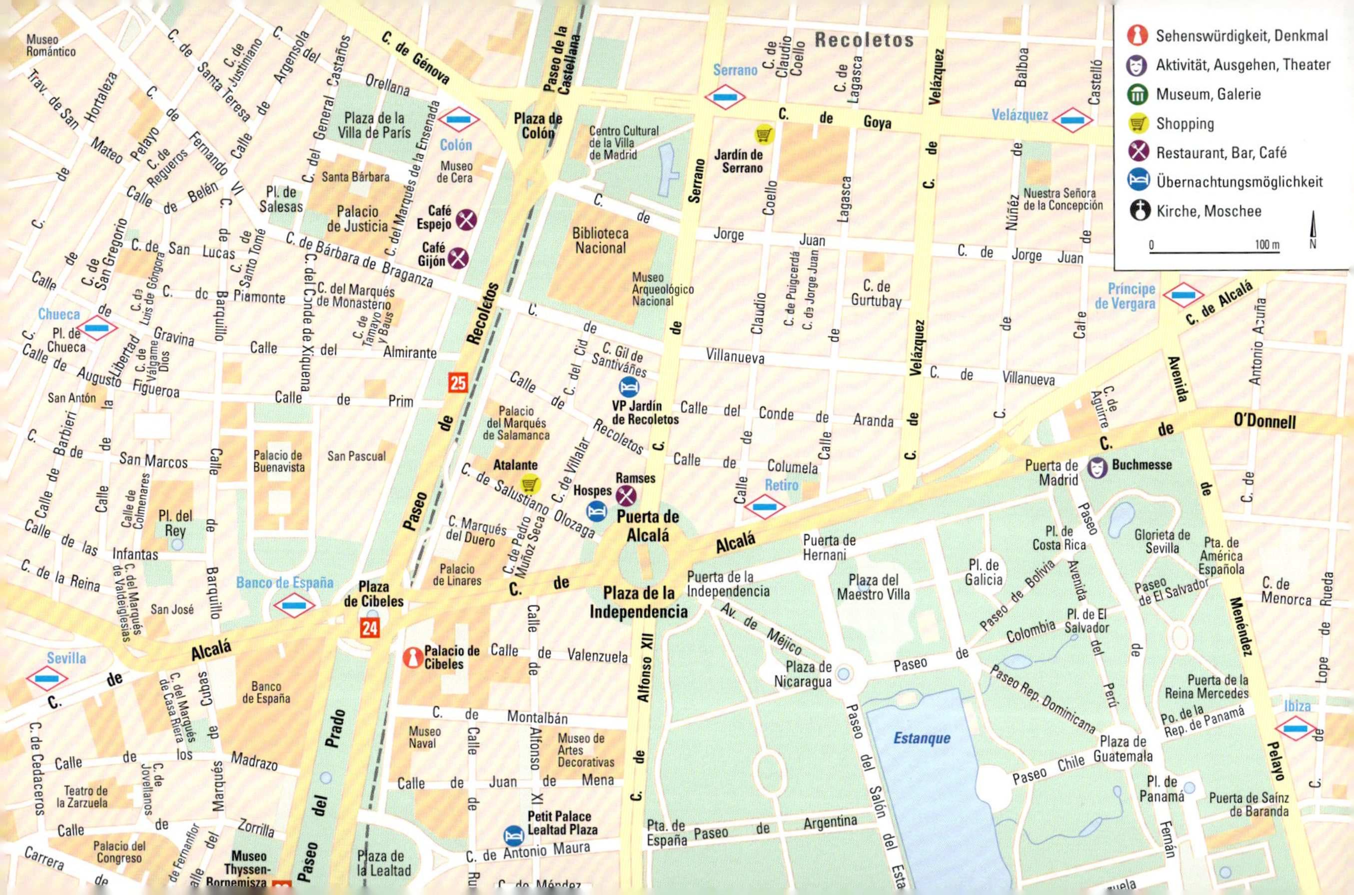
Sehenswürdigkeit, Denkmal
Aktivität, Ausgehen, Theater
Museum, Galerie
Shopping
Restaurant, Bar, Café
Übernachtungsmöglichkeit
Kirche, Moschee
0
100 m
N
Recoletos
Serrano
Velázquez
Colón
Chueca
Príncipe de Vergara
Retiro
Banco de España
Sevilla
Ibiza
Plaza de Colón
Paseo de la Castellana
Paseo de Recoletos
Paseo del Prado
C. de Génova
C. de Goya
C. de Alcalá
C. de O'Donnell
Avenida de Menéndez Pelayo
Plaza de la Villa de París
Santa Bárbara
Palacio de Justicia
Museo de Cera
Café Espejo
Café Gijón
Centro Cultural de la Villa de Madrid
Jardín de Serrano
Biblioteca Nacional
Museo Arqueológico Nacional
Nuestra Señora de la Concepción
VP Jardín de Recoletos
Palacio del Marqués de Salamanca
Atalante
Hospes
Ramses
Puerta de Alcalá
Plaza de la Independencia
Plaza de Cibeles
Palacio de Cibeles
Palacio de Linares
Palacio de Buenavista
San Pascual
Banco de España
Museo Naval
Museo de Artes Decorativas
Petit Palace Lealtad Plaza
Plaza de la Lealtad
Museo Thyssen-Bornemisza
Palacio del Congreso
Teatro de la Zarzuela
Museo Romántico
Puerta de Madrid
Buchmesse
Puerta de Hernani
Puerta de la Independencia
Plaza del Maestro Villa
Plaza de Nicaragua
Estanque
Paseo del Salón del Estanque
Glorieta de Sevilla
Pta. de América Española
Puerta de la Reina Mercedes
Puerta de Sáinz de Baranda
Plaza de Guatemala
Pl. de Panamá
Pta. de España
24
25

Cortes
The Westin Palace
Plaza de Cánovas del Castillo
Calle de la Academia
Iglesia de San Jerónimo
Murillo Café
Prado
21
Alarcón
C. de Casado del Alisal
C. Alberto Bosch
Moreto
Restaurant Horchler
Galería Ars Histórica
Calle de Espalter
Pl. de Murillo
Puerta de Murillo
Paseo de Simón de Rojas Clemente
Paseo alto de Casimiro Gómez Ortega
Real Jardín Botánico
Paseo de José Quer
Paseo de Carlos III
Paseo de Celestino Mutis
Calle de Claudio Moyano
Alfonso XII
Casón del Buen Retiro
Felipe IV
Pl. del Parterre
Paseo del Paraguay
Pl. de Honduras
Parque del Buen Retiro
Paseo del Marqués de Pontejos
Jerónimos
23
Paseo de la República de Cuba
Palacio de Cristal
Palacio de Velázquez Exposiciones
Arquitecto Herrero Palacios
Núñez
Calle Daoiz
Paseo de la Chopera
Glorieta de Pérez Galdós
Glorieta del Angel Caído
La Rosaleda
Paseo de Fernán Núñez
Pta. del Angel Caído
RETIRÓ
Calle del Poeta Esteban Villegas
Menéndez Pelayo
Gutenberg
Pl. de Mariano de Cavia
C. de Cavanilles
C. de José Sánchez Pescador
C. de Narciso Serra
Avenida de Pacífico
Paseo de la Reina Cristina
Calle de Andrés Torrejón
C. de Fuenterrabía
Real Fábrica de Tapices
C. de Vandergoten
Julián Gayarre
C. de Juan Valera
C. de Luis Camoens
C. Querol
Calle de Agustín
C. de Juan Valera
Museo de Etnológico y Antropológico
C. de Alfonso XII
C. del Doctor Velasco
Paseo de la Infanta Isabel
Avenida de la Ciudad de Barcelona
Atocha
Plaza del Emperador Carlos V
Atocha Renfe
Estación de Atocha
C. de Méndez Álvaro
C. de Tortosa
P. de Tortosa
Paseo de las Delicias
Paseo de Santa María de la Cabeza
C. de Murcie
Ronda de Atocha
C. del Marqués de la Valdavia
María Auxiliadora
C. de José Antonio de Armona
Circo
C. de Mallorca
C. del Doctor Fourquet
Argumosa
Calle del Hospital
C. del Doctor Fourquet
C. del Doctor Piga
Museo de Arte Contemporáneo Reina Sofía
20
Calle de Santa Isabel
Hostal Buelta
C. del Dr. Mata
C. de Atocha
HUSA Paseo del Arte
C. de San Cosme y San Damián
C. de Santa Inés
C. del Marqués de Toca
Calle de San Ildefonso
Calle de Santa Isabel
C. de San Eugenio
Antón Martín
C. de Atocha
Calle de Fúcar
Calle de San Pedro
Calle de la Alameda
Almadén
Gobernador
C. de Verónica
Calle del Gobernador
Paseo del Prado
Pl. de Platería Martínez
Moratín
Huertas
Calle de Jesús
Pl. de Jesús
Pl. de San Juan
Cost. de los Desamparados
Calle de Santa María
Calle de las Huertas
C. de Santa Polonia
C. del Amor de Dios
C. de Quevedo
Calle de Lope de Vega
Calle de San Agustín
Calle del Duque de Medinaceli
Jesús de Medinaceli
Cervantes

Im Reina Sofia macht schon das Aufzugfahren Spaß.

20 Museo Nacional de Arte Contemporáneo Reina Sofia

Der Museumsbau selbst ist bereits ein Kunstgenuss

Schon von außen wirkt das Museum mit seinen an der Außenwand angebrachten gläsernen Aufzügen, die die strenge Fassade hinauf- und hinuntersausen, wie ein Kunstobjekt und birgt in seinem Inneren eines der wichtigsten Gemälde der Moderne: »Guernica« von Pablo Picasso. Nicht nur aus dem überreichen Schatz zeitgenössischer spanischer Kunst wird geschöpft, viel Kunst aus Nordamerika ist auch zu sehen.

Spaniens bedeutendstes Museum für zeitgenössische Kunst ist in einem ehemaligen Hospital aus dem 18. Jahrhundert untergebracht, das bis 1968 als solches betrieben wurde. Der Stil ist klassizistisch, mit schnurgeraden Gängen, hohen Decken und einem schönen grünen Innenhof mit Arkadengang, der von der Plastik *Pájaro Lunar* von Joan Miró geschmückt wird.

Selbstverständlich wurde der Bau modifiziert, aber die Struktur beibehalten, und diese klare Zurückhaltung passt gut zum Museum. Ein zweiter Flügel entstand 2005 unter dem französischen Architekten Jean Nouvel (*1945), sodass es zwei Häuser gibt: Das (alte) Sabatini-Gebäude und das (neue) Nouvel-Haus.

Das Museum für Zeitgenössische Kunst feiert die *transición*, die Übergangsperiode zwischen der Franco-Diktatur und die anschließende Demokra-

Ein Kunstwerk von Caulder ziert den Museumsgarten.

tie. Viele bedeutende Kunstwerke der spanischen Avantgarde konnten während der Diktatur nicht gesehen werden, dabei waren spanische Künstler äußerst produktiv, man denke nur an den Surrealismus. Salvador Dalí war unter ihnen der Einzige, der der Franco-Diktatur mit gewissen Symphathien gegenüberstand. Aus diesem Grund wurde er aus den Kreisen dieser so unglaublich bedeutungsvollen, stürmischen Kunsterneuerungsbewegung offiziell verbannt.

Die spanische Avantgarde jener Zeit hat nun im Museo Reina Sofia, das 1992 von Königin (*Reina*) Sofia und dem spanischen König Juan Carlos I. eingeweiht wurde, ihre wichtigste Bühne gefunden. Das Museum umfasst 20 000 Exponate, in seiner Bibliothek befinden sich 40 000 Bände.

Dekolonialisierung

Neben den Wanderausstellungen, die komprimiert in bestimmten Sälen bzw. in den unteren Stockwerken des Edificio Nouvel präsentiert werden (selten auch in den oberen des Sabatini-Gebäudes), bebildern die Säle des Sabatini-Gebäudes das wechselhafte 20. Jahrhundert unter verschiedenen

AUTORENTIPP!

KINO!

Selten wird einem so klar, dass Kino Kunst sein kann! Man könnte angesichts der vielen Blockbuster mit weltrettenden Helden oder pastellfarbenen Brautjungfernfilmchen, die heute so in Mode sind, verzweifeln, sieht man diese wirklich weltbewegenden Spielfilme, die das Museo Nacional Reina Sofia seinen Besuchern anbietet. Der unglaubliche Luis Buñuel ist gleich mit drei Produktionen vertrten: *Chien andalus*, *L'Age D'or* und *Los Olvidados*. Der bedeutsamste Antikriegsfilm überhaupt, Die *Schlacht um Algier* von 1966 leitet sogar einen Pavillon thematisch ein. Wichtige Produktionen der 1960er-Jahre, *Zwei oder drei Dinge, die ich von ihr weiß* von Jean-Luc Godard oder *Teorema* von Pier Paolo Pasolini, kann man sich, einzeln in einem bequemen Ledersessel sitzend, ansehen. Im Museo Reina Sofia einen ganzen Tag verbringen – das ist verlockend bei diesem Angebot.

Wohl das berühmteste Exponat des Museo Reina Sofia ist *Guernica* von Pablo Picasso.

Oben: Selbstporträt von Alfonso Ponce de León
Unten: Roy Lichtensteins *Brushstroke* – das ironische Spiel mit extrem vergrößerten scheinbaren Pinselstrichen zieht sich durch das Werk des US-Amerikaners.

Fragestellungen. Wer im Erdgeschoss den Flur mit den Büsten des deutschen Bildhauers Thomas Schütte, die *Geister*, durchschritten hat, findet sich in einem Vestibül wieder, in denen auf kleinen Fernsehern Spielfilme der 1960er-Jahre zu sehen sind. Das Meisterwerk *Schlacht von Algier* leitet über zu der Ausstellung *Von der Revolution zur Postmoderne (1962–1982)* und führt das Thema der Dekolonisierung ein. Hier werden künstlerische Zeugnisse der zahlreichen sozialen und politischen Umschichtungen des 20. Jahrhunderts gezeigt, aber auch die Kunst ohne Künstler, wie sie Gerhard Richter propagiert.

Die Kunst und die 2. Republik

Der erste Stock des Sabatini-Gebäudes beschäftigt sich mit der schwierigen, tragischen aber auch triumphierenden Geschichte Spaniens und Europas zwischen 1900 und 1945 unter dem Titel *Utopien und Konflikte*: Sonia Delaunay, Marcel Duchamp, Jean Arp, Max Ernst, Le Corbusier, Kurt Schwitters, Paul Klee, Kubismus, Dadaismus, Surrealismus sind zu sehen, dazu die Kunst der Zweiten Republik: Es schmerzt fast, den von den Franquisten umgebrachten Federico García Lorca mit seinem Laientheater La Barraca auf Fotos zu sehen. All die Künstler waren damals beseelt davon, nach dem Fall der Monarchie und der Ausrufung der Zweiten Republik im Jahr 1931 eine bessere Welt und einen befreiten Menschen zu schaffen, Kunst verstand sich damals politisch. Der Star des Stockwerks ist Picassos berühmtes *Guernica*. In verschiedenen Sälen gibt es dazu Skizzen zu sehen und die Reportage der damaligen Lebensgefährtin Picassos, Dora Maar, zur Entstehung des Bildes. Und natürlich wartet hier auch die *arte povera*, die »arme Kunst«.

Die weiteren Stockwerke füllt alles, was Rang und Namen hat, nicht nur in Spanien. Die Namen sind Legenden: Claes Oldenburg, Richard Serra, Yves Klein, Dan Flavin, Antoni Tàpies und Antonio Saura. Dazu werden Filme von John Cage und Alain Resnais gezeigt. Wichtig nimmt das Museum auch die Frage, wie sich die bildende Kunst nach dem Zweiten Weltkrieg positioniert hat und stellt u.a. Victor Vasarely, Francis Bacon, Alexander Calder und Roy Liechtenstein aus.

Blick in das Treppenhaus des Museums.

Infos und Adressen

SEHENSWÜRDIGKEITEN

Museo de Arte Contemporáneo Reina Sofia. Di–Sa 10–21 Uhr, So 10–14.30 Uhr, Mo, Mi, Do, Fr und Sa freier Eintritt ab 19 Uhr bis zur Schließung, So ab 15 Uhr bis zur Schließung, Di geschl. Eintritt 10 €. Edificio Sabatini, Santa Isabel 52, Edificio Nouvel, Ronda de Atocha/ Plaza del Emperador Carlos V., Tel. 917 74 10 00, www.museoreinasofia.es Metro: Atocha

Cafetería/Restaurante im Garten des Sabatini-Gebäudes. Mo–Sa 10–21 Uhr, So 10–19 Uhr.

ÜBERNACHTEN

HUSA Paseo del Arte. Modernes, großes Haus, diskret gestylt, schöne Bar und Lobby, Dachterrassenrestaurant, Bar, gutes Frühstück, die Zimmer sind eher klein. Gute Lage. Calle Atocha 123, Tel. 912 98 48 00, www.hotelhusapaseodelarte.com Metro: Atocha

Hostal Buelta. Gemütliches Gästehaus mit freundlichem Service und einem ansprechenden Preis-Leistungs-Verhältnis. Helle Zimmer, halbruhige Lage. Calle Doctor Drumen, Tel. 915 39 98 07, www.hostalbuelta.com Metro: Atocha

EINKAUFEN

Galería Ars Histórica. Neben Ausstellungen gibt es hier Schmuck und Objekte nach historischen Vorbildern. Jedes Stück ist handgefertigt. Mo–Sa 11–14 und 17–20 Uhr, Sa 10–14 Uhr, Calle Espalter 13, Tel. 914 29 88 51, Metro: Atocha

21 Der Prado

Mehr als ein Muss!

Kaum ein Madrid-Besucher, der Spaniens berühmtestes Museum Prado auslassen würde – der Kunsttempel birgt solche Schätze wie die Meninas von Diego Velázquez und die Nackte Maya von Francisco de Goya. Zu den weiteren Schätzen gehören Gemälde der Spanier Ribera, Zubarán, Murillo, Valdés Leal, El Greco, Werke der Italiener Caravaggio, Tiepolo und Tizian, des Flamen Bosch (Bosco) und des Deutschen Dürer und sogar eine Mona Lisa aus der Schule Leonardo da Vincis.

Oben: Diego Velázquez begrüßt als Statue die Besucher des Prado. **Unten:** *Las Meninas*, wohl sein bekanntestes und gleichzeitig rätselhaftes Gemälde

Über zwei Millionen Besucher jährlich durchströmen das einem antiken Säulenportal nachempfundene Entree, um in den Genuss überwältigender Kunstschätze zu kommen. Deren überwiegender Teil stammt aus den Schlössern der spanischen Könige, was die schiere Fülle der königlichen Porträts erklärt.

Der Prado besteht aus zwei Gebäuden, dem Hauptgebäude Edificio Villanueva, das durch den Haupteingang Alta Puerta de Goya erschlossen ist, und dem Gebäude Los Jerónimos, in dem die Sonderausstellungen untergebracht sind. Gleich hinter dem Museumskomplex erhebt sich die Klosterkirche Los Jerónimos. Diesem früher außerhalb von Madrids Stadttoren gelegenen Kloster gehörten die *prados*, Wiesen, von denen der Prado seinen Namen geerbt hat.

Das Erste, was auffällt, ist die überwältigende Präsenz der venezianischen Malerei. Das lässt sich mit den Vorlieben des spanischen Königshauses erklären. Von 1533 an – also praktisch vom Beginn an – waren die Monarchen aus dem Hause Habsburg die größten Kunden von Tizian, dem berühmtesten Repräsentanten der venezianischen Renaissance-Malerei, dessen Verbindung zu Carlos I. (1500–1558) bis zu dessen Tod bestand. Sein Sohn Philipp II. (1527–1598) setzte sie dann fort, wobei letzterer vor allem religiöse Porträts schätzte, seine Schwester Maria bevorzugte Szenen aus der Mythologie. Man sieht viele Tintorettos, Genoveses und Bassanos, aber auch Werke von Guido Reni, Caravaggio und von Artemisia Gentileschi, der einzigen Frau unter den Malern aus dem 16. bis 17. Jahrhundert. Sie ist mit der *Geburt von Johannes dem Täufer* vertreten.

Diego Velázquez

Die berühmtesten Gemälde im Besitz des Prado befinden sich im Erdgeschoß und sind leicht zu erreichen. Das erste: Diego Velázquez' (1599-1660) *Las Meninas*, ein damals sensationelles, weil Grenzen überschreitendes Gemälde, das erstens den Maler selbst im Bild zeigt und verschiedene Ebenen und Tiefen hat, die bei längerer Betrachtung verwirren. Es hängt im ovalen Prunksaal 12 genau in der Blickachse für jeden, der den Hauptgang durchläuft. Umgeben ist dieses Hauptwerk von zahlreichen Porträts der Könige und Infanten, wobei natürlich die Ähnlichkeit der Gesichtszüge ins Auge fällt. Ob sie nun Philipp III. heißen oder Baltasar Carlos, meist sitzen sie sehr royal auf aufbäumendem Pferd und stets vor dem gleichen Hintergrund; es sind die Granitfelsen der Maliciosa in der Sierra de Guadarrama. Aus den Porträts kann man einiges herauslesen – die Stellung des Malers am Hofe und die Vorlieben der Porträtierten. Die anschließenden Säle und Kabinette sind mit spanischer Malerei gefüllt, die zwischen 1550 und 1810 entstand, darunter die herrlichen Apostelporträts von José de Ribera, für die er den ei-

AUTORENTIPP!

GOYA LESEN!
Eigentlich gibt es keinen besseren Platz, sich in den meisterlichen historischen Roman *Goya oder der arge Weg der Erkenntnis* zu versenken, als umgeben von so vielen prägnanten Gemälden des Meisters. Lion Feuchtwanger schrieb dies Buch bereits im Jahr 1951, und es ist trotz seines Alters ungemein lesenswert, frisch und erhellend. Sämtliche Schaffensperioden werden plastisch geschildert, dazu malt der Roman ein Porträt seiner Zeit, die so stark von Unterdrückung und finsterer Inquisition umklammert war. Für Feuchtwanger übrigens ist klar, dass die nackte Maya die Duquesa de Alba war. Man schnappe sich den Historienwälzer und sezte sich ins »Café del Prado«, ins »Café Murillo« oder auf die Bänke vor dem Kloster San Jerónimo und lese!

Im »Café Murillo« kann man das Gesehene, die Flut an Kunst, noch einmal Revue passieren lassen.

EINKAUFEN IN DER TIENDA DEL PRADO

Es soll ja nicht wenige Museumsbesucher geben, die als erstes in den Museumsshop gehen. Das kann man durchaus nachvollziehen. Sich erst einmal die »Unheiligkeit« dieses Ladens und seiner Angebote anzusehen und in den Spiegelchen mit dem Antlitz von Goyas *Maya*, den Hartschaumtabletts mit Velázquez' *Meninas*, den Notizheften mit Boschs *Garten der Lüste* herumzuwühlen und hinterher beim Betrachten der Gemälde zu sehen, dass nichts, aber rein gar nichts sie irgendwie entwürdigen, verkleinern kann, das ist vielleicht nicht falsch. Kein Puzzle, keine Handtasche, kein Baumwolltuch nimmt den Kunstwerken ihren Wert. Sie sind für die Ewigkeit, und gerne nimmt man ein Stück davon für zuhause mit. Schönes Design verkauft der Laden übrigens auch …

nen oder anderen offensichtlichen Trunkenbold zum Modell nahm (Saal 8, 9). Die *Übergabe von Breda* von Diego Velázquez hängt in Saal 10.

Wer den mittleren Hauptgang durchschreitet, den überraschen vielleicht die insgesamt 90 Gemälde von Peter Paul Rubens (1577–1640), die in den Sälen 28 und 29 nebeneinander gehängt wurden. Er hat eifrig produziert, ohne Zweifel. Insgesamt hat er über 1500 Arbeiten hinterlassen. Dabei war er der Lieblingsmaler von Carlos IV. (1748–1819). Zu sehen sind die berühmten Gemälde *Die drei Grazien* und auch *Anbetung der Drei Könige.*

Francisco de Goya

Francisco de Goyas (1746–1828) Porträt der Königsfamilie Carlos IV. hängt in Saal 32, praktisch am Ende des Hauptganges, umgeben von Kabinetten, in denen weitere seiner Werke ausgestellt sind. Das Gruppenportät erlangte seine herausragende Stellung dadurch, dass es die Familie nicht als königliche zeigt, sondern als Sammlung grinsender, teils sogar hässlicher Menschen. Der jüngste Sohn des Paares trägt eindeutig die Züge von Manuel de Godoy, mit dem Königin María Luisa eine Affäre hatte. Dass Goya diesen kleinen Kuckuck so unverstellt zeigen konnte, gibt über die Beziehungen zwischen Maler und Königshaus Auskunft, was Goya aber nicht davon abhielt, in seinen *Pinturas Negras* die Schrecken der Inquisition festzuhalten, ebenso die Verfolgung und Tötung Andersdenkender. Große Anziehungskraft übt auch das Doppelporträt der *Bekleideten* und der *Nackten Maya* aus, die in den Sälen 34-38 zu sehen sind. Modell soll ihm die junge schöne Herzogin von Alba gestanden haben, die große Rivalin der bei den Spaniern wohl recht unbeliebten María Luisa.

Das Untergeschoss teilen sich die spanische, deutsche, italienische und flämische Malerei mit ganz herausragenden Werken: z. B. mit Raffaels (1483–1520) *La Virgen del Pez* im Saal 49, oder Albrecht Dürers (hier heißt er Durero, 1471–1528) wunderbarem Doppelporträt *Adam und Eva* von 1507 in Saal 55 B. Rogier van der Weyden (1400–1464) revolutionierte mit seinem dramatischen Stil die spätmittelalterliche Malerei, was sehr schön in seiner *Kreuzabnahme* zu sehen ist.

Die größte Strahlkraft hat allerdings El Bosco, Hieronymus Bosch (1450–1516). Von ihm sind *Der Garten der Lüste* zu sehen und der *Tisch der Todsünden*; diese wie unter Drogeneinfluss enstandenen sorgfältigst und kostbar gezeichneten Fantasien schlagen mit ihrer fast hypnotischen Kraft die meisten Betrachter in ihren Bann (Saal 56 A). Im Untergeschoss wird die Skulpturensammlung der Antike präsentiert (71–74). Wer keine Zeit hat, sich das Museum von Joaquín Sorolla (1863–1923) anzuschauen (s. S. 180), kann hier einen ihm zugedachten Saal (61) besuchen, um den *lucismo*, seinen zwischen Impressionismus und Expressionismus schwebenden Stil zu sehen.

Infos und Adressen

SEHENSWÜRDIGKEITEN

Prado. Mo–Sa 10–20 Uhr, So und Fei 10–19 Uhr, Zutritt bis 30 Minuten vor Schließung, 14 €, Kinder 7 €, zwei Stunden vor Schließung freier Eintritt. **Café Prado.** Sehr geräumig, Büffet-Service.10–19.30 Uhr, Do und Fei 10–18.30 Uhr. **Tienda Prado.** Mo–Sa 10–19.30 Uhr, Do und Fei 10–18.30 Uhr. Paseo del Prado s/n, Tel. 902 10 10 77, www.museodelprado.es
Metro: Atocha und Banco de España

Real Jardín Botanico. Die Anlage aus dem Jahr 1781 ist in verschiedene Segmente unterteilt, es gibt Beete nur für Dekorpflanzen, einen Garten für Aroma- und Nutzpflanzen und einen für Pflanzen, die man essen kann. Tgl. 10–19 Uhr, im Sommer bis 21 Uhr, 3 € Plaza de Murillo 2, Tel. 914 20 30 17, www.rjb.csic.es
Metro: Atocha

Iglesia de San Jerónimo. Diese Kirche oberhalb des Prado ist eine der ältesten und gehörte einst zum wichtigsten Kloster von Madrid. Mo–Sa 10–13 und 17–20.30 Uhr, So 9.30–14.30 und 17.30–20.30 Uhr, Messen Mo–Sa 10,12 und 19 Uhr, So noch zusätzlich um 13 und 14 Uhr, Calle de Moreto 4, Tel. 914 20 30 78.
Metro: Atocha und Banco de España

ESSEN UND TRINKEN

Murillo Café. Lebendige Tradition, denn das Café im Bistro-Stil gibts seit 1927. Mit hübscher Terrasse. Frühstück, Brunch. Mo–Sa 9.30–1 Uhr, So 12-17 Uhr, Calle Ruiz de Alarcón 27, Tel. 913 69 36 89, www.murillocafe.com
Metro: Atocha

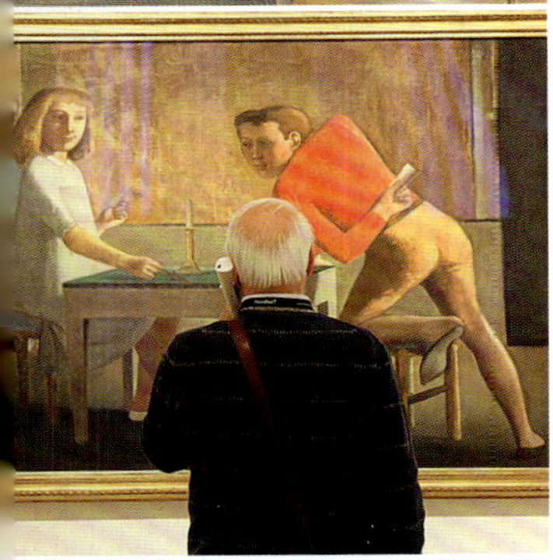

Oben: Carmen Cervera hat ihre persönliche Sammlung in lachsrosa gestrichenen Sälen aufhängen lassen.
Unten: Schwerpunkt der Sammlung: Exponate der modernen Kunst, hier *Das Kartenspiel* von Balthus

22 Museo Thyssen-Bornemisza

Die Sammlung einer Familie

Die zweitgrößte private Kunstsammlung der Welt erwarb der spanische Staat 1993 für die dafür geringe Summe von 560 Millionen US-Dollar. Es handelt sich um einen unglaublichen Schatz von 1400 Werken aus dem Besitz von Heinrich von Thyssen-Bornemisza und seiner Frau Carmen. Diese bedeutende Sammlung der europäischen Malerei des 20. Jahrhunderts, der flämischen und italienischen Renaissance und vieler weiterer Kostbarkeiten präsentiert sich stilvoll im Palacio de Villahermosa.

Prado und Museo Nacional de Arte Contemporáneo Reina Sofia: Das allein sind schon Museumsprunkstücke, die jede Stadt mit Stolz erfüllen würden, doch erst das Museo Thyssen-Bornemisza macht den Paseo del Prado zum *Paseo de Arte*, zur »Kunst-Allee«. Der Besuch der drei Museen, die entlang des Paseo del Prado beheimatet sind, strengt nicht an, liegen sie doch alle entlang einer parkartigen Allee, umgeben von Luxusgebäuden und Stadtpalästen aus der Belle Époque, gerahmt vom Parque del Retiro. Das Gesamtensemble ist wirklich herrlich.

Die Privatsammlung der Thyssen-Bornemiszas ist nicht nur wegen ihres schieren Umfangs so bedeutsam, sondern wegen der Werke selbst, schließt sie doch eine Lücke, die die beiden anderen Museen aufgrund ihrer historischen Ausrichtung offen gelassen haben. Baron und Baroness haben viel europäische Kunst des beginnenden 20. Jahrhunderts gesammelt, Neue Sachlichkeit,

Ein Detail aus Franc Marcs *Der Traum*

Symbolismus, Kubismus, Fauvismus vor allem, aber auch nordamerikanische Malerei. Wie sie dabei vorgegangen sind, soll wohl nicht stets »astrein« gewesen sein, zumindest der ehemaligen Miss España und Bornemisza-Witwe Carmen Cervera (der Baron verstarb 2002) wird nachgesagt, dass sie Vermögen off-shore – auf den Cayman Islands parke und damit Steuern hinterziehe. Die Lady gehört unzweifelhaft zum spanischen Jetset, wird ständig mit neuen Ehrungen überhäuft und Auszeichnungen dekoriert, und dass sie knallhart sein kann, bezweifelt keiner. Selbstbewusst hängen im Museumseingang die überlebensgroßen Porträts des Ehepaars neben denen des spanischen Königspaars, ausgeführt vom selben Maler.

Die Präsentation der Sammlung folgt einer chronologischen und stilistischen Ordnung, und das Auffinden eines bestimmten Künstlers wird durch Computer erleichtert, die auf jedem Stockwerk zu finden sind und mit ausführlichen Informationen gefüttert wurden. Nach dem Tod des Barons sammelte Carmen Cervera weiter. Ihre Sammlung ist in einem angrenzenden, in lachsrosa gehaltenen Flügel ausgestellt. Sie konzentriert sich auf die spanische Genremalerei des 19. und 20. Jahrhunderts, hat aber auch eine schöne Expressionisten-Sammlung.

AUTORENTIPP!

GILBERT STUART – GEORGE WASHINGTONS KOCH

Wilde Installationen, Bondage-Frauen als Rauchtische, die im Schrei verzerrten Gesichter des Francis Bacon, die *Blendung des Simson* von Rembrandt, schlimme Kreuzabnahmen, Blut, Schweiß und Tränen – viel hat der Museumsbesucher schon gesehen, und doch fällt hier ein Bild auf, das eigentlich gar nicht auffallen dürfte – es ist das Porträt des Kochs des amerikanischen Präsidenten George Washington.

Er heißt Herkules, dieser Koch, und das Sensationelle: Er ist schwarz. Gemalt hat ihn Gilbert Stuart in bester Porträt-Tradition: klassische Büste, klassisch stolzer, nach vorne gerichteter, offener Blick. Herkules trägt eine weiße Kochmütze und ein weißes Kochjackett. Und er wirkt überhaupt nicht wie ein Sklave, sondern wie ein König, ein Edelmann, ein Bürger. Zu sehen im Saal 27, erster Stock.

Oben: Das Königspaar begegnet uns gleich nach dem Eingang.
Unten: Großzügige Hängung ist ein Pluspunkt im Museum – und gibt den Werken Raum zu wirken.

Das untere Stockwerk ist das modernste, das zweite, oberste mit vielen alten Meistern bestückt, darunter beispielhaft deutsche und spanische Malerei aus dem 15. und 16. Jahrhundert (*Adam und Eva* von Hans Baldung, *Nymphe an der Quelle* von Lucas Cranach d.Ä.) und El Greco natürlich, hier zu sehen eine *Immaculada Concepción*.

Eine Reihe von wunderschönen Porträts aus der italienischen Renaissance, gemalt z.B. von Fra Bartolommeo und Domenico Ghirlandaio präsentiert sich in den Sälen 4 und 5 des zweiten Stocks. Rubens, Tizian, Canaletto, die San Marco-Schule, Luca Giordano, Sebastiano Ricci und Caravaggio sowie selbstverständlich Goya sind im Prado ausführlich zu besichtigen, sind aber auch hier mit Sehenswertem vertreten. Von Albrecht Dürer gibt es einen *Jesus unter den Doktoren* mit einem sehr jungen, sehr schönen Jesus im Saal 8. Interessant im Saal 31 des ersten Stockwerks: *The Duke of Orléans showing his lover* von Eugène Delacroix, in dem der Herzog von Orléans einer sichtlich schamerfüllten nackten Dame das Bettlaken entreißt. Die Säle 22 bis 26 zeigen holländische Landschaftsmalerei.

Nolde, Beckmann, Dufy, Hodler und Kokoschka

Wenn man zuvor die anderen beiden großen Museen Madrids besucht hat, dann freut man sich über die die ausführliche Schau der Kunst des 20. Jahrhunderts. Kein Name fehlt: Max Hodler, Max Pechstein, Gabriele Münter, Raoul Dufy, Oskar Kokoschka, Emil Nolde, Lyonel Feininger, Henri Matisse, Max Beckmann, Juan Gris, Egon Schiele, Oskar Schlemmer, Lucien Freud, der den Baron auf seine unnachahmliche Art porträtiert hat, weder Roy Liechtenstein noch Mark Rothko. Gauguin, Toulouse-Lautrec, Cézanne, Kirchner, Modigliani – alle finden hier ihren Platz. Wirklich kaum zu glauben, dass dies alles eine einzige Familie zusammengesammelt hat.

Unverkennbar: Roy Lichtenstein

Infos und Adressen

SEHENSWÜRDIGKEITEN

Museo Thyssen-Bornemiza. Freier Eintritt am Montag für MasterCard-Besitzer, Arbeitslose und Kinder unter 12 Jahren, Ticketverkauf bis eine halbe Stunde vor Schließung. Eintritt 9 €. Gruppenführungen Di–So 10–19 Uhr, müssen vorher angemeldet sein. Di–So 10–19 Uhr, Mo 12–16 Uhr, Paseo del Prado 8, Tel. 902 76 05 11, www.museothyssen.org Metro: Banco de España

ÜBERNACHTEN

The Westin Palace. DAS Hotel von Madrid – es hat Stil, ist das teuerste und das repräsentativste und es passt dazu, dass der Eingang eher kleinformatig wirkt. Man muss hier nicht logieren, man kann auch einen Drink nehmen oder lunchen – aber gesehen haben muss man die einzigartige Innendekoration mit Glaskuppeln, goldenen Art-déco-Kronleuchtern und einer »very British« Bar. Plaza de las Cortes 7, Tel. 913 60 80 00, www.westinpalacemadrid.com Metro: Banco de España

ESSEN UND TRINKEN

Terrazas de Thyssen. Superschick, supercool, ganz in Weiß und fein ist dieser überdachte *Paseo* im minimalistischen Design. Gut für einen Drink und eine Tapa, es gibt kein Frühstück. Zugang direkt über den Vorplatz des Museums. Mo 10–16 Uhr, Di–Fr und So 10–19 Uhr, Sa bis 20 Uhr, im Sommer an den Wochenenden bis 1 Uhr, Paseo del Prado 8, Tel. 913 69 01 22

Oben: Rudern vor der Kulisse des Denkmals für Alfonso XII.
Unten: Der Palacio de Cristal wurde ursprünglich entworfen, um darin die Pflanzen aus der Kolonie Philippinen aufzunehmen.

23 Parque del Buen Retiro
Paläste in grüner Oase

Es gibt kaum etwas Erholsameres, als nach Museumsbesuchen im Prado und im Museo Reina Sofia oder nach einem Einkaufsbummel im Barrio Salamanca den Retiro-Park aufzusuchen und sich von der grünen Oase die Sinne besänftigen zu lassen. Dieser Park wurde in der Regierungszeit von Carlos III. angelegt und besticht durch wahrhaft royale Größe und Schönheit.

Wer oben auf der Aussichtsplattform des Palacio de Cibeles stand und eine steinerne Statue durch eine Insel aus Grün hat reiten sehen, der hat die monumentale Skulptur von Alfonso XII. bereits ausmachen können und den größten städtischen Park Madrids, den Parque del Buen Retiro. Zu seiner Entstehungszeit lag er weit vor den Toren der Stadt und diente dem Vergnügen der Königsfamilie. Unter Isabel II. (1830–1904) verwandelte er sich in einen öffentlichen Park. Skulpturen und Statuen, die vorher an anderen Plätzen standen, wurden in den Retiro geschafft, darunter die Skulptur von Alfonso XII., dem Sohn Isabels, damit den Besuchern klar vor Augen stehe, wem sie dieses Vergnügen zu verdanken hatten. Der zentrale Teich, Mittelpunkt des Parks, wird nicht nur von Alfonso XII., sondern auch von einer Reihe von Café-Kiosken beherrscht, die ihre Terrassen direkt am Ufer aufgeschlagen haben.

Die beiden Gartenpaläste

Der grüne, mit vielen einladenden Rasenflächen ausgestattete Retiro ist nicht aus einem Guss. Unterschiedliche Konzepte lagen seiner Gestaltung zugrunde. So gibt es den englischen Landschaftspark, der einen Teich mit einem in eine Grotte gelegten Spazierpfad umschließt. Geht man bis zum Ende, kommt man zum Palacio de Velázquez, einem der beiden Paläste auf dem Gelände. Er wurde 1883 als Ausstellungsgebäude für die Gesellschaft für Bergbau, Metall, Keramik und Glas gebaut und hieß bald nur noch Palacio de la Minería. Im Stil der Neo-Renaissance errichtet, besticht der Palast aus roten und gelben Ziegeln, die auf einem Stahlgerüst ruhen, durch seine Schmuckfliesen und durch das kunstvoll gebaute Dach aus Eisenstreben und -pfeilern. Das Museo Nacional de Arte Contemporáneo Reina Sofia benutzt diesen Palast für besondere Ausstellungen.

Der weitaus bekanntere Palast ist der Palacio de Cristal, ein wunderbar filigranes Vorzeigeexemplar der Glas- und Eisen-Architektur des ausgehenden 19. Jahrhunderts.

Eine Skulptur, die man so in kaum einem anderen Park finden dürfte, ist der *Ángel Caído*, der »Gefallene Engel«, geschaffen von Ricardo Bellver im Jahr 1877. Bis zum damaligen Zeitpunkt gab es kaum Statuen des Luzifer. Von dem, was sich an dieser Stelle ursprünglich befand, ist kaum etwas geblieben. Genau hier lag die berühmte Real Fábrica de Porcelana del Buen Retiro, die königliche Porzellanmanufaktur. Sie wurde während des Unabhängigkeitskrieges 1818 zerstört. Das einzige Überbleibsel kann man sich anschauen: es ist ein hölzernes Wasserrad (in der Nähe des Paseo Fernán Nuñez).

In Richtung Prado liegt dann ein von französischen Gärten inspirierter Park mit exakt gestutzten Hecken und geharkten Kieswegen, der den ältesten Baum im Retiro umfängt, eine alte *ahuehuete*, eine Sumpfzypresse aus Mexiko.

Infos und Adressen

SEHENSWÜRDIGKEITEN

Parque de el Buen Retiro. Mehrere Eingänge: Bei der Plaza de la Independencia/Puerta de Alcalá, Metro: Retiro. Bei der Casona del Buen Retiro, Calle Felipe IV, hinter dem Paseo del Prado. Bei der Calle Claudio Moyano, Metro Atocha. Hier säumen viele Stände mit Bücherantiquariaten den Weg. Tgl. 6-22 Uhr.

Real Fábrica de Tápices. Nicht nur die Königliche Porzellanfabrik, auch die königliche Teppichmanufaktur hatte ihren Sitz in Retiro. Sie wurde 1720 von Felipe V. gegründet und stellte Gobelins und Teppiche nach Vorlagen berühmter Künstler her. Das Museum kann man besuchen und den Webern bei der Herstellung von Teppichen zusehen. Mo–Fr 10–14 Uhr, Calle de Fuenterrabia 2,
Tel. 914 34 00 50,
www.realfabricfadetapices.com
Metro: Atocha

ÜBERNACHTEN

Petit Palace Lealtad Plaza. In einem der typischen Belle-Epoque-Stadthäuser untergebrachtes Hotel mit nett ausgestatteten, nicht sehr großen Zimmern, die teilweise französische Balkone haben. In fantastischer Lage. Calle Antonio Mauro 5,
Tel. 915 22 45 47,
www.petitpalace-lealtadmadrid.com
Metro: Banco de España

AKTIVITÄTEN

Buchmesse. Buchhandlungen bauen im Paseo Fernán Nuñez ihre Stände auf. Alljährlich 14 Tage im Mai. Metro Retiro, Eingang bei der Plaza de la Independencia

Die Göttin Cibeles thront auf ihrem von Löwen gezogenen Wagen vor der eindrucksvollen Fassade des Palacio de Comunicaciones.

24 Plaza de Cibeles

Das Madrid der Belle Epoque

Eine der repräsentativsten und attraktivsten Plätze Madrids – und einer, der perfekt den ensanche verkörpert – die Stadterweiterungen gegen Ende des 19. Jahrhunderts – ist die Plaza de Cibeles. Umgeben von den luxuriösesten Bauten jener Zeit, dem Palacio de Comunicaciones, der Banco de España und dem Palacio de Linares lenkt die aus Stein gemeißelte Fruchtbarkeitsgöttin Cibeles ihren von Löwen gezogenen Streitwagen über den Platz.

Der Platz mit seinem nachts von Scheinwerfern angestrahlten Ensemble aus Göttin und Springbrunnen ist so schön, dass er jede zweite Postkarte ziert, dass hier allweihnachtlich die Prozession *de los Reyes Magos*, der »Heiligen drei Könige«, vorbeipilgert, das eigentliche Weihnachten (zumindest für Kinder, denn dann werden in Spanien die Geschenke verteilt). Hier hält die Fußballmannschaft Real Madrid ihre zahlreichen Siegesfeiern ab, obwohl das die Stadtverwaltung eigentlich nicht wünscht.

Der Platz symbolisiert das schöne, repräsentative Madrid, das Madrid der Reichen, der Belle-Epoque-Wohnhäuser, deren Wohnungen nicht selten über 400 Quadratmeter groß sind, deren Fassaden mit Historismus- und Regionalismuszitaten dekoriert sind, der Marmorfußböden, der weiten Plätze und der baumbestandenen Alleen. Fast könnte man vergessen, dass hier riesige Verkehrsströme fließen, in den Westen zur Puerta del Sol, in den Osten zum Retiro-Park und in die neueren Viertel, in den Norden zur Gran Vía und

Wo die Calle de Alcalá in die Gran Vía mündet, steht das Edificio Metropolis.

in den Süden nach Atocha. Die Plaza de Cibeles trennt den Paseo del Prado vom gartenhaften Paseo de Recoletos.

Die göttliche Wagenlenkerin

Und natürlich ist die Cibele (Kybele) auch mehr als nur bloßes Denkmal. Das Symbol ist bedachtsam gewählt. Die göttliche Wagenlenkerin, Himmelstochter und Gattin Saturns, Mutter von Neptun (ein Brunnen ihm zu Ehren befindet sich am Paseo del Prado) repräsentiert Fruchtbarkeit und Natur, transformiert die griechische Mutter Erde in das Symbol des Mondes. Cibeles' Geliebter Atis gar wurde durch ein Stieropfer geehrt – was den Stierkult Spaniens in der Antike verankert. Auch befand sich hier eine Bärinnen-Skulptur, die während der Restaurierung 1895 allerdings weichen musste. Dass zwei Löwen den Streitwagen ziehen, verweist auf ihren hohen Rang im Götterreigen. Der Brunnen selbst wurde von Ventura Rodríguez zwischen 1777 und 1782 entworfen.

Palacio de Cibeles

Das augenfälligste Gebäude an der Plaza de Cibeles ist der Palacio de Comunicaciones, den der

AUTORENTIPP!

MIRADOR/ GALERÍA DE CRISTAL

Der Palacio de Cibeles hat viele Attraktionen. Schon der normale Schaltersaal mit Mahagoni-Schreibpulten aus der Blütezeit des Postverkehrs ist sehenswert. Aber besonders lohnt sich die Aussichtsterrasse im sechsten Stock des Palastes. Hier liegt einem die Innenstadt von Madrid zu Füßen. Die Orientierung ist rasch gewonnen: Was aus dem grünen Baumwipfel-Meer des Retiro- Parks ragt, ist die reitende Statue von Alfonso XII., der grüne Sombrero des Versicherungsgebäudes Mutua grüßt von der Plaza Colón, der Palacio Real und die Almudena-Kathedrale sind klar zu erkennen.
Eine architektonische Meisterleistung ist die Galería de Cristal, die eine Passage und einen Saal komplett mit kunstvoll ineinandergefügten Glasplatten überwölbt. Man kann vom vierten Stock einen Blick darauf werfen. Diese außergewöhnliche Glas- und Eisenkonstruktion wurde nur möglich, indem man ein gesondertes Stockwerk für deren Bau einzog und nach Abschluss der Arbeiten wieder entfernte.

Die frühere »Kathedrale der Kommunikation« ist heute ein Kunst- und Ausstellungszentrum.

Volksmund *Nuestra Señora de Comunicaciones* nannte und damit eine Verbindung beschwor, die ganz augenfällig ist. Das für Madrid emblematische Gebäude würde auch als Kathedrale durchgehen und ist doch nur ein Postamt. Allerdings das seinerzeit größte der Welt! Im Jahr 1907 nach den Plänen der gerade frisch vom Architektenseminar graduierten Studenten Antonio Palacios und Joaquín Otamendi begonnen, zeigt es monumentale spanische Neorenaissance allerdings mit vielen gotischen Bezügen wie Zinnen, Türmen, Erkern. Alles strebt himmelwärts. Die Bauzeit betrug stolze zwölf Jahre. Das Architektentandem baute auch den schönen Sitz des Instituto Cervantes an der Calle de Alcalá.

Heute steht die »Kathedrale der Kommunikation« einem neuen Zweck zur Verfügung. Aus ihr wurde eines der attraktivsten Kunst- und Ausstellungszentren der Stadt. Sie wurde komplett renoviert und sorgfältig restauriert, um die historischen Bezüge zu erhalten. Das Gebäude selbst steht zu besichtigen, unabhängig von der jeweils aktuellen Ausstellung. Außerdem beherbergt es die Stadtverwaltung. Von der Aussichtsplattform hat man einen sagenhaften Blick über die Stadt.

Und weiter im Rund des Platzes: Zwischen Paseo de Recoletos und Calle de Alcalá befindet sich der strahlendweiße Palacio de Linares, der heute als Casa de América den kulturellen und repräsentativen Zwecken der lateinamerikanischen Gemeinde zur Verfügung steht. Auf der gegenüber liegenden Seite rückt das weitläufige Gebäude der Banco de España in den Blick. Ein prächtiges, die Macht des Geldes wuchtig feierndes Granitgebäude. Auf seinem Turmaufsatz thront die Weltkugel, die großzügigen Fassaden schmücken Säulen. Die Treppe in der Eingangshalle ist aus edlem Carrara-Marmor. Hier ist Madrid ganz reich, ganz Repräsentation.

Infos und Adressen

SEHENSWÜRDIGKEITEN

Palacio de Cibeles.
Di–So 10–20 Uhr. Plaza de Cibeles 1, Tel. 914 80 00 08, www.centrocentro.org
Metro: Banco de España.
Mirador (Aussichtsplattform): Di–So 10.30–13.30 und 16–19 Uhr, 2 €. Im 2. Stock ist eine Cafeteria (tgl. 10–24 Uhr), ein Restaurant (tgl. 13.30–16 Uhr und 20–24 Uhr) und eine Terrasse (tgl. 10–2 Uhr) im 6. Stock

ÜBERNACHTEN

Hospes. Klassisch, hell, elegant und diskret in der stilvollen Umgebung der Stadtpaläste um die Puerta de Alcalá gelegen. Die Zimmer haben französische Balkone. Plaza de la Independencia 3, Tel. 914 32 29 11, www.hospes.com, Metro: Retiro

ESSEN UND TRINKEN

Ramses. Mit einem Michelin-Stern ausgezeichnete Spitzengastronomie von Ricard Camarena, dazu ein Salon, der vom Filmregisseur und Musiker David Lynch (*Twin Peaks* und *Blue Velvet*) entworfen wurde: Das hat schon was! Das Essen wird aus regionalen Zutaten in innovativen Kompositionen zusammengestellt. Ziemlich coole Einrichtung, Mischung aus pompös, leicht kitschig und dennoch unterkühlt. Tgl. 11–2 Uhr, Plaza de la Independencia 4,
Tel. 914 35 16 66,
www.ramseslife.com
Metro: Retiro

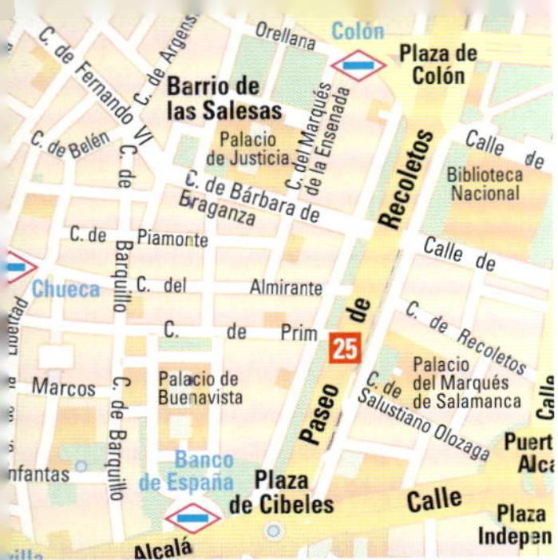

25 Paseo de Recoletos

Ein Boulevard voller Pracht

Jenseits der Plaza de Cibeles setzt der Paseo de Recoletos die Großzügigkeit des Stadtentwurfs fort, und das mit Tradition: bereits unter Carlos III. (1716-1788) wurde er als öffentlicher Park entworfen. Diese Vergangenheit merkt man ihm an: Barock und gartenhaft mit einer feinen Zier alter Bäume, lädt er auf nur 700 Metern zum Flanieren ein. Zu besuchen: ein Museum, das Casa de Américas und altmodisch-charmante Kaffeehäuser.

Der Paseo Los Recoletos zählt sicherlich zu den schönsten und erholsamsten Boulevards der Hauptstadt – man könnte ihn sich auch in einem Palastgarten vorstellen. Das gleichmäßig in großen Rauten gemusterte Pflaster lässt an Marmorfußböden denken, die Rasenstücke sind sorgfältig gepflegt. Zu dem Eindruck steuern gewiss die blütenweißen dorischen Doppelsäulen bei, die acht rechteckige Wasserbecken bewachen. Deren Symmetrie wird zart durch den sachten Höhenunterschied belebt, denn ein Becken liegt ein ganz klein wenig höher als das andere, wobei das Wasser in einem leisen Wasserfall von einem Becken zum anderen fließt. Gesäumt wird diese Pracht von einer ganzen Reihe repräsentativer Bürger- und Adelspaläste, die im seltensten Fall noch in Privatbesitz sind.

Oben: Am richtigen Platz: Alfons X., genannt der Weise, vor der Nationalbibliothek
Unten: Auch nachts lässt es sich auf dem Paseo de Recoletos herrlich flanieren.

Fin-de-Siècle-Palast

Den Anfang macht gleich um die Ecke der Plaza de Cibeles der ehemalige Palacio de Linares, der 1873 für den Marqués de Linares gebaut wurde. Der klar strukturierte, kassettierte Entwurf aus hell leuchtendem Kalkstein stammt vom Architek-

Architektonisches Vorzeigeexemplar: die Casa de América

tentrio Carlos Colubi, Adolphe Ombrecht und Manuel Aníbal Álvarez und hat als einzigen Schmuck französische Balkone mit steinernen Balustraden und Fenstergiebel mit Wappenmedaillons. Im Inneren entfaltet sich dagegen die Pracht des Fin de Siècle mit Kristallspiegeln, Lüstern und kostbaren Gemälden. Die Sociedad Casa de América hat darin ihren Sitz bezogen, eine Kultureinrichtung, die als Konsortium von der Kommune und der Stadt Madrid sowie vom Außenministerium ins Leben gerufen wurde und mit Konferenzen, Festivals, Interviews und Filmvorstellungen die lateinamerikanischen Staaten vorstellt und begleitet. Die gastronomische Ausrichtung ist auch nicht ohne: Das Sterne-Restaurant »Cien Llaves« und die Terrasse zum Paseo hin verbreiten viel Flair.

Hinter der Nummer 10 verbirgt sich ein schönes, zurückhaltend gestaltetes Gebäude im Renaissance-Stil. Dies ließ sich der Marqués de Salamanca, Namensgeber des Salamanca-Viertels, 1855 bauen. Es ist heute der Firmensitz der BBVA, der Banco Bilbao Vizcaya Argentaria. Drei Stadtpaläste gegenüber in den Nummern 13 bis 15 illustrieren aufs Beste den Stil Isabels II. Die elegantesten Stadtpaläste befinden sich freilich in den Num-

AUTORENTIPP!

MUSEO NACIONAL DEL LIBRO/BIBLIOTECA NACIONAL

Wieder fasziniert ein Prachtbau den Blick – wo schon existiert ein so voluminöser, schöner, repräsentativer Palast, der dem geschriebenen Wort gewidmet ist? Mit Freitreppe, Säulenschmuck, Ziergiebel, Statuen? Und innen setzt sich diese Ausstattungspracht fort. Dieser Palast von 1892 ist mit Regionalismo-Zitaten übersät, und er beherbergt Kostbarkeiten wie antike Weltkarten, allein 27 alte Drucke des *Don Quijote*, Aufnahmen der Stimmen berühmter Persönlichkeiten, Zeichnungen von Velázquez bis Murillo, Inkunabeln, Manuskripte, Notenblätter berühmter Komponisten und die größte Kupferstichsammlung ganz Spaniens. Die ältesten Werke datieren aus dem 15. Jahrhundert.

Museo Nacional del Libro. Di–Sa 10–20 Uhr, So 10–14 Uhr, Eintritt frei. Paseo de Recoletos 22, Tel. 915 16 89 28, www.bne.es Metro: Colón

Oben: Das Café Espejo zählt einen Jugendstilpavillon auf dem Paseo sein eigen.
Unten: Das Café Gijón am Paseo hat sogar einen eigenen englischsprachigen Wikipedia-Eintrag.

mern 23 und 25 und beruhen auf Entwürfen des damaligen Direktors der Architekturfakultät Miguel Aguado de la Sierra. Sie entstanden zwischen 1890 und 1895. In Nummer 25 residiert heute die Versicherungsgesellschaft Mapfre. Diese stellt Räume für Ausstellungen zur Verfügung.

Die Literatencafés

Auf dem Paseo de Recoletos führt das »Café Gijón« die Liste der bekanntesten Literatencafés der Stadt an, geadelt durch den Roman *Der Bienenkorb* des Nobelpreisträgers für Literatur, Camilo José Cela und früher hochkarätig besetzten Gesprächskreisen, den *tertulias*. Kein Wunder also, dass das Café selbst einen Literaturpreis vergibt. Zu seinen Besuchern zählten und zählen Mario Vargas Llosa, Jorge Edwards und Arturo Pérez Reverte. Trotz allen Ruhms, der sich aus seiner über 125-jährigen Geschichte speist, sollte das »Gijón« in den späten 1990er-Jahren geschlossen werden, aber da erhob sich ein Proteststurm, der Erfolg hatte. Mit seiner klassischen Marmortischchen-Ausstattung und den ordentlich aufgereihten und blank polierten Thonetstühlen erfreut es sich großer Beliebtheit.

Einen Häuserblock weiter ist das »Café Espejo« erreicht. Dies genießt zwar nicht denselben Ruhm, schmückt den Paseo aber mit seinem wunderschönen Jugendstilpavillon – wie man ihn eher in Paris vermuten würde. Ein Denkmal ehrt auf diesem Abschnitt den spanischen Autor Juan Valera und ein weiteres den international wesentlich bekannteren Ramón de Valle-Inclán, der zu den herausragendsten Vertretern der *Generación 98* zählt und zu den radikalsten Dramatikern seiner Zeit. Das versinnbildlicht auch das Denkmal: Ein hoch aufgerichteter Valle-Inclán lächelt verschmitzt und schreitet voran.

Infos und Adressen

ÜBERNACHTEN

VP Jardín de Recoletos. Hinter einer prachtvollen und trotzdem diskreten Stadtpalast-Fassade verbergen sich ein sehr angenehmer grüner Restaurant-Garten, diskret gestyltes Interieur und eher kleine Standard-Zimmer. Top-Lage. Calle Gil de Santivanes 6, Tel. 917 81 16 40, www.recoletos-hotel.com, Metro: Serrano

ESSEN UND TRINKEN

Café Gijón. Spanische Spezialitäten im Restaurant, Kaffee und Drinks auf der Terrasse, Tapas in der Taverne. Ein Klassiker. Tgl. 7–1.30 Uhr, Paseo de Recoletos 21, Tel. 915 21 54 25, www.cafegijon.com
Metro: Banco de España und Colón

Café Espejo. Das ist eine Seltenheit für Madrid, das den Jugendstil mitteleuropäischer Prägung nicht kennt: ein reines Jugendstilbistro (wie es auch in Paris stehen könnte) mit einem wunderschönen Glaspavillon mitten auf dem Paseo de Recoletos. Mo–Sa 8.30–23 Uhr, So 10–23 Uhr, Paseo de Recoletos 31, Tel. 913 19 11 22, Metro: Banco de España

Restaurant Horchler. In einem halb plüschigen, halb eleganten Ambiente speist man feine internationale Küche vom Artischocken-Carpaccio bis zum Jakobsmuschel-Gratin. Mo–Fr 13.30–16 und 20.30–24 Uhr, Sa nur abends, Calle de Alfonso XII., Tel. 915 22 07 31, Metro: Banco de España

EINKAUFEN

Atalante. Eine distinguierte, kleine Ladengalerie mit feinen antiken Tapisserien und Stoffen. Mo–Fr 11–13.30 und 16–19 Uhr, Sa 11–14 Uhr, Calle Salustiano Olozaga 3, Tel. 914 26 12 70, www.atalante-art.com, Metro: Banco de España

Jardín de Serrano. Das Schönste ist das Setting: in zwei Stadtpalästen aus dem 19. Jahrhundert untergebrachte, elegante Einkaufsgalerie mit Marmorböden im Art-déco-Stil. Mit Lachsbar und einem Restaurant der Mallorca-Kette. Mo–Sa 9.30–21.30 Uhr, Calle de Goya, Tel. 915 77 00 12, www.jardindeserrano.es, Metro: Serrano

Das Café Gijón war einst ein Literatencafé. Das zieht viele Gäste an.

DER NORDEN

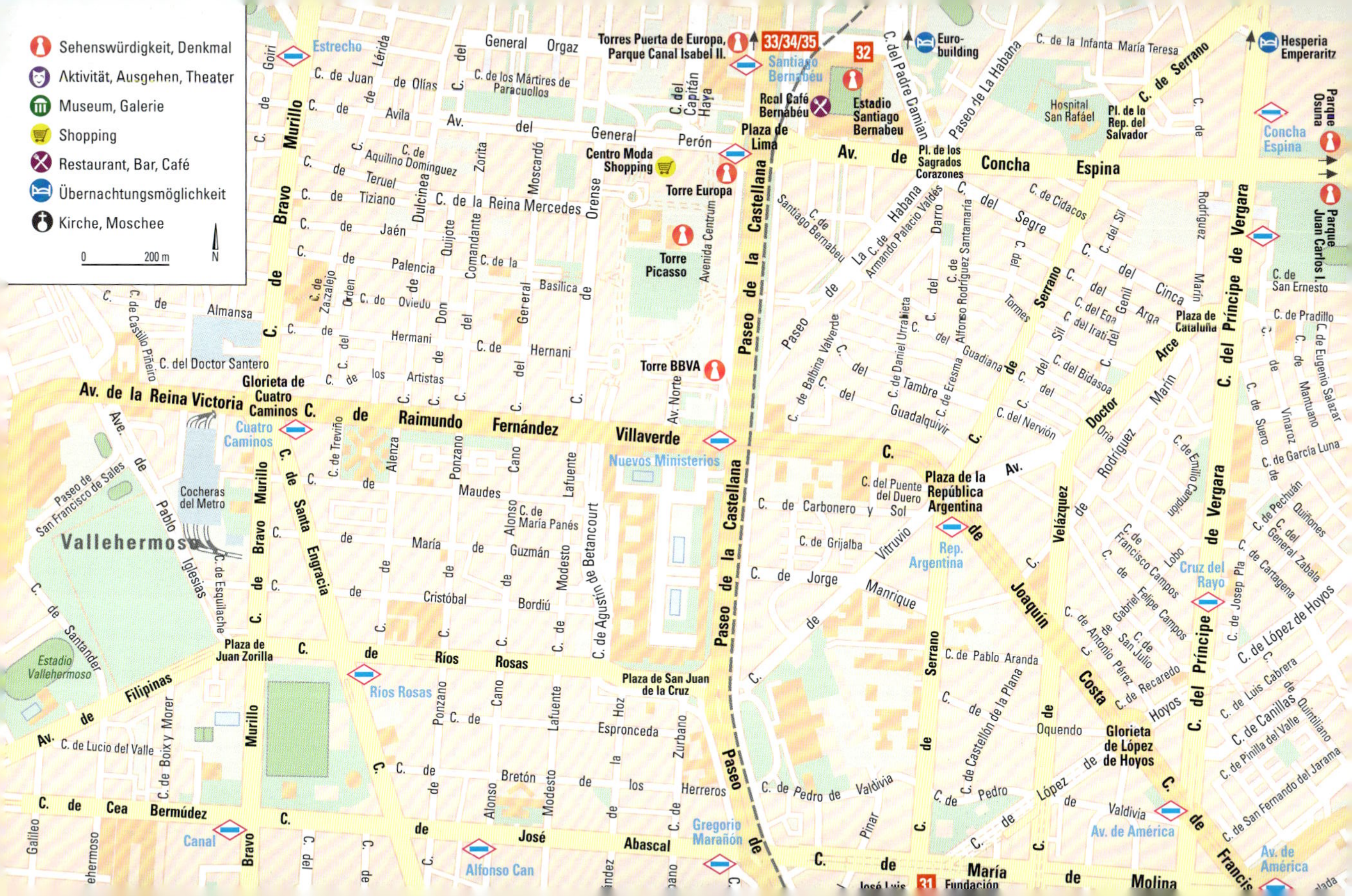

Sehenswürdigkeit, Denkmal
Aktivität, Ausgehen, Theater
Museum, Galerie
Shopping
Restaurant, Bar, Café
Übernachtungsmöglichkeit
Kirche, Moschee
0
200 m
N
Torres Puerta de Europa, Parque Canal Isabel II.
33/34/35
32
Euro-building
Hesperia Emperaritz
Santiago Bernabeu
Estadio Santiago Bernabeu
Real Café Bernabéu
Parque Osuna
Parque Juan Carlos I.
Concha Espina
Av. de Concha Espina
Plaza de Lima
Pl. de los Sagrados Corazones
Hospital San Rafael
Pl. de la Rep. del Salvador
C. de Serrano
Paseo de La Habana
C. del Padre Damian
C. de la Infanta María Teresa
Centro Moda Shopping
Torre Europa
Torre Picasso
Avenida Centrum
Torre BBVA
Av. Norte
Paseo de la Castellana
Nuevos Ministerios
Estrecho
C. de Bravo Murillo
Av. del General Perón
C. de los Mártires de Paracuellos
C. de la Reina Mercedes
C. de Aquilino Domínguez
Orense
Glorieta de Cuatro Caminos
Cuatro Caminos
Av. de la Reina Victoria
C. de Raimundo Fernández Villaverde
C. de Santa Engracia
C. de Agustín de Betancourt
C. de Ríos Rosas
Ríos Rosas
Plaza de Juan Zorilla
Plaza de San Juan de la Cruz
Cocheras del Metro
Vallehermoso
Estadio Vallehermoso
Av. de Filipinas
C. de Cea Bermúdez
Canal
C. de José Abascal
Alfonso Can
Gregorio Marañon
C. de María de Molina
31
Fundación
Plaza de la República Argentina
Rep. Argentina
C. de Joaquín Costa
Glorieta de López de Hoyos
Av. de América
C. del Príncipe de Vergara
Cruz del Rayo
C. de López de Hoyos
Velázquez
C. del Doctor Arce
Plaza de Cataluña
C. de Serrano
C. de Vitruvio
C. de Jorge Manrique
C. de Carbonero y Sol
C. de Grijalba
C. del Puente del Duero
C. de Castellón de la Plana
C. de Pablo Aranda
C. de Oquendo
C. de Pedro de Valdivia
C. del Doctor Santero
C. de Castillo Piñeiro
Paseo de San Francisco de Sales
C. de Esquilache
C. de Lucio del Valle
C. de Boix y Morer

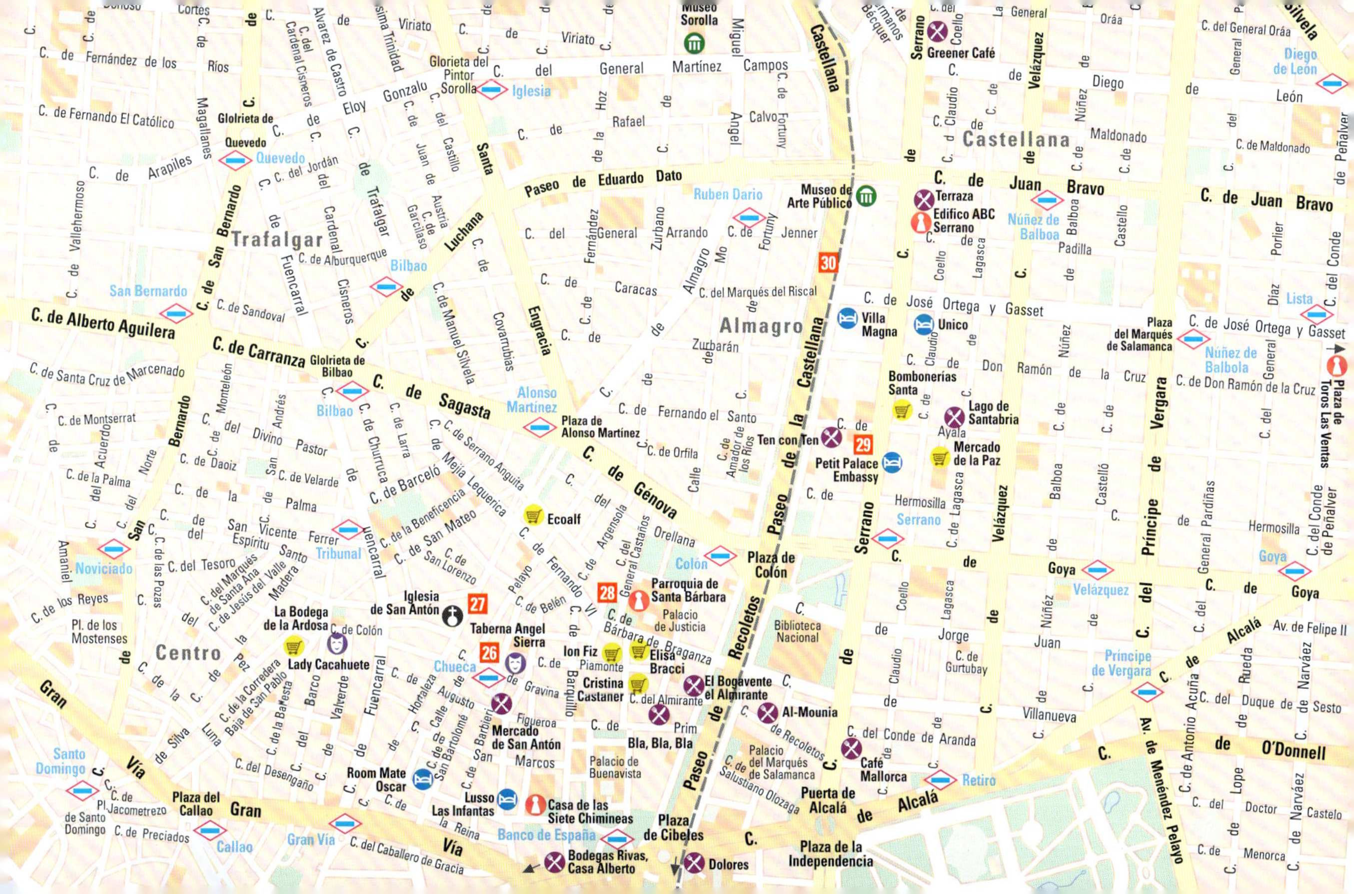
Plaza de Toros Las Ventas
Diego de León
Lista
Goya
Núñez de Balboa
Príncipe de Vergara
Velázquez
Serrano
Retiro
Ruben Dario
Colón
Alonso Martínez
Iglesia
Chueca
Banco de España
Bilbao
Tribunal
Quevedo
San Bernardo
Noviciado
Gran Vía
Callao
Santo Domingo
C. de Juan Bravo
C. de José Ortega y Gasset
C. de Goya
C. de Alcalá
C. de O'Donnell
Av. de Felipe II
C. del Príncipe de Vergara
Av. de Menéndez Pelayo
Plaza del Marqués de Salamanca
Castellana
Paseo de la Castellana
Paseo de Recoletos
Plaza de Colón
Biblioteca Nacional
Puerta de Alcalá
Plaza de la Independencia
Plaza de Cibeles
Palacio de Buenavista
Palacio de Justicia
Parroquia de Santa Bárbara
Museo de Arte Público
Museo Sorolla
Paseo de Eduardo Dato
Almagro
C. de Génova
C. de Sagasta
Plaza de Alonso Martínez
Santa Engracia
Glorieta del Pintor Sorolla
Glorieta de Bilbao
Glorieta de Quevedo
Trafalgar
C. de Carranza
C. de Alberto Aguilera
C. de San Bernardo
Fuencarral
Iglesia de San Antón
Mercado de San Antón
Mercado de la Paz
Casa de las Siete Chimineas
Plaza del Callao
Centro
Greener Café
Terraza Edificio ABC Serrano
Unico
Villa Magna
Lago de Santabria
Bombonerías Santa
Petit Palace Embassy
Ten con Ten
Café Mallorca
Al-Mounia
El Bogavante el Almirante
Elisa Bracci
Cristina Castañer
Ion Fiz
Bla, Bla, Bla
Dolores
Bodegas Rivas, Casa Alberto
Ecoalf
Taberna Angel Sierra
Lusso Las Infantas
Room Mate Oscar
La Bodega de la Ardosa
Lady Cacahuete
26
27
28
29
30

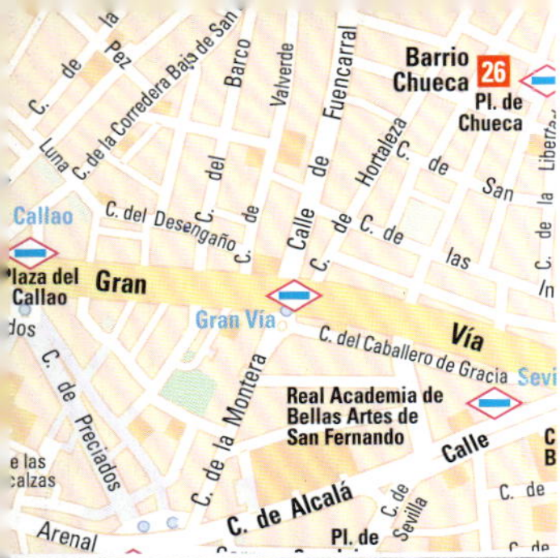

Oben: So einen tollen Blick hat man von der Dachterrasse des Hotels »Room Mate Oscar«.
Unten: Ein Paradies für Damen sind die Calles Infantas und die Calle Augusto Figueroa; hier gibts jede Menge Second-Hand-Schuhläden.

26 Chueca

Ein Viertel des Wandels

Der Stadtteil Chueca darf wohl als das erste Viertel Madrids gelten, in dem selbstbewusst und stolz die Regenbogenfahnen der Homosexuellen aus den Fenstern wehten. Sie hatten dieses Viertel jenseits der Gran Vía zu ihrem gemacht. Dessen Anziehungskraft für Menschen, die alternative Lebensentwürfe zu leben trachten, war immens. Der Zuzug von Schwulen und Lesben brachte einen großen Wandel mit sich: Das Viertel wurde bunter und liebenswürdiger.

Man kann sich den Aufbruch heute kaum mehr vorstellen, in dem sich das von den Traumata des Bürgerkrieges heimgesuchte Spanien nach Ende der Diktatur 1976 wiederfand. Spanien war mit dem Staatsstreich von Teilen des Militärs 1936 in eine Katastrophe gefallen, der Bürgerkrieg zwischen 1936 und 1939 war grausam, Familien zerrissen im Widerstreit der Ideologien. Während der Diktatur Francos herrschte dann Friedhofsruhe. Das letzte der Konzentrationslager, in denen der franquistische Staatsapparat zeitweise eine halbe Million politischer Häftlinge festgehalten hatte, wurde erst 1962 geschlossen. Staat und katholische Kirche gingen offiziell eine enge Allianz ein. Alles, was unter dem Ruch stand »marxistisch« zu sein oder »unspanisch« wurde bekämpft und unterdrückt. In großer Zahl flohen unter anderem Basken ins benachbarte Frankreich. Wenn man heute Fotoaufnahmen aus Spanien betrachtet, die in den 1960er-Jahren aufgenommen wurden, glaubt man sich mitunter um ein Jahrhundert zurückversetzt. Das Spanien Francos war strikt antimodernistisch. Vieles was beispielsweise in Frankreich selbstverständlich

Einkaufsbummel in der Calle Fuencarral

wurde, eine Öffnung der Gesellschaft Richtung Liberalität, blieb den Spaniern verwehrt. Erst in der Spätphase der Diktatur kam es in homöopathischer Dosis zu Veränderungen.

Das Aufbegehren

Gegen Ende der 1970er-, am Anfang der 1980er-Jahre entfaltete sich die *movida* (die Kulturbewegung der städtischen Jugend) umso ungestümer. Diese künstlerische Bewegung, die im Untergrund geboren wurde, stellte die überkommenen (franquistischen) gesellschaftlichen Regeln auf den Kopf. Der kulturelle Gewinn war enorm.

Niemand hat dieses Spanien ausdrucksstärker in Bilder gefasst als der Liebling der Movida, der Filmregisseur Pedro Almodóvar. Der 1987 entstandene Almodóvar-Film *Das Gesetz der Begierde* und der 2007 gedrehte Film *Volver* beschreiben die vielen Facetten der spanischen Gesellschaft, in der es zeitgleich mit der sexuellen Libertinage möglich war und ist, dass Witwen auf dem Land, egal welchen Alters, die Gräber ihrer Ehemänner gemeinsam schrubben gehen, als gelte es, eine Absolution zu erlangen.

AUTORENTIPP!

BOCAÍTO

Tellerwäscherkarrieren gibt es nicht nur in den USA, sondern auch in Madrid. Küchenhilfe Luis Benavente konnte, nachdem er durch diese harte Schule gegangen war, im damals ziemlich runtergekommenen Chueca-Viertel sein eigenes Restaurant, das *Bocaíto*, eröffnen, und das ist ein ziemliches Glück für alle Gäste.
Die heiteren Landpartie-Gemälde von Francisco de Goya schmücken die Wände und auch sonst geht's traditionell zu: Schinken baumeln von der Decke, es gibt Bier vom Fass und sehr gute, stets frisch zubereitete Tortillas. Luis Benavente und dessen Nachfolger schätzen frische Zutaten und sorgfältige Zubereitung. So wurde das *Bocaíto* eine Institution im schnelllebigen Chueca. Pedro Almodóvar, Brad Pitt und die Schriftstellerin und El-País-Kolumnistin Rosa Montero kehren gerne hier ein.

Bocaíto. Mo–Sa 13–16 und 20–24 Uhr, Calle de la Libertad 6, Tel. 915 32 12 19, www.bocaito.com
Metro: Banco de España

Rundgang durch Chueca

A Casa de las Siete Chimineas – Im Rücken der Gran Vía und jenseits des Paseo de Recoletos breitet sich Chueca aus, und genau hier beginnt der Rundgang am Haus der Sieben Schornsteine (es hat tatsächlich derer sieben!), einem aus dem 16. Jahrhundert stammenden Adelspalast, den wenige Jahre nach Fertigstellung ein Genueser Kaufmann erwarb.

B Teatro Infanta Isabel – In diesen Vierteln schlendert man am besten kreuz und quer und trifft immer etwas Sehenswertes. Hier z.B. das Teatro Infanta Isabel, das sich hinter einer hübschen, aber winzigen Jugendstilfassade verbirgt.

C Calle de Augusto Figueroa – Typische Barrio-Straße, mit allerdings einer großen Attraktion. Hier haben sich die Second-Hand-Schuhgeschäfte niedergelassen, und man ersteht die größten Namen für kleines Geld.

D Mercado de San Antón – Der Lebensmittelmarkt ist eher eine Lebensmittel-Boutique, aber in einem richtigen Marktgebäude untergebracht. Der Clou: die Dachterrasse, die auch spät abends noch geöffnet ist. Der Markt liegt ebenfalls in der Calle Augusto Figueroa.

E Escuelas Pías y Iglesia de San Antón – Der kleine Spaziergang die Calle Hortaleza hinauf bringt einen zur Kirche des Schutzheiligen der Tiere, San Antonio de Abad. Hier lassen die Madrilenen ihre Haustiere segnen.

F Casa Palacio de Longoria – An der Calle Pelayo, der Parallelstraße zur Hortaleza und der Calle Fernando VI. wartet ein Vorzeigeexemplar des spanischen *modernisme* darauf, bestaunt zu werden. Üppigste Drapierungen zieren diesen Palast, der um die Ecke geht.

Innenhof in der Escuelas Pias

Chueca, das sich im Rücken der Gran Vía zwischen den Straßen Fuencarral, Barquillo und der Calle Fernando VI. ausdehnt, ist Europas Schwulenhauptstadt. Vermutlich existiert in keiner europäischen Hauptstadt oder Großstadt eine vergleichbare Konstellation wie hier – hinter Fassaden, wie sie für das Bürgertum des 19. Jahrhunderts typisch waren, leben Menschen in großer Freiheit ihr Leben. Dass eine der wichtigsten Verehrsadern des Viertels Calle de la Libertad heißt, Straße der Freiheit, passt ausgezeichnet. Vielleicht geht der Wandel für manchen etwas zu schnell. Bewohner beklagen die sogenannte Gentrifizierung, die Verdrängung der Alteingesessenen, und sehen zu, wie sich immer mehr Boutiquen diverser internationaler Marken im Barrio ansiedeln, weil es so hip ist hier. Im Neuen gibt es aber immer noch Altes und Sehenswertes.

Das Haus der Sieben Schornsteine

An der Plaza del Rey/Calle Libertad befindet sich das Casa de las Siete Chimineas, einer der betagtesten Adelspaläste Madrids, errichtet im Jahr 1577, und heute Sitz des Kulturministeriums. Auf

Die sieben Schornsteine, Stoff für Legenden

Oben: Typisch Chueca! Bunt, jung, lebendig.
Unten: Auch die Frseursalons sind in Chueca gerne ein wenig anders, flippiger eben.

Oben: Begehrter Treffpunkt ist das »Revoltosa« an der Plaza del Rey.
Unten: Viva María! So heißt der Laden, in dem man dieses T-Shirt erstehen kann.

seinem Dach trägt es sieben schmale Schornsteine, die nicht so recht zu dessen Proportionen passen wollen. Leicht gruselige Legenden ranken sich um diesen Palast, in dem früh zu Tode gekommene Ehefrauen als Gespenster herumgeistern sollen. Der Volksmund berichtet auch gerne davon, dass hier diverse Könige ihre Mätressen besuchten.

Ein wahres Kleinod an plüschig ausstaffiertem Theater öffnet sich hinter einer nicht sehr großen, aber auffällig verzierten Fassade an der Calle Barquillo: Es ist das Teatro Infanta Isabel, spezialisiert auf Musicals und Werke spanischer Gegenwartsautoren. In Richtung Metro-Station Chueca zieht sich die Calle de Augusto Figueroa hin – ein wahres Dorado für Fans exquisiten Schuhwerks und eher schmalem Geldbeutel; hier drängelt sich eine Second-Hand-Boutique mit Blahniks, Pura López, Sergio Rossis und ähnlich begehrten Designern an die nächste.

Mercado de San Antón

Auf den ersten Blick wirkt er nicht danach: Dennoch, der Mercado San Antón an der Ecke zur Calle Libertad ist ein kleiner Star des Viertels. Das liegt natürlich nicht an seinem hässlichen 1970er-Jahre-Äußerem, sondern an den »inneren Werten«, an dem, was sich hinter den Betonmauern verbirgt. Ein quirliger Lebensmittelmarkt mit Sushi-, Hamburger-

Schick – der Mercado San Antón.

und Baguette-Ständen erwartet den hungrigen Besucher. Der Clou: Man kauft Lebensmittel ein und lässt sie sich in der »Cocina de San Antón« zubereiten und entweder im edlen Restaurant – wirklich keine rustikale Marktgaststätte – oder auf der Dachterrasse servieren, die bis in die späten Nachtstunden geöffnet hat. In den teilweise Fußgängern vorbehaltenen Straßen (z.B. der Calle de Fuencarral) tummeln sich Designer- und Kunstläden. Edle Galerien sind auch darunter. Für Fans der 1950er-Mode ist Lady Cacahuete eine geeignete Adresse.

Einen architektonischen Akzent setzen die Escuelas Pías und die Iglesia de San Antón an der Calle Hortaleza/Farmacia/Santa Brígida. Ursprünglich im Barockstil von Pedro de Ribera im Jahr 1740 erbaut, wurde das Gebäude mit Kirche, das zuerst als Kolleg gedacht war, dann in ein Krankenhaus für Leprakranke umgewandelt wurde, mehrfach modifiziert; während der Diktatur von Francisco Franco diente es als Gefängnis.

Die elegant dimensionierte Kirche enthält einige sehr schöne Skulpturen u.a. von Pedro de Mena. Am 17. Januar hält sie ihre Türen für die Madrilenen offen, die ihre Haustiere segnen lassen wol-

AUTORENTIPP!

DACHTERRASSE DES ROOM MATE OSCAR

Dachterrasse des Hotels »Room Mate Oscar« ist Kult. Der Service ist großartig. So nett, so weiß, so schön und alles mit Swimming-Pool im Szene-Viertel, was will man mehr? Tagsüber ist die Terrasse für Hotelgäste geöffnet, ab 19 Uhr können dann alle hinauf in den 8. Stock. Allerdings haben nur 35 Gäste Platz, man sollte sich darauf einstellen bzw. reservieren. Dort einen entspannten Drink zu nehmen, bevor man sich ins abendliche Getümmel stürzt, ist allemal eine gute Idee.

Room Mate Oscar. Plaza Vázquez de Mella 12, Tel. 917 01 11 73, Metro: Gran Vía

Oben: Überbordende florale Formen: die Casa Longoria
Unten: Vintageschmuck und Hüte in Chueca – auch Hipster finden hier alles, was zum Outfit gehört.

len. San Antonio de Abad ist deren Schutzherr und wird mit einem im 19. Jahrhundert angefertigten Glasfenster und einer Statue aus dem 18. Jahrhundert gewürdigt, die ihn von Tieren umgeben zeigen.

In der Calle de San Fernando/Calle Pelayo breitet sich dann wieder einmal ein exquisites Exemplar der Modernisme-Architektur aus. Es ist der 1903 fertig gestellte Casa Palacio Longoria von José Grasses Riera, einst Wohnstatt eines Geld-Adeligen, heute Sitz der Autorenvereinigung. Die Fassadengestaltung folgt den Prinzipien des spanischen Jugendstils: voluminöse florale Motive, Balkone, runde Formen, Medaillons und eine Dachterrasse mit einer verzierten Balustrade, die wie ein Krönchen aufgesetzt ist. Auch das Innere ist vom spanischen Jugendstil inspiriert.

Infos und Adressen

SEHENSWÜRDIGKEITEN

Casa de las Siete Chimineas. Plaza del Rey 1

Escuelas Pias und Iglesia de San Antón. Tgl. 18.30–20 Uhr, So auch 11–13 Uhr

ÜBERNACHTEN

Room Mate Oscar. Ein Hotel à la Bauhaus. Gepflegt und schrill gleichermaßen. Die Zimmer sind ganz unterschiedlich und sehr fantasievoll gestaltet, stets sind Neon und Pop dabei. Herzlicher Service. Plaza Vázquez de Mella 12, Tel. 917 01 11 73, www.room-matehotels.com Metro: Gran Vía

Lusso Las Infantas. Von außen reich verzierter Wohnpalast, von innen eher modern gestylt. Um die Ecke der Plaza del Rey. Calle Infantas 29, Tel. 915 21 28 28, www.hotelinfantas.com Metro: Banco de España und Gran Vía

ESSEN UND TRINKEN

Mercado de San Antón. Mo–Sa 10–22 Uhr, So 10–15 Uhr.

Restaurant und Terrasse La Cocina de San Antón. So–Do 10–24 Uhr, Fr, Sa 10–1.30 Uhr, Calle de Augusto Figueroa 24, Tel. 913 30 07 30, www.mercadosananton.com, Metro: Chueca

Bla, Bla, Bla. Michel Reynaud kocht nur mit Zutaten aus dem ökologischen Anbau. Die Rezepte zeigen französischen Einschlag. Reduziert-ländlicher Stil. Mo 20.30–1 Uhr, Di–Sa 13–17 und 20.30–1 Uhr, So 13–17 Uhr, Calle Prim 13, Tel. 915 23 44 66, www.bistrotblablabla.com Metro: Chueca

AUSGEHEN

La Bodega de La Ardosa. Ein tolles Unikat von Bar und Kneipe mit einer hundertjährigen Tradition. Serviert die anerkannt besten Tortillas von Madrid. Mo–Fr 8.30–1 Uhr, Sa/So 11.45–2.30 Uhr, Calle de Colón 13, Tel. 915 21 47 97, www.laardosa.com, Metro: Tribunal

EINKAUFEN

Lady Cacahuete. Tragbare, trotzdem lustige Mode. Di–Sa 11.30–14.30 und 17–21 Uhr, Mo 16–21 Uhr, Corredera Baja de San Pablo 26, Tel. 915 32 77 94, www.ladycacahuete.com Metro: Tribunal oder Chueca

Das Hotel »Room Mate Oscar« besticht mit seiner pop-bunten Innenausstattung.

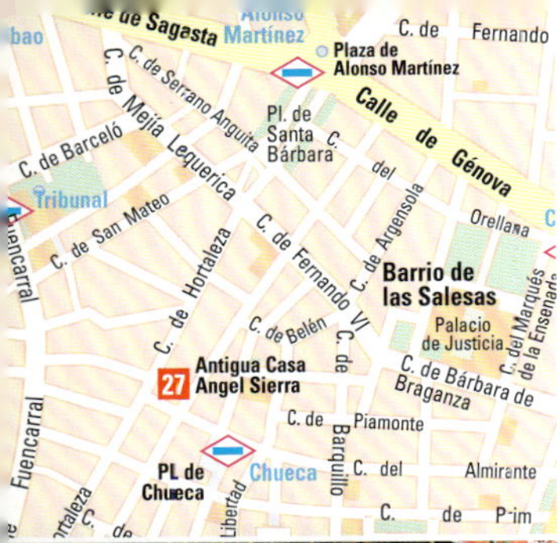

Mitte: Die Taberna Angel Sierra
Unten: Eine Köstlichkeit sind die *boquerones en vinagre.*

27 Bodegas und Tavernen

Der Aperitif Vermú

Dem Filmregisseur Luis Buñuel war sie heilig, die Stunde des Aperitifs. Den madrileños ist sie es auch. Der klassische Aperitif in Madrid ist der vermú de grifo, der dunkle Wermut, der mit klirrenden Eiswürfeln, einer Orangenscheibe und kleinen Naschereien serviert wird. Am schönsten ist das am Sonntag vor einem späten Mittagessen oder zum Sonnenuntergang. Es ist lässig, macht Spaß und hat unendlich Stil.

Die Gin-Clubs in allen Ehren, auf die man in Madrid wie in allen anderen Metropolen der Welt stößt. Gin ist das Getränk der Stunde, aber soviel ist sicher – diese Mode wird vorbeigehen wie alle anderen Moden auch. Die madrilener Tradition eines Aperitifs verrät dabei eher eine Lebenseinstellung als eine alkoholische Präferenz. Man könnte auch einen Saft oder ein Wasser bestellen. Aber richtig ist natürlich: der *vermú de grifo*. Der dunkle, sanft und warm schmeckende Wermut mit seiner kräuterlastigen Note gehört in die Tavernen, zum Beispiel in die »Taverna Angel Sierra« in Chueca (Gravina/Plaza de Chueca), die seit 1907 existiert und noch ihre ursprüngliche Dekoration und Ausstattung besitzt. Das ist im modischen Chueca-Viertel schon eine Rarität. Die rauchgebeizte Decke zeigt ein herrlich kitschiges Gemälde mit Trinkgöttern und einem Reigen aus Engelchen-Putten. Den berühmten *vermú* aus dem Zapfhahn kann man am besten um die Nachmittagsstunde herum genießen, dann ist es noch nicht so voll. Bei gutem Wetter ist die Terrasse auf der Plaza eine gute Wahl. Im benachbarten Viertel von Malasaña dagegen tritt das leicht chaotische

Nebeneinander von Punk-Chic und bodenständiger Tradition noch stärker hervor. Hier repräsentiert unter anderen die »Bodegas Rivas« in der Calle de La Palma die guten alten Zeiten. Eine süffige Rotwein-Wermut-Farbe dominiert die Innenausstattung.

Wermut-Attacke

Eine richtige Wermut-Attacke geht von den zahlreichen Tavernen hinter der Puerta del Sol in einem Dreieck zwischen der Plaza de Santa Cruz und der Plaza Jacinto Benavente aus. Unmöglich, sich diesem Schenken-Charme zu entziehen. Sie befinden sich meist in den kleinen, leicht angeschmuddelten Gässchen, die sich jenseits der Puerta del Sol hinziehen und eine ältere, kleinere, intimere und vielfältigere Welt heraufbeschwören als die Kaufhausfassaden an der Puerta del Sol. Ein Beispiel ist die *Piconera* der Calle Cádiz/Barcelona. Das Fliesendekor ist wahrhaft überwältigend.

Die »Casa Alberto« wiederum beruft sich auf eine Tradition seit 1827. Die Schinkenkeulen baumeln von der Decke, die weinrot gestrichenen Wände sind mit Fotos berühmter Gäste geschmückt. In Madrids zweitältester Taverne an der Calle de las Huertas 18 strömt der *vermú* aus engelchenbesetzten Zapfhähnen. Kein schlechter Tipp in unmittelbarer Nähe ist das »Dolores« an der Plaza de Jesús, in dem man auch gerne mal ein Bier trinkt, aber das freundliche helle fliesenverzierte Lokal ist natürlich für seinen Wermut bekannt.

Und zum Schluss sei noch Luis Buñuels Spezialrezept für einen Aperitif verraten: Er gab seinem Gin in Wermut gebadete Eiswürfel bei, die aber nicht nass sein dürfen, sondern vor Kälte »rauchen« sollten und leicht opak sein müssen. Nur so geben sie kein überflüssiges Wasser ab.

Infos und Adressen

AUSGEHEN

Taberna Ángel Sierra. Tgl. 12.30–1 Uhr, Calle de Gravina 11/Plaza de Chueca, Tel. 915 31 01 26, Metro: Chueca

Bodegas Rivas. Tgl. 13–1 Uhr, Calle de la Palma 61, Tel. 915 32 20 33, Metro: Noviciado

La Piconera. Tgl. 12–1 Uhr. Calle Cádiz 10, Tel. 915 21 19 93, Metro: Sol

Casa Alberto. Mo–Sa 12–1 Uhr, Calle de las Huertas 18, Tel. 914 29 93 56, www.casaalberto.es Metro: Antón Martín

Dolores. Tgl. 11–1 Uhr, Plaza de Jesús 4, Tel. 914 29 22 43, Metro: Antón Martín

Unbedingt sehenswert: die Deckengemälde in Taberna Angel Sierra.

28 Barrio de las Salesas

Mode und mehr …

In den vergangenen Jahren ist das Barrio de las Salesas ein bisschen aus dem Schatten Chuecas und Chamberís herausgetreten. Im Rücken des »Café Gijón« gelegen, bezieht er seinen Namen vom Konvent der Königlichen Salesianerinnen, dessen Gebäude heute als Oberster Gerichtshof dient. Die Kirche Santa Bárbara ist ein barockes Kunstwerk, aber so richtig en vogue ist das Viertel wegen seiner Boutiquen.

Oben: Die Kirche Santa Bárbara beeindruckt mit einer Barockfassade, die besonders prächtig wirkt, wenn Licht und Schatten auf ihr spielen.
Unten: Im Barrio de las Salesas lässt sich gerade in Modefragen Aufregendes und Neues finden.

Der Konvent der Königlichen Salesianerinnen wurde von der Gattin Fernandos VI. (1713–1759) Bárbara de Braganza (1711–1758) in Auftrag gegeben. Die aus Portugal stammende Königstochter hatte damit ein Stift für adlige Damen ins Leben rufen wollen. Bekannt wurde es vor allem wegen seiner Kirche, die Parroquia de Santa Bárbara, in der sich auch die Grabmäler Fernandos und seiner Gattin befinden. Barbara brachte in die Ehe ihre Verbundenheit mit dem berühmten italienischen Barockkomponisten Domenico Scarlatti ein, dessen Schülerin sie in Lissabon gewesen war und der ihr an den spanischen Königshof folgte.

Die Kirche de Santa Bárbara ist ein stattliches Barockgebäude mit einer imposanten Fassade, geplant von François Carlier, zwischen 1750 und 1758 ausgeführt von Francisco Moradillo. Im Innern zieht der aus mehrfarbigem Japsis geschnittene Boden die Aufmerksamkeit auf sich. Die Grabmäler von Fernando VI. und Bárbara de Bráganza sowie die vielen Gemälde italienischer Künstler und die mit Engeln besetzte Rokoko-Kanzel gehören zu den weiteren künstlerischen

Höhepunkten. Besonders schön ist der mit Magnolienbäumen und Hortensienbüschen geschmückte Aufgang zur Kirche.

La moda

Die Straßen Almirante und Piamonte führen auf die Plaza de las Salesas hin. Diese Zone gilt unter madrileños mittlerweile als die beste Mode-Einkaufszone ihrer Stadt. Zwischen großbürgerlichen Wohnhäusern, die Ende des 19. Jahrhunderts entstanden sind und so manches Zitat des Modernisme zeigen, lässt es sich prima entlang flanieren und nach den neuesten Trends, kreiert von emsigen Designern, Ausschau halten. Der erste, der sein Geschäft in der Calle del Almirante eröffnete, war der Modeschöpfer und Parfümkreateur Jesús del Pozo, der sich auch mit seinen Kostümentwürfen für das Teatro Real einen Namen gemacht hat. Er wollte damals in derselben Straße arbeiten wie sein Vater, der dort einen Korbwarenladen betrieb. Viele sind ihm gefolgt, etwa Ecoalf, ein Modeladen, der nur Outdoor-Mode aus recyceltem Material verkauft, oder die Modeschöpferin Elisa Bracci, die mit ihren theatralischen bunten Abendkleidern für Furore sorgt. Ganz urspanisch geht es in dem Geschäft von Cristina Castañer zu, die dort ihre *alpargatas de luxe* anbietet. In Hanfschuhe schlüpfen Spanier seit immerhin 1322; bekannt gemacht hat sie Salvador Dalí, der mit der bänderverzierten Version auftrat. Diese simplen und doch dekorativen Hanfschuhe erkor 1966 Yves Saint-Laurent zum neuen Must-Have, als er die Familie Casta bat, ihm für seine Modeschauen alpargatas mit Keilabsatz zu fertigen. Sie und viele Versionen, wobei der Hanfpantoffel auch einmal aus rehbraunem Wildleder gearbeitet sein kann, gibt es in dem Shop erstehen. Zu entdecken steht auch der spanische, ziemlich puristische Designer Ion Fiz.

Infos und Adressen

SEHENSWÜRDIGKEITEN

Parroquia de Santa Bárbara. Tgl. 9–13 und 17–20 Uhr, Calle del General Castaños 2, Tel. 913 19 48 11, Metro: Colón

EINKAUFEN

Ecoalf. Calle Hortaleza 116, Tel. 917 37 82 29, www.ecoalf.com Metro: Alonso Martínez

Elisa Bracci. Mo–Sa 10.30–14.30 und 17.30–20.30 Uhr, Calle Bárbara de Braganza 2, Tel. 914 35 03 05, www.elisabracci.es, Metro: Colón

Cristina Castaner. Mo–Fr 10–14 und 16.30–20.30 Uhr, Sa 11–16 Uhr, Calle del Almirante 8, Tel. 915 23 72 14, www.castaner.com, Metro: Colón

Ion Fiz. Mo–Fr 11-14 und 17–20 Uhr, Sa 11–16 Uhr, Calle del Piamonte 27, Tel. 913 10 04 52, www.fashionfromspain.com Metro: Colón

ESSEN UND TRINKEN

El Bogavente del Almirante. Im hummerroten Gewölbekeller werden beste Meeresfrüchte, spanische Risotti und Fisch serviert. Mo–Sa 14–16 und 21–24 Uhr, So 14–16 Uhr, Calle del Almirante 11, Tel. 915 32 18 50, Metro: Colón

In jedem Viertel gibt es Bars, in denen sich Jung und Alt treffen.

Oben: Die Frutería Vázquez mitten in Salamanca ist auch ein Ort des Gesprächs.
Unten: Mode für jeden Geschmack und jeden Geldbeutel, in Salamanca eher für den wohl gefüllten …

29 Barrio de Salamanca

Reich und berühmt

Es kann einem schon passieren, dass man bei Frutas Vásquez Kronprinzessin Leticia beim Aussuchen der Orangen sieht oder in der Mantequería Bravo eine Dame, die lauthals »den teuersten Käse, egal welchen« verlangt. Salamanca im Norden vom Retiro-Park, im Westen vom den attraktiven Flanierboulevards Paseo de Recoletos und Castellana begrenzt, ist das Viertel der Gutbetuchten und Bessergestellten.

Und als das Viertel der Noblen war es vom schillernden Marqués de Salamanca in der Regierungszeit Isabels II. (1833-1868) auch geplant. Das Viertel, das seinen Namen trägt, entstand während des *ensanche* ab 1860, der Stadterweiterung Madrids, die unter der Ägide des Stadtentwicklers Carlos María de Castro Gebiete im Norden und Westen neu konzipierte. Übersichtlich blockartig angelegte Straßenzüge mit einer mehrstöckigen Bebauung schufen modernen Wohnraum.

Diese Entwicklung vollzog sich in mehreren Phasen. Industrielle Revolution, mangelhafte hygienische Verhältnisse und Landflucht belasteten Spaniens Metropole zu diesem Zeitpunkt zwar im weitaus geringeren Maße als Paris oder London, aber bereits zu Beginn des 20. Jahrhunderts hatte sich die Bevölkerungszahl von 300 000 auf über eine halbe Million nahezu verdoppelt. Der Ausbau der Industrie ergriff nun auch Madrid, was eine große Binnenmigration zur Folge hatte. Die Landbevölkerung, die meist als Landarbeiter und nicht als Bauern mit eigenem Landbesitz ihr Dasein fristete, erhoffte sich von dem Umzug bessere Arbeit und größere Unabhängigkeit. Mehrere neue

Stadtviertel sprengten bald die alten Mauern Madrids. Argüelles, Embajadores und eben auch das noble Salamanca entstanden. Der Marqués de Salamanca, dem echten Adel zugehörig, verlor allerdings sein gesamtes Vermögen, noch bevor das Viertel vollendet war. Ein Platz ehrt ihn mit einer Skulptur (Calle de José Ortega y Gasset, Calle del Príncipe de Vergara).

Die Siedlungspolitik übte einen beabsichtigten Nebeneffekt aus: Die soziale Segregation der *barrios*. Der städtische Umbau war auch ein sozialer, der die Arbeiter an die Peripherie drängte. Das Salamanca-Viertel gehört dabei zu den ältesten verwirklichten Projekten des neuen Madrid. Die Wohlhabenheit seiner Bewohner machte es zum Viertel mit der höchsten Dichte an Stadtpalästen, die im Laufe der Zeit freilich meist in öffentliche Gebäude umgewandelt wurden – der Geldadel siedelte sich später lieber etwas außerhalb der Stadtgrenzen an.

Das reine Schachbrettmuster macht die Orientierung einfach, die Längsverbindungen sind breiter und grüner als die Querstraßen. Das Viertel endet am Paseo de la Castellana. Die Jardines del Descubrimiento an der Plaza de Colón (s. S. 178) markieren die südliche Grenze. Bei den »Jardines« handelt es sich um einen großen, trotz seiner Monumente ziemlich leer wirkenden Platz, der 1970 geschaffen wurde. Vordem stand dort die Münzprägeanstalt. Die monumentale 1970er-Jahre-Architektur hat allerdings viel mit der Franco-Diktatur und wenig mit der Madrider Moderne oder gar der Eleganz des Fin de Siècle zu tun, die sich auf dem Paseo de la Castellana und in den Seitenstraßen ausbreitet. Hinter schattenspendenden Bäumen reihen sich die feinen Fassaden aneinander, deren Dekoration zurückhaltender ausfällt als die der Prunkbauten, die beispielsweise die Gran Vía schmücken. Französische

AUTORENTIPP!

ARCHÄOLOGISCHES MUSEUM

Das Archäologische Museum residiert standesgemäß in einem neoklassizistischen Palast ganz in der Nähe des Museo Nacional del Libro. Was das Museum so einzigartig macht, sind zwei ganz besondere Exponate aus der iberischen Frühgeschichte: die *Dama de Elche* und die Nachbildung der Höhle von Altamira in Kantabrien im Norden Spaniens, in der ein Bauer im Jahr 1875 steinzeitliche Felsmalereien entdeckt hat, der wertvollste Fund prähistorischer Zeugnisse auf der iberischen Halbinsel. Die *Dama de Elche* hingegen stammt aus dem 5.–6.Jahrhundert v. Chr. und ist eine sehr fein gearbeitete weibliche Steinplastik, die offenbar als Urne verwendet wurde.

Museo Nacional de Arqueología. Zum Zeitpunkt der Drucklegung wegen Renovierung geschlossen. Die Wiedereröffnung ist jedoch bereits angekündigt. Calle Serrano 13, Metro: Colón

AUTORENTIPP!

LA MILLA DE ORO

Man kann, man muss aber nicht stundenlang herumflanieren, wenn man die neuesten Designs spanischer Modeschöpfer kennen lernen möchte – dafür gibt es die Goldmeile, die *Milla de Oro* entlang der Calle Serrano, ausgehend von der Plaza de Colón. Internationale Stars wie Armani, Chanel und Carolina Herrera sind hier aber ebenso präsent. Ganz in der Nähe der Plaza de Colón verkauft Purificación García unterkühlte klassische Eleganz, gleich nebenan gibts Prada. An der nächsten Ecke kann man sich bei Loewe umsehen, ebenfalls ein spanischer Klassiker. Pedro de Hierro hat hier seinen Laden. Bimba y Lola zeigen ein bisschen verrückte, frische und erschwingliche Kleider und Accessoires. Adolfo Domínguez ist mit seiner Mode in der Castellana vertreten, an der Serrano gibt es einen dreistöckigen Flagshipstore mit Café. Eine Falte ist schön, lautet sein berühmtestes Zitat – sein Chic ist casual, aber nicht schlampig.

Die Läden in Salamanca bieten gerne teure Waren an – präsentieren das aber auch edel und originell.

Die traditionelle Mantequeria Bravo, die – nicht nur – eine exquisite Weinabteilung führt.

Balkone mit schmiedeisernen und vergoldeten Gittern, mal ein Erker, mal richtige Balkone aus Stein, zieren die fünf- bis sechsstöckigen vornehmen Wohnhäuser. Ein repräsentativer Palast an der Schnittstelle zum *modernisme* ist der Palacio de Amboage, der in den Jahren 1914 bis 1917 entstand und heute die italienische Botschaft beherbergt (Calle Lagasca 6): Antikisierende Säulen, Frontispize und Büsten, breit geschwungene Terrasse verzieren ihn.

Eine der elegantesten Straßen des Viertels ist die Calle de Claudio Coello und eine der bestbesuchten die Calle Serrano. Das Salamanca-Viertel ist mit exklusiven Modeboutiquen und Accessoires-Läden übersät. Keine Marke, die sich hier nicht niedergelassen hätte: Loewe, Carolina Herrera, Purificación García, Adolfo Domínguez, Calvin Klein, Max Mara, Longchamp, Tiffany, Swarowski, Chanel, Armani, Miu Miu und viele andere. Auch junge Designer haben hier ihre Stores eingerichtet, im Blick die elegante, junge, arbeitende und gut verdienende Dame. Das Viertel ist ein Synonym für den gehobenen Einkaufsbummel – und das seit einem guten Jahrhundert!

Infos und Adressen

ÜBERNACHTEN

Hotel Único. Das Passende fürs Viertel: In einem Stadtpalast ist dieses Fünf-Sterne-Boutique-Hotel untergebracht. Zurückhaltender diskreter Chic und hoher Komfort. Calle de Claudio Coello 67, Tel. 917 81 01 73, www.unicohotelmadrid.com Metro: Rubén Darío und Serrano

Hotel Adler. Auch hier nimmt das Hotel den Stil des Viertels auf. Diskrete und behagliche Eleganz in diesem Fünf-Sterne-Boutique-Hotel hinter einer klassischen Fassade mit französischen Balkonen. Calle Velázquez 33/Goya 31, Tel. 914 26 32 20, www.adlerhotelmadrid.com, Metro: Serrano oder Velázquez.

ESSEN UND TRINKEN

Ten con Ten.
Stylish: lange Bar, dunkelroter Samt, trotzdem gleichzeitig modern und elegant. Soll das Lieblingsrestaurant der Real-Madrid-Stars sein. Klassische, pfiffige Speisekarte. Mo–Sa 13–16 und 20–14 Uhr, So 13-16 Uhr, Calle de Ayala 6, Tel. 915 75 92 54, www.rerstaurantetenconten.com Metro: Lista und Príncipe de Vergara

Lago de Santabria. Traditionelles Mittagsrestaurant in diskret-elegantem Stil, klassische spanische Küche, Bacalao, Thunfisch, Hirsch, Spargel, Menüs, freundlicher Service. Mo–Sa 13–16.30 Uhr, Fr auch 20–24 Uhr, Calle de Ayala 23, Tel. 915 76 74 21, www.restaurantelagodesanabria.com Metro: Serrano und Velázquez

José Luis. Einer der bekanntesten und beliebtesten Gastronomen der Stadt führt auch mehrere Tapas-Bier-Bars. Schlichte, aber qualitätvolle Kanapees, lustiges Design. Mo– Sa 13–16.30 und 19–24 Uhr, So 13–16.30 Uhr, Calle Serrano 89, Tel. 915 63 09 58, www.joseluis.es Metro: Serrano

Café Mallorca. Die Marmorböden signalisieren Luxus, dabei ist das Café zurückhaltend möbliert. Die Kuchen und die Kanapees sind vom Feinsten, gutes Frühstück. Angeschlossener Delikatessenladen. Tgl. 9–21 Uhr, Serrano 6, Tel. 915 77 18 59, und Velázquez 59, Tel. 914 31 99 09, www.pasteleria-mallorca.com, Metro: Serrano

Mesón Txistu. Typisch spanisch ist dieser Mesón mit einer Tapas- und einer Menükarte, auf der die spanischen Rezepte dominieren: Schinken und Schweinefilet aus Jabugo, Gambas, Lachs. Tägl. 13.30–16 und 21–24 Uhr, Tel. 915 570 10 06, www.mesontxistu.com, Metro: Plaza de Castilla

EINKAUFEN

Mercado de la Paz. Der wohl schickste Gourmetmarkt der Stadt mit ausgesuchten Ständen. Metzger, Fischgeschäfte, Konditoreien, Schönheitsartikel, Blumenhandlungen. Mo–Fr 9–14.30 und 17–20 Uhr, Sa 9–14.30 Uhr, Calle de Ayala 28, www.mercasdodelapaz.esm Metro: Serrano

Bombonerías Santa. Alteingesessenes Geschäft für feine Schokoladen und Pralinen. Mo–Sa 10–14 und 17–20.30 Uhr, Calle Serrano 56, Tel. 915 76 86 46, und Goya 69, Tel. 915 76 76 25, www.bombonerias-santa.com, Metro: Serrano

Frühstücken mit Stil geht gut im »Café Mallorca«.

30 Paseo de la Castellana/Plaza de Colón

Ein lohnender Spaziergang

Wie elegant, wie breit – und wie schön ist diese 5,4 km lange Allee! Der Paseo de la Castellana – gebaut Anfang des 20. Jahrhunderts – folgt einem Flusslauf und setzt den Paseo del Prado und den Paseo de Recoletos gen Norden bis zur Plaza Castilla fort. Er beherbergt so manche Sehenswürdigkeit, beispielsweise das Museum des Malers Sorolla, ein Skulpturen-Freilichtmuseum und die Residencia de Estudiantes, in dem zur selben Zeit Lorca, Buñuel und Dalí studierten.

Der Spaziergang beginnt an der Plaza de Colón und deren Jardines del Descubrimiento (»Gärten der Entdeckung«). Letztere allerdings symbolisieren nicht unbedingt die großbürgerliche Eleganz, die an der Castellana dominiert, sondern die Monumentalarchitektur des Franco-Regimes. Hier befindet sich ein Verkehrsknotenpunkt der Stadt.

Die wenige Stufen tiefer gelegene Plaza de Colón schmückt eine neogotische Statue von Christoph Kolumbus, die aus dem Jahr 1889 stammt und ihn auf einer einer Säule stehend zeigt. Sein Blick und sein ausgestreckter Arm weisen gen Westen. Dazu gesellen sich die später gestalteten Jardines del Descubrimiento, drei aus Beton geschaffene stilisierte Karavellen, die die Schiffe von Kolumbus symbolisieren und mit eingravierten Zitaten spanischer Philosophen und indianischer Kaziken verziert sind. Dazu gibt es noch ein paar Grünflächen und eine Springbrunnen-Installation. Auf der Plaza flattert die größte Flagge Spaniens an einem Mast in über 50 Metern Höhe.

Oben: An den »Gärten der Entdeckung« an der Plaza Colón
Unten: Kunst im öffentlichen Raum bietet das Museo Público reichlich.

Auffälligster Punkt an diesem Platz dürfte allerdings der blassrote Doppelturm der Versicherungsgruppe Mutua Madrileña sein, der in der Höhe von einem lindgrünen Sombrero gekrönt wird. Zumindest nennen die Madrilenen das so – und tatsächlich wirkt es, als sei dem Gebäude ein Hut aufgesetzt worden. Dieser Architektur-Gag macht den Turm zu einem guten Orientierungspunkt im Stadtgefüge. Unmittelbar am Plaza de Colón liegt das Museo de Cera, ein Wachsfigurenkabinett.

Skulpturen im öffentlichen Raum

Gen Norden wandelt sich der Paseo de la Castellana zu einem großartigen Flanier-Boulevard. Umgeben von den schönsten, elegantesten Stadtpalästen und großbürgerlichen Wohnhäusern, die dem *pastelito*, dem Zuckerbäckerstil, durchaus Ehre machen, schlendert man unter schattenspendenden Baumkronen auf einem großzügig gepflastertem Mittelstreifen. Hier spielt der Verkehr eine untergeordnete Rolle, er ist auf die Nebenstreifen verbannt.

Ungefähr auf der Höhe des Paseo de la Castellana 40, oberhalb der Kreuzung mit der Calle Eduardo Dato und der Calle Juan Bravo auf der rechten Seite liegt das Museo de Escultura al Aire Libre oder Museo Público – leider fast ein wenig verborgen. Dabei sind die Kunstwerke schon eine kleine Sensation. Die Idee, öffentlichen Raum als Platz für Skulpturen zu nutzen, entstand, als man in den späten 1960er-Jahren den östlichen und den westlichen Rand des Paseo mit einer Brücke verbinden wollte. Zu sehen sind Kunstwerke der spanischen Avantgarde, einmal der älteren – vertreten durch Joan Mirós Bronzearbeit *Mère Ubu*, und der gegenwärtigen, vertreten durch den spa-

AUTORENTIPP!

RESIDENCIA DE LOS ESTUDIANTES

Wer wissen möchte, wie die Studentenbuden von Federico García Lorca, Luis Buñuel und Salvador Dalí einmal ausgesehen haben, muss in die Residencia de Estudiantes gehen. Weitere Bewohner waren Walter Gropius, Albert Einstein, Marie Curie, John Maynard Keynes und Igor Strawinsky. Eine intellektuelle interdisziplinäre Debatte auf höchstem Niveau wurde hier geführt, und wenn man den Biografen dieser illustren Namen glauben darf, auf eine sehr freudvolle Art und Weise. Nach Abschaffung der Monarchie und vor den furchtbaren welterschütternden Kriegen blühte hier der Diskurs, die Kunst, der Aufbruch. Ein Zimmer hat man exemplarisch ausgestattet. Es hat die Größe einer Mönchszelle, ist aber farbenprächtig orientalisch ausstaffiert. Die Säle des Hauses dienen heute Veranstaltungen.

Residencia de los Estudiantes.
Mo–Sa 11–20, So 11–15 Uhr, Calle del Pinar 21, Tel. 915 63 64 11, www.residencia.csic.es,
Metro: Gregorio Marañón

Oben: Die Fassade des ABC Gebäudes ist ein Historismus-Traum aus Fliesen und Backstein.
Unten: Der andalusische Garten im Garten des Malers Joaquín Sorolla

nisch-baskischen Bildhauer und Zeichner Eduardo Chillida und seiner *Sirena Varada*, einer schwebenden Skulptur aus Stahlbeton, die erst nach erbittert geführter Debatte 1978 ihren endgültigen Platz erhielt. Insgesamt 17 Kunstwerke haben hier ihren Platz gefunden, darunter auch ein kinetisches Objekt des Venezolaners Jesús Rafael Soto.

Das Museum zieht sich hinauf bis zur Calle Serrano, und ein wenig unterhalb dieser Höhe liegt das Edificio ABC Serrano, das ursprünglich im Besitz des gleichnamigen Zeitungsverlags war, der es 1995 verkaufte. Es ist ein Unikat mit zwei komplett unterschiedlich gestalteten Fassaden. Die zur Calle Serrano gewandte zeigt einen Neo-Renaissance-Stil und entstand 1899, die Fassade zum Paseo de la Castellana hin prunkt im sevillanischen *regionalismo* mit Fliesenschmuck und wurde 1926 entworfen. Heute residiert ein Einkaufszentrum in seinen Mauern.

Museum des Malers Joaquín Sorolla

Zum nächsten Höhepunkt sind es nur ein paar Schritte. Das Museum Sorolla liegt am Paseo del General Martínez Campos und ist das Wohnhaus des bei uns nicht sehr bekannten Malers Joaquín Sorolla (1863-1923), einer der wichtigsten spanischen Impressionisten, der mit seinem lichtdurchfluteten Stil ganz besondere Akzente setzte und realistischer arbeitete als seine französischen Vorbilder. Besonders eindrucksvoll fallen seine Porträts und Meeresbilder aus. Sein Wohnhaus war auch gleichzeitig Atelier und ist in bester Regionalismusmanier ausgestattet; sehr schön z.B. seine Sammlung von kunstvoll bemalten Fliesen andalusischer Provenienz, die zwischen Rosen- und Oleanderbüschen den Garten und den Wintergarten schmücken.

Infos und Adressen

SEHENSWÜRDIGKEITEN

Museo Sorolla. Di–Sa 9.30–20 Uhr, So, Fei 10–15 Uhr. Eintritt 3 €. Paseo del General Martínez Campos 37, Tel. 913 10 15 84, Metro: Rubén Darío und Gregorio Marañon

Museo al Aire Libre. Museo Público (de las Esculturas). Puente Enrique de la Mata Gorostiaga, Paseo de La Castellana 40, Metro: Rubén Darío

Edificio ABC Serrano. Calle Serrano 61, Paseo de la Castellana 34, Metro: Rubén Darío

ÜBERNACHTEN

Hotel Villa Magna. Elegantes und großes Luxushotel. Schon die Auffahrt mit Springbrunnen ist beeindruckend. Sehr behagliche Zimmer, umfassendem Wellness-Angebot. Paseo de la Castellana 22, Tel. 915 87 12 34, www.villamagna.es Metro: Rubén Darío

Petit Palace Embassy.
In einem renovierten Stadtpalast aus dem 19. Jahrhundert untergebracht – typisch für das Viertel. Die Zimmer sind modern, frisch, eher klein. Calle Serrano 46, Tel. 914 31 30 60, www.petitpalaceembassyserrano.com Metro: Colón, Serrano.

ESSEN UND TRINKEN

Al-Mounia. Marokkanisches Restaurant mit Spezialitätenküche (Brochettes, Briques, Tajines). Geschnitzte Holzdecke, bemalte Fliesen, Sitzbänke, Samthocker und marokkanische Möbel vermitteln eine stimmige und angenehme Atmosphäre. Schön auch zum Tee am Sonntag. Mo–Sa 13.30–16 und 21–23.30 Uhr, So 13.30–16 Uhr, Calle de Recoletos 5, Tel. 914 35 08 28, www.almounia.es. Metro: Rubén Darío

Terraza. Der Clou des Edicifio ABC Serrano ist zweifellos das Dachrestaurant. Ausstattung wie Menü sind klassisch und fein spanisch, die Lage ist einfach wunderbar. Halb elegant, halb loungig. Di–Sa 13.30–16 und 21–23.30 Uhr, Mo, Fei 13.30–16 Uhr, Calle Serrano 61, Tel. 915 75 11 12, www.larumbe.com, Metro: Rubén Darío

Die *Sirena Varada* von Eduardo Chillida im Museo Público überzeugt durch lebendige Schattenbilder.

31 Museo Lázaro Galdiano

Privat und prächtig

Eine exquisite Privatsammlung im staatlichem Besitz gibt es im Parque Florido zu bestaunen, untergebracht in einem Palast im Renaissancestil, umgeben von einem kleinen Landschaftsgarten im Nobelviertel Salamanca. Sein ehemaliger Besitzer José Lázaro Galdiano war ein äußerst erfolgreicher Bankier, aber auch Verleger, Schriftsteller und Sammler exquisiter Kunst.

José Lázaro Galdiano (1862–1947) war ein Sammler, der intellektuelle Spuren zu hinterlassen wünschte. Und so spiegelt seine gesamte Kollektion die Turbulenzen seiner Epoche. In der Restauration geboren, erlebte er in seiner Jugend die Wiederbesinnung auf »das Spanische« – als Reflex auf den »Verlust« der letzten spanischen Kolonie Kuba im Jahr 1898. Die Intellektuellen erteilten sich damals den Auftrag, neue Werte zu bestimmen, die eine nationale Moral formulieren und stützen könnten. Das schlägt sich auch in der Wahl des ursprünglichen Architekten für den kostbaren Familiensitz Lázaro Galdiano nieder: Es war derselbe Baumeister, der auch den spanischen Pavillon für die Weltausstellung in Paris 1900 entworfen hatte, José Urioste. Lázaro Galdiano widmete den Palast seiner Frau Paula Florido. Seit 1948 gehört er ebenso wie die 13 000 (!) Exponate umfassenden Sammlung einer Stiftung.

Bedeutender Verleger

Gleich im Parterre präsentiert sich der Sammler nicht nur als bedeutender Mäzen, sondern auch als kosmopolitischer Kunstkenner und Verleger. Die Zeitschrift *España Moderna* wurde von ihm

Oben: Die kostbaren Schätze aus dem Museum der Stiftung Lázaro Galdiano umfassen tatsächlich Jahrtausende.
Unten: Auch Karikaturen sammelte Galdiano gerne.

ediert, er verlegte Autoren wie Benito Pérez Galdos und Miguel de Unamuno, aber auch die Schriften von Friedrich Nietzsche und Richard Wagner, die in kostbaren Ausgaben ausgestellt sind. Er liebte auch Bibliophiles – hier sieht man die Stundenbücher der Medici und einen Medizinatlas aus dem 17. Jahrhundert. Ein Raum wurde als Schatzkammer eingerichtet, im Dämmerdunkel der sparsam eingesetzten Beleuchtung strahlen die mit traumhaften Kostbarkeiten gefüllten Vitrinen hervor. Ein Diadem stammt aus dem 3. Jahrhundert nach Chr., Halsketten, Ohrringe und Ringe aus hellenistischer Zeit. Westgotische Gürtelschnallen, eine byzantinische Brosche aus Gold und Emaille und Colliers aus nazarinischer Zeit lagern auf mit weißem Stoff ausgeschlagenen Podesten, dazu kunstvolle Glasgefäße aus dem 17. Jahrhundert sowie Gemmen aus farbigen Steinen, Siegelringe und silbernes Tafelgeschirr.

Im ersten Stock steht spanische Kunst zu entdecken. Besonderes Augenmerk richtete Galdiano auf die kastilische und valencianische Schule aus dem 15. und 16. Jahrhundert. Da galt der einzelne Maler weniger als die Schule, der er entstammte, und so sind oft nur diese Namen auf dem Bild verzeichnet. In weiteren Sälen sind drei Goyas zu sehen, von El Greco stammt der *Hl. Franziskus von Asisi* und das *Noli me tangere*. Eine *Santa Rosa de Lima* von Estéban Murillo und der *San Diego de Alcalá* mit seiner Kutte voller Rosen von Francisco Zubarán gehören ebenfalls zu den Kunstschätzen Galdianos. Der Blick aufwärts lohnt sich: Die Decken sind sehr schön bemalt, z.B. mit dem Personal aus Goyas Gemälden oder mit einer Versammlung der bedeutendsten Literaten jener Zeit. Im zweiten Stock hängen Meisterwerke wie *El Salvador Adolescente* von Boltraffio von 1490 und *Meditaciones de San Juan Bautista* von Hieronymus Bosch, entstanden um 1500.

Infos und Adressen

SEHENSWÜRDIGKEITEN

Fundación Lázaro Galdiano, Museo. So 10–15 Uhr, Mi–Sa 10–16.30 Uhr, Eintritt 6 €, nachmittags mit Führung 8 €, eine Stunde vor Schließung freier Eintritt, Calle Serrano 122, Tel. 915 61 60 84, www.flg.es, Metro: Rubén Darío und Gregorio Marañon

ÜBERNACHTEN

Hotel Hesperia Emperatriz. Stilvoll, großzügig und elegant möbliert – das Hotel passt zum Viertel. Es ist in einem der schönen Großbürgerhäuser untergebracht. Calle López de Hoyos 4, Tel. 915 63 80 88, www.hesperia.es
Metro: Gregorio Marañon

ESSEN UND TRINKEN

Greener Café. Unterkühlt gestyltes Café-Restaurant mit Terrasse und einer breit gefächerten Karte – von der Pizza bis zum typisch spanischen *montadito* (Häppchen). Mittags wird ein Salatbüffet angeboten. Auch abends nett für einen Drink. Mo–Sa 13–16 Uhr, 19–24 Uhr, Calle Serrano 112, Tel. 915 63 33 70, www.greenercafe.es
Metro: Gregorio Marañon

Kleinskulpturen können beeindrucken.

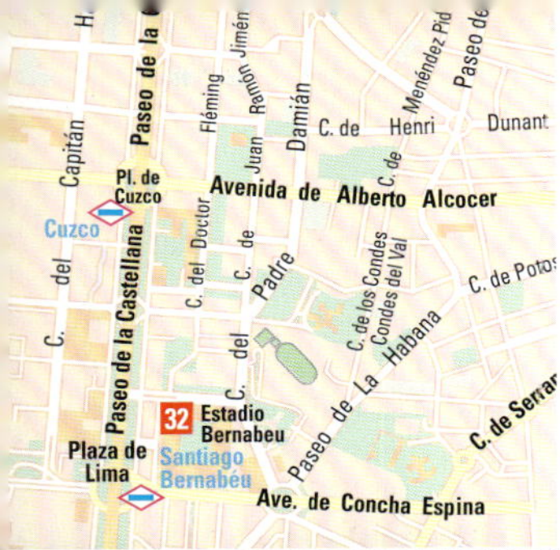

Oben: Ballkunst vom Feinsten präsentiert Real Madrid – zumindest zumeist …
Unten: Wer ein richtiger Fan ist, scheut auch vor einem Fan-Schal nicht zurück.

32 Estadio Bernabéu

Der Fußball-Tempel

Für viele ist das Estadio Bernabéu sicherlich ein Sehnsuchtsort, nicht nur für Fußballer – es ist der Ort, an dem seit Jahrzehnten der weltbeste Fußball zelebriert wird. Es ist die Heimat der Galácticos, das Heimstadion einer der teuersten Mannschaften der Welt: Real Madrid. Und es ist tatsächlich ein Vergnügen, dieses Stadion für 85000 Zuschauer, mit dessen Bau 1944 begonnen wurde, zu besichtigen.

Das Bernabéu-Stadion liegt mitten in der Stadt, fast am Paseo de la Castellana. Die Metro hält vor der Haustür. Von außen wirkt es gar nicht so gewaltig. Doch schon bei der ersten Station des Rundganges durch das Stadion wird man eines Besseren belehrt. Man befindet sich dann in den obersten Zuschauerreihen, und die gesamte Pracht liegt einem zu Füßen. Wen hier nicht die heilige Ehrfurcht packt, der ist durch wenig zu beeindrucken. Weil man sich allein ohne Führer auf den Rundgang macht, kann man überall verweilen so lange man will – die meisten Gäste zücken hier ihre Fotoapparate. Eine sorgfältige Auswahl der Stationen sorgt dafür, dass der Rundgang nicht langweilt, sondern das Gefühl hervorruft, an etwas wirklich Großartigem teilzuhaben.

Nessun dorma

Die zweite Station ist das Museum. Wie verhindert man, dass eine endlose Abfolge von Plakaten, Dokumenten, Pokalen und Ehrungen, die hier hinter erleuchteten Glasvitrinen ruhen, irgendwann einmal öd wird? Durch bewegte Bilder. Erster Einfall: Plácido Domingo schmettert die Arie *Nessun Dorma* aus Puccinis Turandot zu einem Filmzusammenschnitt von Fußballszenen, die genau auf die Arie hin choreografiert wurden – und just in dem Moment, wenn es in der Arie heißt, im Morgengrauen werde ich siegen, reißt der weltbeste Torwart Iker Casillas den Weltmeisterpokal von 2010 im Silberkonfettiregen und Sprühnebelfontänen in die Höhe. Nicht schlecht. Derart eingestimmt, schaut man sich gerne noch Spielausschnitte und Filmporträts von Zinédine Zidane, Cristiano Ronaldo oder Raúl Gonzáles Blanco an und beteiligt sich an interaktiven Spielen.

Ein zweiter Film gibt über die Baugeschichte des Stadions Auskunft, ein dritter über die Geschichte des Vereins. Und dann kann an Fußballschuhen von 1919 oder an denen von Alfredo di Stefano vorbeiflaniert werden, dem berühmtesten aller *Galácticos* (als sie noch gar nicht so hießen). Im nächsten Saal werden die Pokale aufbewahrt – der 2010 erkämpfte Weltmeisterpokal darf berührt werden. Wer will, lässt sich damit fotografieren und erhält das Foto am Ausgang.

Weiter geht es auf dem Weg durchs Stadion: Er führt durch VIP-Bereiche und durch Umkleideräume, die auch nicht viel anders riechen als die in einer Schulturnhalle, aber natürlich mit Fitnessraum und Jacuzzi ausgestattet sind. Sodann ist ein Blick auf die Trainer- und Reservebänke und den Rasen zu werfen. Es kommen Grassamen-Aussäer und künstliches Sonnenlicht zum Einsatz. Zum krönenden Abschluss winkt ein Foto mit einem der Spielstars in Form von Pappfiguren. Am beliebtesten erweist sich zurzeit verständlicherweise der Portugiese Cristiano Ronaldo. Die Männer wählen ihn wegen seiner Spielkunst, die Frauen, weil er so nett aussieht. Der Rundgang endet im Vereinsshop.

Infos und Adressen

SEHENSWÜRDIGKEITEN

Estadio Santiago Bernabéu. Es gibt keine geführten Touren, sondern Tickets am Schalterfenster 10 beim Aufgang 7 vor dem Stadion. Am Aufgang zur Torre (Turm) B erhält man einen Plan und auf Wunsch einen Audioguide. Der Rundweg durch das Stadion ist klar ausgeschildert. Plakate und Schautafeln erteilen an jeder Station ausführlich Auskunft – auf Englisch und Spanisch. Gut gefüllter Shop auf zwei Etagen – Trikots, Outfits, Schals, Schnickschnack. Der Besuch des Stadions ist auch bei geführten Madrid-Touren enthalten. Mo–Sa 10–19 Uhr, So, Fei 10.30–18.30 Uhr, 10 €, Avda. de Concha Espina 1, Tel. 913 98 43 00, www.realmadrid.es
Metro: Santiago Bernabéu.

ESSEN UND TRINKEN

Real Café Bernabéu. Direkt am Stadion; hat einen Frühstücksraum, eine Bar, ein Restaurant und eine Sommerterrasse. In den beiden letzteren hat man einen guten Blick aufs Stadion. Tgl. 10–1 Uhr, Avda. de Concha Espina 1, Puerta 30,
Tel. 914 58 36 67,
www.realcafebernabeu.es
Metro: Santiago Bernabéu

Fußballer und Medienstar Ronaldo

33 Plaza de Toros de Las Ventas

Stierkämpfe und Konzerte

Die 1923 gebaute Plaza de Toros in Madrid strahlt mit ihren Elementen aus dem Zeitalter des Neo-Mudéjar eine erhabene Feierlichkeit aus und erlebt während der Feria de San Isidro Ende Mai eine wahre Pilgerschaft von Stierkampfbegeisterten.

Anders als die barock-prächtigen, aber eher ländlich anmutenden Stierkampfarenen in Ronda, Aranjuez und auch Sevilla wirkt die pompöse Plaza de Toros dem *historicismo* jener Zeit verpflichtet – sie ist aus dem Madrider Ziegelstein gebaut, gekrönt von einer Zinnengalerie aus mehrfach gestuften Dreiecken, mit Ecktürmen und Fliesenschmuck. Durch arabische Rundbogenfenster entlang der Galerien blickt man hinunter auf den Platz vor der Plaza de Toros. Im zweiten Stockwerk schmücken Fliesen mit den Wappen der 50 Provinzen Spaniens die Bogenzwickel. 24 000 Plätze umfasst die Arena. Auf dem Vorplatz vor Las Ventas fesselt eine bronzene Skulptur die Aufmerksamkeit. Sie zeigt in realistischer Manier einen über einem Stier schwebenden Matador mit seiner *capote*, auf der Rückseite sieht man einen männlichen Engel eine Torero-Tracht beweinen. Der Torero, der damit geehrt wird, hieß José Cubero Sánchez. Er starb 1983 mit lediglich 21 Jahren in der Arena.

Die Puerta Grande

Im Eingangsbereich jenseits der Puerta Grande, der kolossalen Eingangspforte, weisen zahlreiche Fliesenbilder auf die Mythen des Stierkampfs hin – auf Juan Belmonte, Manolete, Sebastian

Oben: Vor der Stierkampfarena steht das Denkmal für den bekannten Torero José Cubero Jijo.
Unten: Das Interesse an der Corrida ist besonders während der Feria de San Isidro hoch.

Palomo Linares, Joselito, José Tomás und Antonio Chenel, der sogar mit 51 Jahren noch in den Ring stieg. Durch diese Puerta Grande getragen zu werden, mit zwei abgetrennten Ohren und dem abgetrennten Schwanz des getöteten Stiers, ist die höchste Ehre, die einem Torero zuteil werden kann. Dies haben in Madrid überhaupt nur zwei Matadore geschaffte, Juan Belmonte 1931 und Sebastian Palomo Linares 1973. Über diese Ehre entscheidet das Publikum mit: Ist der Stierkampf gut, das heißt, artistisch überzeugend und vor allem kurz, dann kann es mit dem Zücken eines Taschentuchs einfordern, dass der Torero ein Ohr erhält. Über weitere Ehrungen entscheidet allein der Präsident. Oberste Priorität dabei hat der Respekt vor dem Tier, das nicht gequält werden darf. Erweist sich ein Stier als besonders tapfer, kann er begnadigt werden. Ist das Publikum mit der Vorstellung des Torero unzufrieden, schweigt es – oder – die härteste Strafe – wirft die Sitzkissen in die Arena.

Während eines Rundgangs durch die Arena lernt man alle Bereiche bis auf die *corrales* kennen, in denen die Stiere auf ihren Kampf warten.

Stierkampfmuseum

Im Museum wird die bunte Geschichte des Stierkampfs aufgeblättert – sie soll bis in die iberische Zeit reichen. Auch Francisco de Goya hat dem Stierkampf einen bedeutenden Zyklus gewidmet, der hier ausgestellt ist. Die Trachten von Juan Belmonte, Manolete und Dominguín stehen zu bewundern, ebenso wie die der Stierkämpferinnen. Und natürlich ist das berühmte Reglement ausgestellt, das Pedro Romero (1794–1839) aus Ronda für den Stierkampf entwarf und ihn damit erst zu seiner im Wesentlichen heute noch gültigen Form brachte.

Infos und Adressen

SEHENSWÜRDIGKEITEN

Plaza de Toros de Las Ventas. Juli /Aug. Mo–Sa 10–19 Uhr, sonst 10–18 Uhr, anläßlich einer Corrida wird vier Stunden zuvor geschlossen. Geschlossen ist auch sonntags vom 10. Mai bis 11. Juni (Feria de San Isidro mit täglichen Corridas) und während der Feria de Otoño Sept./Okt. Tour mit Audioguide durch die gesamte Arena: 10 €. Begleitete Touren auf Englisch, Spanisch, Französisch und Italienisch müssen vorher angemeldet werden, Calle de Alcalá 237, Tel. 687 73 90 32, www.lasventastour.com Metro: Las Ventas

Das **Museo Taurino** im Gebäudetrakt der Stierkampfarena: Di– Fr 9.30–14.30 Uhr, So, Fei 10–13 Uhr während der Saison März bis Okt. Nov. einschl. Feb. nur Di–Fr 9.30–14.30 Uhr.

Jeden Sonntag vor einer Corrida kann man sich um Punkt 12 Uhr die Stiere ansehen, die an diesem Nachmittag in den Kampf ziehen. Unbedingt schon früher da sein, das Ganze dauert nur etwa zehn Minuten und kostet 1 € pro Person.

EINKAUFEN

Shop der Stierkampfarena mit Plakaten, Schmuck, Postkarten.

Während der Ferias bieten die traditionellen **Bäckereien** *rosquillas* an, das sind Gebäckringe in verschiedenen Varianten. Es gibt sie sehr gut bei »El Riojano«, in der »La Mallorquina«, »Lhardy« und in zahlreichen Feinkostgeschäften.

34 Rund um die Plaza de Castilla
Architektur-Tour

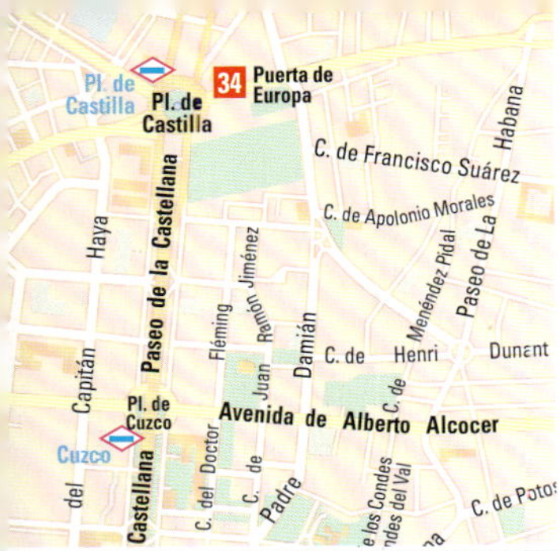

Das am meisten geknipste Motiv in der Zeit, als sich Madrids Schuldenkrise immer deutlicher abzeichnete, waren die beiden waghalsig schräg gekippten Türme an der Plaza de Castilla, die Puerta de Europa heißen – Pforte nach Europa. Symbolischer ging es kaum.

Oben: Die zueinander geneigten Türme der Puerta de España wurden zum Sinnbild der Finanzkrise. **Unten:** Fröhlich bunte Installation an der Plaza de Castilla

Der stadtauswärts führende Teil des Paseo de la Castellana nähert sich den städtebaulichen Visionen der Jahrtausendwende. Schon in den ausgehenden 1960er-Jahren bestanden Pläne, eine neue Zone für Geschäftshäuser und Ministerien zu entwerfen. Es entstanden die Nuevos Ministerios, ein umfangreicher Komplex hellgrauer Granitriegel im Zusammenspiel mit Plätzen und kleinen Parkanlagen. Zum Paseo de la Castellana hin schmückt eine verglaste Arkadengalerie die Gebäudefront, und unvermittelt ragt eine anthrazitfarbene überdimensionale Skulptur einer Hand aus einem Podest. Die ist unzweifelhaft als ein echter Fernando Botero auszumachen, doch wird sie vermutlich wesentlich seltener von begeisterten Touristen befühlt als die *Nackte mit dem Spiegel* in unmittelbarer Nähe der Plaza de Colón, ebenfalls eine Statue des Kolumbianers.

AZCA-Komplex

Eine Metrostation oder zehn Minuten Spaziergang weiter scheint die Vision, ein Manhattan in Madrid zu schaffen, verwirklicht: schick, hypermodern, mit bahnbrechender Hochhausarchitektur. Der AZCA-Komplex ist erreicht. Die Pläne, einen solchen Komplex zu bauen, lagen schon 1969 in der Schublade und wurden in den 1980er-Jahren realisiert. Es begann mit einem Paukenschlag: Der Torre Picasso war zu seinem Richtfest mit 157 Metern das höchste Gebäude Madrids. Der Turm beruht auf Plänen des nordamerikanisch-japanischen Architekten Minoru Yamasaki, der auch die World Trade Towers in Manhattan entwarf. Es ist ein streng komponierter Turm mit einem strahlendweißen »Gitter«, einer vorgehängten Fassade, und einem eleganten, über drei Stockwerke reichenden halbmondförmigen Eingangsbogen. Näher zum Paseo de la Castellana hin liegen die Doppelrundtürme des Torre Europa, die 1985 eingeweiht wurden. Sie haben eine originelle Fassade aus hellbraun glasierten Fliesen, die die Fläche wie gerastert wirken lassen, und eine aufgesetzte Krone. Im Souterrain breitet sich auf zwei Etagen das gepflegte, ruhige Centro Moda Shopping aus.

Zum AZCA-Komplex gehört auch der 107 Meter hohe Torre BBVA (Banco de Bilbao). Der Turm ist mit seinen oxidierenden Stahlbändern eine außergewöhnliche Erscheinung.

Plaza de Castilla

An der Plaza de Castilla wirken die Doppeltürme der Puerta de Europa wie eine architektonische Negierung der Schwerkraft. Die rot-schwarzen Gebäude mit hellgrauen Edelstahlbändern sind jeweils um 15 Grad einander zugeneigt und wurden von den Amerikanern Philipp Johnson und John Burgee entworfen. Die Türme sind nicht öffentlich zugänglich. Der Parque y Depósito de Agua Canal de Isabel II. an der Metro Plaza de Castilla aber hat hübsch eingefasste Teiche, einen kleinen botanischen Garten, Bänke und einen Rosengarten, und von dort aus lässt sich das Ensemble in Ruhe betrachten.

Infos und Adressen

SEHENSWÜRDIGKEITEN

Torre Picasso. Plaza de Pablo Ruíz Picasso 1, Metro: Bernabéu

Torre Europa. Paseo de la Castellana 95, Metro: Bernabéu

Torre BBVA. Paseo de la Castellana 108, Metro: Bernabéu

Torres Puerta de Europa. Paseo de la Castellana 216, Metro: Plaza de Castilla

Parque Canal de Isabel II. Paseo de la Castellana 214, Metro Plaza de Castilla

ÜBERNACHTEN

NH Eurobuilding. So sollte man in diesem Viertel unterkommen: komfortables Hochhaus, funktionale, bequeme Zimmer, klassische Interieurs. Calle Padre Damián 23, Tel. 913 53 73 00, www.nh-hoteles.com Metro: Cuzco

EINKAUFEN

Centro Moda Shopping. Mit mehreren kleinen Restaurants. Mo–Fr 9–22 Uhr, Sa, So 10–22 Uhr, Geschäfte 10-–21 Uhr, darunter: Adolfo Domínguez, Purificación García, Benetton, Occitaine, Bimba y Lola. Paseo de la Castellana/Av. General Perón 40, Tel. 915 81 15 25, www.modashopping.com Metro: Bernabéu und Cuzco

35 Skulpturenpark Juan Carlos I.

Kunst in gleißender Sonne

Wie verbinden sich Landschaft und Skulpturen miteinander, wie können sie sich gegenseitig bereichern? Diese Frage will der zwischen 1990 und 1992 geschaffene Skulpturenpark Juan Carlos I. beantworten. Er liegt am Rand einer hochmodernen Bürostadt und des Messegeländes und ist eine sehr entspannende und unterhaltsame Ausflugsmöglichkeit. Allerdings nicht im Hochsommer – in den weiten Flächen findet sich kaum Schatten.

Oben: Es ist ein Stück Weg bis zum Skulpturenpark, aber wer dann dort ist, genießt es.
Unten: Eines der imposanten Kunstwerke, die eine Verbindung mit der Landschaft eingehen wollen. Man kann sie aber auch Schattenspender nutzen.

Immer wieder ist man überrascht, wie unvermittelt Madrid ländlich wirken kann, im Park wähnt man sich schon auf halben Weg in die Sierra. Eine flächige, sanft gewellte Ebene breitet sich bis zum Horizont aus. Ein Segen ist dieser Park für die Angestellten aus den umliegenden Bürotürmen: Sie nutzen ihn für ihre Mittagpause, für einen Spaziergang, für einen Jogginglauf oder ein Picknick. Aber er ist natürlich sehr viel mehr. Anlass, ihn einzurichten, gab Madrids Ernennung zur Kulturhauptstadt 1992. Madrid hatte die Idee, hier nicht irgendeinen weiteren Park anzulegen, sondern ihn mit Kunstwerken zu schmücken, die aus internationalen Werkstätten stammen, Plastiken, die sich mit der Landschaft in Beziehung setzen sollten.

Der Park umfasst 22 Hektar und wurde kreisförmig konzipiert, mit einem 500 Meter langen und zehn Meter breiten Kanal und einem fast zwei Kilometer langen, künstlich angelegten Fluss, der einen See speist und über mehrere Installationen aus Metallplatten Wasserfälle erzeugt. Das Ergebnis ist sehr artifiziell und das soll es auch sein. International renommierte Bildhauer waren aufgefordert, ihre Phantasien zu dem Thema *Begegnungen mit Madrid* spielen zu lassen. Der absolute Hingucker und weithin sichtbar ist dabei der *Espacio Méjico* von Andrés Casillas und Margarita García Cornejo, eine knallrote riesengroße Ringscheibe, die auf einer erhöhten Stelle des Parks schwebend balanciert – man könnte sich gut vorstellen, sie rolle jeden Moment in die Landschaft hinunter.

Eine Empfehlung für den Weg: der Nord-Südachse folgen. Gleich zu Beginn mahnt die Brasilianerin Yolanda de Augsburg mit ihrem Denkmal aus rotem Beton und Stahl an den Frieden. Danach erheben sich drei weiße stilisierte Pforten von Dani Karavan aus Israel, die den Übergang von der bekannten zur unbekannten Welt symbolisieren sollen. *Encuentros*, »Begegnungen«, heißt ein Werk von Mustafa Arruf aus der spanischen Enklave Melilla, das an dessen Fremdbestimmung erinnert.

Im nordöstlichen Teil gedeiht der Jardín de las Tres Culturas. Ein Zusammenspiel aus emblematischer Architektur und kulturtypischen Bepflanzungen greift die drei Weltkulturen auf: die christliche mittels eines Kreuzgangs und Medizinalpflanzen wie Lavendel und Kamille, die muslimische mittels einer wie ein Teppich gemusterten Komposition aus Parfümpflanzen, Marmorbrunnen und *ladrillo*-Wänden, und die jüdische mit einem Davidstern im Boden, Steinen aus Jerusalem und einer Pflanzenwelt, die der Bibel entnommen ist: Zypressen, Zimt und Mandelbäumen.

Wasser ist ein wichtiges Element des Parks. Es gibt 13 Kilometer Wege und 118 700 Quadratkilometer Wasserfläche, weite Rasenstücke, bepflanzte Erdwälle und Wäldchen mit heimischer Vegetation aus Sträuchern und Olivenbäumen.

Infos und Adressen

SEHENSWÜRDIGKEITEN

Parque Juan Carlos I. Mo–Do 7–1 Uhr, Fr–So 7–3 Uhr, im Winter bis 24 Uhr (wenn es Veranstaltungen gibt), Glorieta de Don Juan de Bourbon s/n, Campo de las Naciones, Tel. 917 21 00 79. Metro: Campo de Las Naciones

Aktivitäten im Park.
Rundfahrt im kleinen Zug: Di–Fr nachmittags, Sa, So und Fei den ganzen Tag über.
Fahrt mit dem Katamaran: im Winter Sa, Sa und Fei den ganzen Tag über.
Im Sommer: Di–Fr nachmittags, Sa, So, Fei den ganzen Tag über.
Information und Karten am Hafen.
Restaurants und Kioske: tägl. geöffnet.

Parque Osuna. Dieser entzückende Landschaftspark wurde Ende des 18. Jahrhunderts von der Duquesa Josefa de Osuna in Auftrag gegeben. Die Gärtner sollten einen englisch-chinesischen Park hervorzaubern. Buchstäblich an jeder Ecke wartet denn auch eine Überraschung. Für Bootsfahrten wurden Wasserwege künstlich angelegt, ein Bootshaus ganz aus Bambus konstruiert, es gab ein Kasino und eine Bauernkate.
Ein Exedra-Platz ist mit Tempeln und Statuen dekoriert. Sa, So, Fei 9–21 Uhr, im Winter bis 18.30 Uhr, Metro: Capricho

DER WESTEN

Plaza de Chamberí
41
Agora Juan de Austria, AC Santo Mauro
Jardín Palacete Fortuny
Café Cosmico
Chocolat Factory
Calle de Vallehermoso
Calle de Galileo
C. de Blasco de Garay
C. de Guzmán el Bueno
C. de Andrés Mellado
C. de Gaztambide
C. de Rodríguez San Pedro
Calle Alberto Aguilera
Duque
Acuerdo
C. de Montserrat
Museo ABC de Arte Gráfico
El Horno de Sweetheart
La Cajita de Nori
Centro Cultural Cuartel de Conde Duque
36
Palacio de Liria
Calle de Santa Cruz de Marcenado
C. de los Mártires de Alcalá
C. de la Palma
Noviciado
C. de Noviciado
Asamblea de Madrid
Amaniel
C. de San Bernardino
Calle de los Reyes
Calle San Bernardo
Gran Vía
Calle de San
Santo Domingo
C. de Jacometrezo
C. de Preciados
Calle de los Ángeles
Calle de Leganitos
Calle del Fomento
C. de la Bola
C. de Arrieta
C. de Felipe V
Teatro Real
Edificio España
Pl. de España
Calle del Río
C. del Reloj
Palacio del Marqués de Grimaldi
C. de la Encarnación
C. de San Quintín
C. de Pavía
Pl. de Oriente
Bailén
Palacio Real
Jardines de Sabatini
Ventura Rodríguez
Princesa
C. de Luisa Fernanda
Tutor
C. de Ventura Rodríguez
los Heros
C. de Mendizábal
Calle de Ferraz
Calle de la Princesa
Husa Princesa
Iglesia Buen Suceso
C. de la Princesa
Argüelles
13 Tirol
Casa Monolo
Robledo
Quintana
Francisco
C. de Evaristo San Miguel
Calle de Álvarez
Calle Juan Martín
Rey
Calle Buen Suceso
Calle Marqués de Urquijo
Antonio Fernández
Pl. del Marqués de Cerralbo
Templo de Debod
Parque de Templo Debod
C. de Cadarso
C. de Arriaza
Calle de Irún
Cuesta de San Vicente
Príncipe Pío
Jardines del Palacio Real
Campo
C. de Martín de los Heros
Gutiérrez
Altamirano
Benito
Romero
C. de Francisco Lozano
Calle del Pintor Rosales
Paseo del Pintor Rosales
La Vaca Argentina
Cyathus
Argüelles
Teleférico Casa de Campo
Rosengarten Rosaleda
Paseo de la Rosaleda
Rey
Estación de Príncipe Pío
Centro Comercial Príncipe Pío
Glorieta de San Vicente
C. de Francisco y Jacinto Alcántara
42
C. Lisboa
C. Ercilla
Friedhof La Florida
Paseo de la Florida
Calle de Mozart
El Urugallo
Calle de Aniceto Marinas
Manzanares
Río
Puente del Rey
Puerta del Río
37
Casa Mingo
Panteón de Goya
39
Paseo de Camoens
Museo de América, Museo del Traje
Parque del Oeste
38
Senda del Rey
Avenida de Valladolid
Calle de la Ribera del Manzanares
Teatro San Pol
C. San Pol de Mar
C. del Comandante Fortea
Paseo del Marqués de Monistrol
Paseo Azul
Calle de la Bombilla
Av. de Valladolid
Aniceto
Parque
C. Cmte Fortea
Paseo del Piñoneros
Camino de los Romeros
Torrecilla
Paseo de los Chopos
Lago Casa de Campo
El Urugallo
C. Loeches
Pl. Cancillería
Río Manzanares
Calle de la Ribera del Manzanares
C. Felipe Moratilla
Comandante
Calle Santa Comba
San Pio X
Doctor Casal
Lanzada
C. Cordillera
C. de la Bahía
Calle de Santa Pola
Paseo del Marqués de Monistrol
Paseo del Piñonero
Glorieta de la Puerta de Morera
Camino del Casón
Príncipe
Calle de los Plátanos
Paseo de la Puerta del A
Paseo
Camino del
40

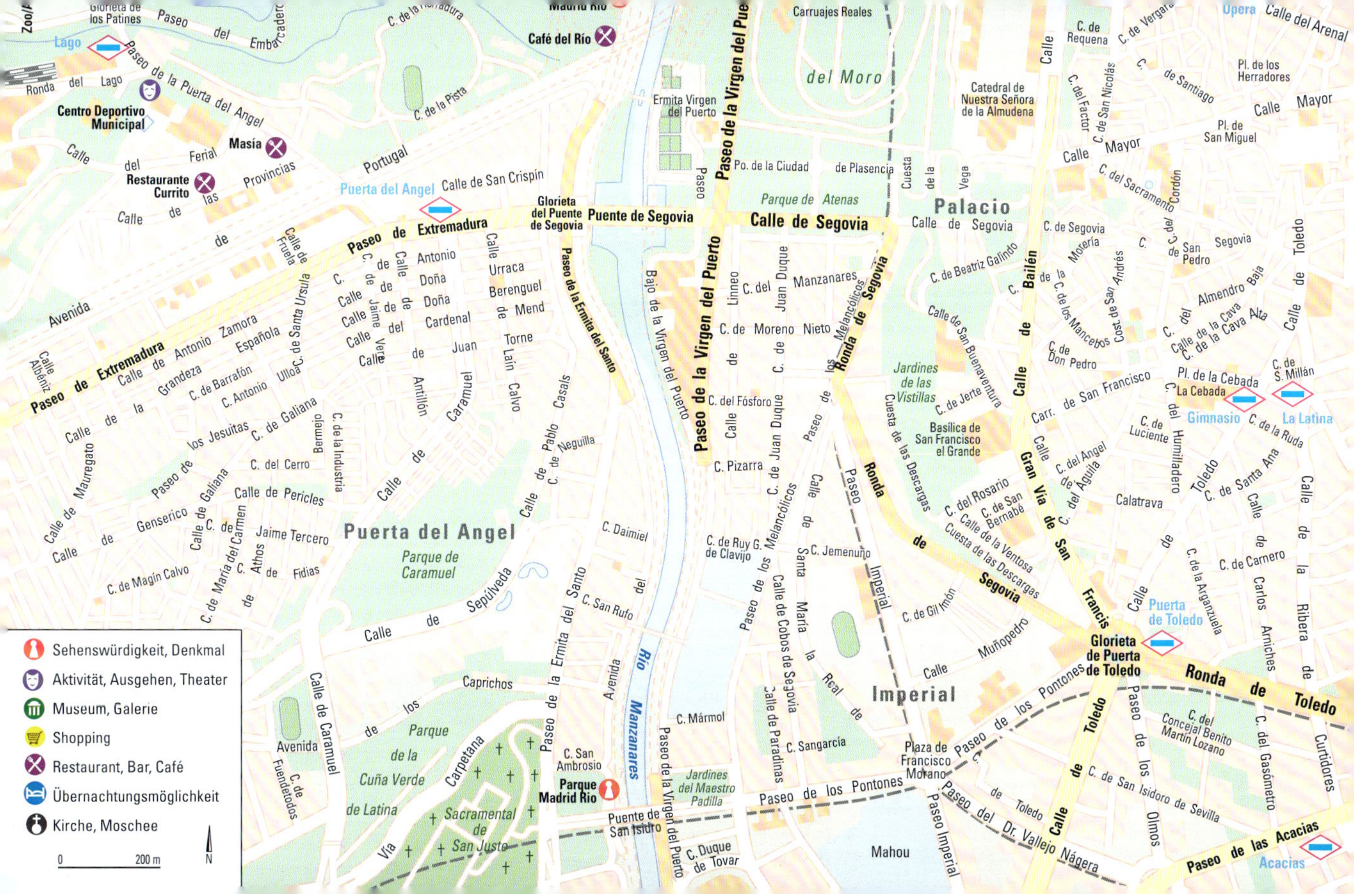

Palacio
Imperial
Puerta del Angel
Calle de Segovia
Puente de Segovia
Glorieta del Puente de Segovia
Paseo de Extremadura
Paseo de la Virgen del Puerto
Ronda de Segovia
Ronda de Toledo
Glorieta de Puerta de Toledo
Gran Vía de San Francis
Calle de Bailén
Río Manzanares
Catedral de Nuestra Señora de la Almudena
Basílica de San Francisco el Grande
Jardines de las Vistillas
Parque de Atenas
Parque de Caramuel
Parque de la Cuña Verde de Latina
Parque Madrid Río
Sacramental de San Justo
Ermita Virgen del Puerto
Café del Río
Masía
Restaurante Currito
Centro Deportivo Municipal
Lago
Puerta del Angel
Puerta de Toledo
La Latina
La Cebada
Gimnasio
Acacias
Opera
Mahou
Sehenswürdigkeit, Denkmal
Aktivität, Ausgehen, Theater
Museum, Galerie
Shopping
Restaurant, Bar, Café
Übernachtungsmöglichkeit
Kirche, Moschee
0
200 m
N

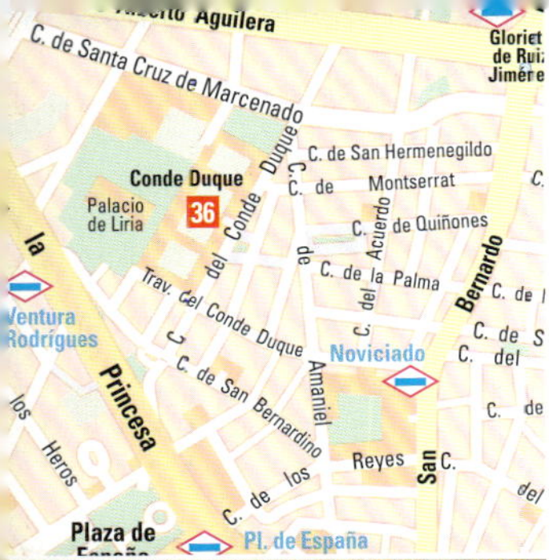

Oben: Abendstimmung auf der Plaza de Guardia de Corps
Unten: Der Mercado Los Mostenes ist ein Einkaufstipp für die Innenstadt.

36 Conde Duque

Volksnah und adelig zugleich

Das Schöne an Spaniens Hauptstadt ist die unmittelbare Nachbarschaft von großartigem Metropolenflair und gemütlichen Barrios der »kleineren Leute« mit winzigen Milchgeschäften und Schneidereien. Conde Duque, eingeklemmt zwischen den Vierteln Argüelles und Malasaña, verfügt über hübsche alte Gassen, ein sagenhaftes Kulturzentrum und den Palacio de Liria der Herzogin von Alba, die vermutlich mehr Geschmeide ihr eigen nennt als Queen Elizabeth II.

Im Hinterhof der Plaza de España geht's los: Über die Travesía de la Parada stößt man auf den Mercado de Los Mostenes. Hier kosten 100 Gramm des berühmten Schinken Jamón Bellota nicht 9 sondern 3,50 Euro. Deswegen stiehlt sich so mancher Salamanca-Bewohner zum Los Mostenes, denn von schlechterer Qualität ist der Schinken keineswegs ... Nur ist der Markt auch nicht das aufgehübschte Boutiquen-Sahneschnittchen wie der Mercado de la Paz in Salamanca, sondern eher rustikal-lebendig.

Hier wohnt man – trotz Innenstadt-Nähe – noch vergleichsweise günstig. Während man in Salamanca für ein 1-Zimmer-Appartement mit 1200 Euro rechnen muss, findet man in Conde Duque so etwas mit Glück für weniger als die Hälfte. Nur zwei Straßenzüge von Malasaña entfernt etablieren sich an der Calle de los Reyes immer mehr kleinere Galerien, und weniger originell sieht die Umgebung keineswegs aus. Die Calle de Limón besticht durch fröhlich bunten Häuseranstrich und einer Menge unkonventioneller Tavernen.

Ein sehr netter und ruhiger Platz versteckt sich ein wenig hinter der Calle del Conde Duque. Es ist die Plaza de Guardias de Corps, die allerdings sehr zivil wirkt – trotz des militärisch klingenden Namens. Stühle und Tische eines Terrassencafés laden zur Rast unter Baumkronen ein, und eine Steinbüste erinnert an die spanische Suffragette Clara Campoamor, die das Frauenwahlrecht in Spanien im Jahr 1933 gemeinsam mit vielen Weggenossinnen erstritten hatte. In den umliegenden Straßen überraschen immer wieder architektonische *modernisme*-Zitate.

Centro Cultural Cuartel del Conde-Duque

Fast wie ein Fremdkörper wirkt in dieser feingliedrigen, filigran gestalteten Umgebung der Kulturpalast Cuartel del Conde-Duque, der ursprünglich als Militärstützpunkt der 600 Mann umfassenden, königlichen Garde nebst Stallungen für 400 Pferde entworfen worden war. Bis 1969 diente er als Garnison, war danach zeitweise sogar ein Gefängnis. Ein veritables Kind des Madrider Barock mit wuchtigen rosabraunen Ziegelsteinmauern, schmücken ihn reich verzierte Steinportale im churrigueresker Stil, einer noch formenreicheren, noch üppigeren Variante des Platereskenstils. Der

AUTORENTIPP!

MUSEO ABC DE ARTE GRÁFICO

In der Nähe der Calle de Limón verblüfft ein Übergang, der im ersten Stock über einen Hof gelegt wurde und zwei Ziegelsteingebäude miteinander verbindet. Er schmückt sich mit einem Gitter aus weiß lackierten Eisenstreben. Soll das Design an kunstvoll gefaltetes Papier, an Origami erinnern? Das würde passen, denn das Museum ABC de Arte Gráfico, das so auf sich aufmerksam macht, beschäftigt sich auf mehreren Stockwerken mit grafischer Kunst aus verschiedenen Jahrhunderten, aber auch mit neueren Tendenzen des Web-Designs, des Comics und der Video-Kunst. Zu sehen sind zudem Wanderausstellungen. Im Übergang logiert ein ganz in Weiß gehaltenes, originelles Museums-Café, ein richtig angesagter Ort.

Museo ABC. Di–Sa 11–20 Uhr, So 10–14 Uhr, Calle Amaniel 29, Tel. 917 58 37 17, www.abc.es
Metro: Ventura Rodríguez

Oben: Das Portal zum Centro Cultural Conde Duque ist wahrhaft hochherrschaftlich.
Unten: Kunst im öffentlichen Raum, ein Graffito in den Gassen des Barrio.

berühmte Stadt-Architekt Pedro de Ribera konzipierte ihn auf Wunsch von König Philipp V. im Jahr 1717. Es entstand ein Gebäude von ungeheurer Monumentalität, für das vier ganze Straßenblöcke weichen mussten. Auf so viel Platz ein Ausstellungsgelände, eine Konzerthalle, eine Theaterbühne und eine Bibliothek zu vereinen, beweist Mut und ein großes Vorstellungsvermögen. Die Hallen sind bewusst im rauen, fast improvisiert anmutenden Stil gehalten.

Zeit für eine Erklärung: churrigueresk, plateresk

Gar nicht so einfach, diese Begriffe aus der Kunstgeschichte parat zu haben, denn sie sind spanischen Ursprungs und es gibt sie in anderen Ländern schlichtweg nicht. Plateresk stammt wortgeschichtlich von *plata*, Silber, ab. Gemeint ist eine im 16. und 17. Jahrhundert beliebte Fassaden-Dekorationskunst, die den feinen Ziselierungen der Silberschmiede ähnelt. Sie nimmt prächtige und üppige Formen des *mudéjar* und der Gotik auf und vermischt sie mit italienischer Frührenaissance. Churrigueresk bezeichnet die Steigerung dieser Kunstform unter dem in Madrid geborenen Bildhauer José de Churriguera (1665–1725).

Palacio de Liria

Ganz in der Nähe befindet sich der Madrider Sitz der Herzöge von Alba, momentan bewohnt von der 86 Jahre alten Duquesa de Alba, einer recht skandalumwitterten Persönlichkeit und wegen ihres ungewöhnlichen Lebensstils seit ihrer Jugend Star der spanischen Regenbogenpresse. Die Duquesa gilt als eine der reichsten Frauen Spaniens. Und das nicht nur an Geld: Das Guiness-Buch der Rekorde benennt sie, die Trägerin von

Ein Café wie das »Sweetheart« ist typisch für das Viertel.

mehr als 50 Adelstiteln, als Rekordhalterin in dieser Disziplin.

Der Palacio de Liria ist nicht nur der einzige Madrider Palast aus dem 18. Jahrhundert neben dem Palacio Real, er ist zudem von wahrhaft königlichen Ausmaßen, misst er doch immerhin 3500 Quadratmeter. Auch die Kunstschätze, die die einflussreichste Familie Spaniens über die Jahrhunderte gesammelt hatte, konkurrieren durchaus mit den königlichen Exponaten. Einige der schönsten Werke von Goya, Velázquez, Tizian, Rubens, Dürer, Rembrandt, Zubarán und Perugini schmücken die Wohnzimmer und Salons der Familie. Die aktuelle Herzogin erwarb Werke der spanischen Moderne (Picasso, Miró, Dalí), aber auch von Gustave Courbet und Auguste Renoir. Es ist ein ungewöhnliches Erlebnis, diese Bilder nicht im musealen, sondern in einem scheinbar alltäglichen Wohnzusammenhang zu sehen.

Infos und Adressen

SEHENSWÜRDIGKEITEN

Museo ABC de Arte Gráfico. Di–Sa 11–20 Uhr, So 10–14 Uhr, Calle de Amaniel 29, Tel. 917 58 37 17, www.abc.es, Metro: Ventura Rodríguez

Centro Cultural Cuartel de Conde Duque. Di–Sa 10.30–21 Uhr, So 10.30–14 Uhr, Calle del Conde Duque 9–11, Tel. 914 80 04 01, www.condeduquemadrid.es Metro: Ventura Rodríguez

Palacio de Liria. Freitags 10–13 Uhr. Führungen zur vollen Stunde für jeweils 15 Personen, frühzeitige Anmeldung obligatorisch. Calle de la Princesa 20, Tel. 915 47 53 02, www.fundacioncasadealba.org Metro: Ventura Rodríguez

ESSEN UND TRINKEN

El Horno: Sweetheart. Kleines Café mit buntem Angebot. Mo–Sa 9–20 Uhr, Calle Cristo 3, Tel. 915 41 33 60, Metro: Ventura Rodríguez

La Cajita de Nori. Gemütliche, entspannte Atmosphäre in diesem kleinen Restaurant, dazu eine Karte mit spanischen Spezialitäten. Mo–Fr 13.30–17 und 21–24 Uhr, Sa bis 2 Uhr, Calle Limón 30, Tel. 917 58 72 98, www.lacajitadenori.es Metro: Ventura Rodríguez

EINKAUFEN

Mercado Los Mostenes. Mo–Sa 9–14 und 17–20 Uhr. Plaza de Los Mostenes. Metro: Plaza de España

Oben: Ein recht neues Vergnügen für die Madrilenen ist das Flanieren am Manzanares.
Unten: Die kühne Puente Arganzuela im Parque Madrid Río zieht alle Blicke auf sich.

37 Parque Madrid Río
Am Hauptstadt-Fluss

Was Paris und London können, das kann Madrid auch: vom Fluss profitieren nämlich. Zu ihrem Manzanares pflegten die Madrider eher ein »kühles« Verhältnis – bis 2010 ein Parkkonzept verabschiedet wurde, das den Hauptstadt-Fluss in den Blickpunkt rückte. Den rahmt nun eine schöne Grünzone ein, mit Bänken, Restaurants, Blumenbeeten, Skatebahnen, Radwegen, 3500 Laternen – und sogar mit einem Strand.

In den vergangenen Jahren haben mehrere europäische Metropolen das Leben am Fluss neu definiert – die Stadtplanung revitalisierte beispielsweise alte Industriegebiete, etwa London mit der Canary Wharf in den Docklands an der Themse. Für Madrid bot sich eine Neubewertung des Manzanares an, als die Ringautobahn, die die Stadt durchzog, unter die Erde verlegt wurde. Diese Autobahn, die alte M 30, hatte die Stadt vom Fluss abgeschnitten. Gefüllt wurde der neue Freiraum mit einem ganz besonderen Park, dem Parque Madrid Río. In der Tat ist er das wohl ehrgeizigste ökologische Stadtprojekt Spaniens. Dieses gigantische Vorhaben brauchte vom Entwurf bis zur Fertigstellung im April 2011 nur sieben Jahre und verschlang 500 Millionen Euro. Und der Gewinn?

Historische Brücken im neuen Licht

Die *madrileños* haben nun 30 Kilometer Rad-und Spazierwege mehr. Allein 10 000 Pinien säumen das westliche Ufer; insgesamt wurden 25 000 Bäume und 470 000 Büsche und Stauden gepflanzt. Auch erstrahlen die ältesten Brücken über dem Manzanares, die Segovia- und die Toledobrücke von 1588 und 1660 wieder in frischem Glanz, zusätzlich geschmückt durch Springbrunnen und Teichlandschaften. Lange waren sie, die die Verbindungen nach Toledo und Segovia schufen, in Vergessenheit geraten. Alte Baudenkmäler rückt der Park auf diese Weise erneut ins Rampenlicht, weil er sie leicht erreichbar macht: so z. B. die Huerta de la Partida, ein Obstgarten aus dem 17. Jahrhundert, der 873 neue Obstbäume bekam, oder die Wallfahrtskapelle Ermita Virgen del Puerto, die 1718 entstand.

Es gibt aber auch neue witzige Bauten wie die Grüne Y-Brücke, die Schiefe Brücke und das Gewächshaus mit Wintergarten von Arganzuela. Bei aller eindrucksvollen Schönheit dieses Parks - die sich am offensten von der Calle de Toledo mit der Puente de Toledo präsentiert – was wäre sie wert, wenn man sie nicht annehmen würde?

Joggen, Biken, Paddeln, Klettern

Die Madrilenen packen ihre Fahrräder und Skateboards aus und verbringen den Feierabend und vor allem das Wochenende am Flussufer. Es gibt ein großes Gelände für Skater, Fußballplätze, Paddeltennis- und Tennisplätze, Boccia-Bahnen, Basketballfelder und eine Schule für Sportklettern, jede Menge Kinderspielplätze und schöne Aussichtspunkte. Nicht fehlen darf der obligatorische Stadtstrand. Man promeniert südlich des alten Schlachthofs oder im Salón de Pinos, besucht den Parque de la Arganzuela, die größte Parkanlage, oder schaut sich die hübschen Gärten Aniceto Marinas' auf der linken Seite des Flusses an. Ein paar Bäumchen müssen allerdings noch ein bisschen wachsen, bis sie endgültig ausreichend Schatten werfen können ...

Infos und Adressen

SEHENSWÜRDIGKEITEN

Einen Übersichtsplan, um schnell zu den Sehenswürdigkeiten zu finden, bekommt man in der Oficina de Turismo an der Plaza Mayor. Dabei ist es gut, zu wissen, dass der Parque Madrid Río mehrere Zugänge hat.

Ermita de la Florida (Panteón de Goya), Puente de la Reina Victoria, Puente del Rey. Metro: Príncipe Pío

Puente Oblicuo, die Schiefe Brücke, die Grüne Y-Brücke bei der Puente de San Isidro, die Monumentenbrücke über den Arganzuela-Park, und die Zwillingsbrücken von Gewächshaus (Arganzuela) und Schlachthof (Mataderos). Metro: Legazpi

ESSEN UND TRINKEN

Café del Río. Hier speist und trinkt man mit Blick auf den Park die Almudena-Kathedrale und San Francisco el Grande. Spektakulär. Mo–Sa 13–2 Uhr, Avda. de Portugal 1, Tel. 603 13 77 66. Metro: Príncipe Pio und Puerta del Ángel

AKTIVITÄTEN

Skate- und Rollschuhpark am Paseo de Yeserias. Puente de Praga, tgl. 10–23 Uhr

BMX-Piste auf der Höhe der Calle de Embajadores 316, Mo–Fr 15–21 Uhr, Sa, So 8.30–12.30 Uhr

Boccia. Sieben Bahnen in drei Zonen: San Pol de Mar, Puente de San Isidro und Matadero

Fahrradverleih auf dem Paseo de la Florida. in der Nähe der Ermita de la Florida, Panteón de Goya, auch sonntags geöffnet.

38 Parque del Oeste/ Templo de Debod

Viel Grün gegen die Sommerhitze

Madrid ist nicht arm an Grün: Kaum eine Straße im Zentrum kommt ohne schattenspendende Bäume aus, der Retiro-Park präsentiert sich als königlich ausstaffierte Wohlfühloase. Am anderen Ende des Zentrums liegt der Parque del Oeste, der sich über dem Manzanares erhebt und von der Plaza de España bis nach Moncloa reicht. Den Beginn macht der ägyptische Tempel Debod in blickheischender Lage.

Die Überraschung ist perfekt. Nie würde man ein solches Kunstwerk an diesem Ort vermuten. Im Südosten umkreisen dicht befahrene Verkehrsadern die Plaza de España, im Osten drängen sich die parallel angeordneten Straßen des Viertels Argüelles aneinander. Und dann öffnet sich nur ein paar Schritte entfernt von dieser zutiefst städtisch-turbulenten Umgebung der Blick auf einen ägyptischen Tempel, dem man nur am Nil vermuten würde. Ein lang gezogenes Wasserbecken kündigt ihn an. Irgendwie erwartet man, in Dschellabas gewandete Fellachen hier auftauchen zu sehen. Wer den Effekt erhöhen möchte, geht zum Sonnenuntergang dorthin, wenn die untergehende Sonne die hellgrauen Steinsäulen golden färbt.

Ptolemäisches Kunstwerk

Erfreulicherweise ist der Templo de Debod keine Beutekunst aus lang verstrichenen kolonialen Zeiten. 1968 wurde er der spanischen Regierung als Geschenk gemacht, um ihr für das Engagement beim Bau des Assuan-Staudamms zu danken. Seit

Oben: Die Madrilenen lieben ihre Pausen im Park.
Unten: In der Abendstimmung leuchtet der ägyptische Templo de Debod besonders eindrucksvoll.

1972 steht das ptolemäische Kunstwerk der Öffentlichkeit zum Besuch offen. Es ist einer der ganz wenigen Tempel, der in dieser Unversehrtheit überhaupt außerhalb Ägyptens zu sehen sind. Ursprünglich am unteren Nil in Nubien beheimatet, stammt es aus dem 2. Jahrhundert v. Chr. und ist mit Bildinschriften geschmückt, die einen Pharao im Dienst an den Göttern Thot, Anubis, Amon und Satis zeigen. Zwei Torbögen leiten auf der »heiligen Straße« zum eigentlichen Tempel hin; deren ursprünglicher Schmuck ist nicht mehr erhalten. Dass das Portal des Tempels von römischen Halbsäulen gestützt wird, verblüfft nur auf den ersten Blick – das ptolomäische Reich war ja von Rom unterworfen worden. Im Innern sind die verschiedenen Kammern und Gemächer zu sehen. Vom Templo de Debod bietet sich der prächtigste Ausblick über das Tal des Manzanares auf die gegenüberliegende Casa de Campo, den man sich denken kann.

Licht- und Luftbad

Dort das ehemalige königliche Jagdgebiet, hier ein Beispiel für die Stadtplanung zu Beginn des 20. Jahrhunderts, als Madrid aus den Nähten zu platzen drohte. Der Templo de Debod markiert die Grenze zum Argüelles-Viertel, das zur zweiten Stufe des *ensanche*, des Stadterweiterungsplans von Carlos María de Castro, zählt. Das neue Viertel sollte einen Park bekommen, und so entstand der Parque del Oeste. Alberto Aguilera (1842–1913) beauftragte als Bürgermeister Madrids 1906 den Landschaftsgärtner Celedonio Rodrigáñez eine grüne Ruheoase als Licht- und Luftbad für die werktätige Bevölkerung zu entwerfen. Vordem hatten Teile des Geländes als Mülldeponie gedient.

Im ältesten, dem nördlichen Teil, der mit dem Paseo de Ruperto Chapí den Park zum Stadtviertel

AUTORENTIPP!

TERRASSENCAFÉS

Wie schön, dass man in Madrid immer wieder auf Plätze trifft, die in nächster Nähe zu den Sehenswürdigkeiten Ruhe und Erholung bieten. Die schattigen Terrassencafés entlang des Paseo Pintor Rosales sind gute Beispiele dafür. Mit der Plaza de España, der Almudena-Kathedrale und dem Palacio Real im Rücken, blickt man hier nur auf erholsames Grün – hinunter in den ruhigen, großen Parque de Oeste oder hinüber zur Casa de Campo. Der Verkehr mag woanders tosen. Auf den Parkbänken unter Palmen haben Leute Platz genommen, die es mal ruhiger angehen. Die zahlreichen Kioske bieten Getränke und Eis an. Im *Kiosko La Perla* gibt es Tintenfischchen und Lamm, aber auch Kaffee und Kuchen oder einen Drink. Wer Lust auf Süßes hat, wechselt auf die andere Straßenseite und probiert die Crepes in *Easycrepes*.

Oben: Der Templo de Debod ist zu jeder Tageszeit eine Attraktion. **Unten:** Lazy Sunday Afternoon – im Parque de Oeste

Moncloa hin abschließt, lässt sich der urspüngliche Entwurf als Landschaftspark noch am deutlichsten erkennen. Hier gibt es einen künstlich angelegten Flusslauf von 600 Metern Länge. Während des Bürgerkriegs wurde der Park allerdings Kampfgebiet; damals wurden Schützengräben und Bunker angelegt. In seinem Innern hütet der Park zudem ein kleines Geheimnis, den Friedhof La Florida, der sich an der Calle de Francisco y Jacinto Alcántara befindet. Hier wurden die Gebeine der während des Aufstandes vom 2. Mai 1808 Getöteten beerdigt, nachdem sie heimlich zunächst bei der Ermita de San Antonio de la Florida versteckt worden waren.

Der Rosengarten

Der Parque del Oeste zieht als Wohlfühloase viele Madrilenen an, die unter seinen Pinienkronen, den Zedern und Gingkos joggen, einfach die Aussicht genießen, sich ausruhen, zur Vogelbeobachtung losziehen, die das Vogelzentrum organisiert, oder den Rosengarten Rosaleda besuchen, der seit 1991 jährlicher Austragungsort für einen Wettbewerb ambitionierter Hobby-Züchter ist. Diese schlaue Maßnahme hat der Rosaleda einige exquisite Arten beschert.

Infos und Adressen

SEHENSWÜRDIGKEITEN

Parque del Oeste und Rosengarten Rosaleda. Der Park hat verschiedene Eingänge an der Calle de Ruperto Chapi und am Paseo del Pintor Rosales. Tgl. 10–20 Uhr, Eintritt frei.

Der Höhepunkt jedes (Kinder-)Ausflugs: die Kabinenseilbahn vom Parque del Oeste zur Casa de Campo

Friedhof La Florida. Nur Sa und So vormittags im Mai und Juni.

Hier befindet sich auch die Station für die **Kabinenbahn hinüber zur Casa de Campo**. Tel. 915 48 95 18, Metro: Moncloa und Plaza de España

Templo de Debod. Es können sich nicht mehr als 60 Personen gleichzeitig im Tempelbereich aufhalten. Vom 1. Okt.–31. März Di–Fr 9.45–13-45 und 16.15–18.15 Uhr, Sa, So, Fei 9.30-–20 Uhr. Vom 1. April –30. Sept. Di– Fr 10–14 und 18–20 Uhr, Sa, So, Fei 9.30–20 Uhr, Eintritt frei. Paseo del Pintor Rosales 2, Tel. 913 66 74 15, www.madrid.es Metro: Plaza de España

ESSEN UND TRINKEN

Cyathus. Modern, schick und unterkühlt in Anthrazit und Perlweiß ist dieses Bistro-Restaurant mit schöner, beschatteter Terrasse auf dem Paseo eingerichtet. Klassische Gerichte wie Seehecht, Bacalao und Filet, Salate und Tapas. Gin-Club. Mo–Sa 13–16.30, 20–24 Uhr, So 12–16.30 Uhr, Paseo del Pintor Rosales 30, Tel. 911 73 04 28, www.cyathus.es, Metro: Ventura Rodríguez

La Vaca Argentina. Hier steht argentinisches Steak ganz oben – in den typisch argentinischen *cortes*, d.h. mindestens 200 Gramm schwer. Dazu gute argentinische Rotweine und Salate in einem gleichzeitig rustikalem und feinen Ambiente. Sommerterrasse. Di–So 13–24 Uhr, Paseo del Pintor Rosales 52, Tel. 915 59 66 05, www.lavacaargentina.net
Metro: Argüelles

EINKAUFEN

Antonio Fernandez. Schneider und Hemdenmacher de luxe. Paseo del Pintor Rosales 26, Tel. 915 41 67 47, Metro: Ventura Rodríguez.

Die Inschriften im Innern des Tempels zeigen die faszinierende Bildsprache Altägyptens.

Oben: Die Kuppel ist ein einziges Prachtstück. Nackensteife droht!
Unten: Engel lüften den Vorhang – der Pantheon funktioniert wie ein Theaterstück.

39 Pantéon de Goya

Ruhestätte eines Genies

Der bedeutendste Maler Spaniens des 18. und 19. Jahrhunderts, Francisco de Goya y Lucientes, ruht in der Ermita de San Antonio de la Florida. Goya blieb stets seinem kritischen Geist treu, deshalb musste er seine Heimat verlassen und im französischen Bordeaux leben und sterben. 1901 erst wurde sein Leichnam wieder nach Spanien überführt, um 1919 in dieser Kapelle eine letzte Ruhestätte zu finden.

Erfreulich ist der Anlass, den Francisco de Goya y Lucientes aus dem Leben von Antonio de Padua erwählt hatte, um ihn in der Ermita im königlichen Auftrag in Fresken festzuhalten: ein Wunder nämlich. Der Vater des Heiligen wurde einst zu Unrecht beschuldigt, einen Mann umgebracht zu haben. Hier nun wohnt der Betrachter der Fresken der wundersamen Auferstehung dieses Toten bei, damit dieser die Unschuld des vermeintlichen Täters bezeugen könne. Aus der Mitte der Kuppel strömt Licht auf die ausgemalte Szene, auf der Goya 50 Figuren versammelt hat: staunend, ins Gespräch vertieft, Leute aus dem Volk, etwas vornehmer gekleidete Damen, Kinder. Man blickt in ausgemergelte, ängstliche, freundliche, dumme, schlaue und grobe Gesichter, in Gesichter, die schon viel von dem späteren Goya der *Pinturas Negras* verraten. Die Komposition an sich freilich scheint aus der Zeit zu stammen, als Goya noch heitere Vorlagen für die königliche Teppichmanufaktur malte.

In den Zwickeln, die die Gewölbekuppel stützen, sieht man Engelchen-Putten sich schwer daran tun, einen Stoff zu entrollen, als wollten sie einen

Vorhang entfernen, der die Szene bedeckt hielt. Das ist szenografisch sehr effektiv. Die erwachsenen Engel in den Zwickeln sind nahezu alle weiblich. Hier wählte Goya die Farben kühler. Der Untergrund ist ein Perlgrau, die zarten Kleiderstoffe sind hell, fast farblos. Anders die Porträts der Damen der vornehmen Gesellschaft in den Wölbungen, die in golddurchwirkten Stoffen zu sehen sind. In der Apsis dann strömt ein Engelsreigen im zartwolkigen Himmel auf das golden leuchtende Dreieck der Dreifaltigkeit zu. Es sind grandiose Fresken, vielschichtig und lebensprall, auf denen man immer wieder neue Details entdeckt.

Hier also liegt einer der bedeutendsten spanischen Maler aller Zeiten begraben. Von seinem Schwager Bayeu protegiert, begann er als Kartonvorlagenmaler und erklomm dann schnell die Karriereleiter bis zum königlichen Porträtisten und Leiter der Real Academia de Bellas Artes de San Fernando. Dann fiel das Auge der Inquisition auf ihn und er musste wie so viele freigeistige Intellektuelle aus dem Land fliehen. Das hat natürlich auch etwas mit den Inhalten seiner Bilder zu tun. Er schuf mit der *Nackten Maya* die erste Nacktdarstellung einer Frau, auf der Schamhaar abgebildet war. Später dann, nach dem Durchleiden einer lebensbedrohlichen Erkrankung, änderte sich seine Sicht auf die Welt drastisch. Er porträtierte nicht länger adlige Vergnügungen, sondern stellte den Lebensalltag der ärmeren Bevölkerung in den Mittelpunkt, deren Abergläubigkeit, deren Verlorenheit und die Schrecken des Krieges.

Goyas Leichnam fehlte bei der Überführung der Kopf; wo der verblieb, ist bis heute nicht geklärt. Manche behaupten, er ruhe auf persönlichen Wunsch des Malers im Grab der Herzogin von Alba, die er als *Maya* porträtiert hat und sehr geliebt haben soll.

Infos und Adressen

SEHENSWÜRDIGKEITEN

Panteón de Goya, Ermita de San Antonio de la Florida. Es dürfen nicht mehr als 50 Personen gleichzeitig die Ermita betreten, um die Gemälde zu schützen. Di–So 9.30–20 Uhr, Eintritt 3 €. In einem Extraraum wird ein zehn Minuten langer Dokumentarfilm über die Geschichte der Kapelle vorgeführt. Er gibt Informationen zur Biografie Goyas und man erklärt die historische Herstellung der Fresko-Technik. Auf Spanisch. Lohnenswert. Glorieta San Antonio de la Florida 5, Tel. 917 01 18 63, www.madrid.es/ermita
Metro: Príncipe Pío

ESSEN UND TRINKEN

Casa Mingo. Ein herrliches Familienrestaurant mit einer langen Tradition. Man kann deftig und gut speisen – auf der Karte stehen traditionelle spanische Rezepte. Von der Terrasse aus hat man einen Blick auf die Ermita. Tgl. 11–24 Uhr, Paseo de la Florida 34, Tel. 915 47 79 18, www.casamingo.es
Metro: Príncipe Pío.

EINKAUFEN

Centro Comercial Príncipe Pío. Dem schönen ehemaligen Westbahnhof der Stadt und heutigen Regionalbahnhof ist eine riesige Einkaufsgalerie angesetzt worden. Versammelt sind Marken wie Zara, Benetton, H&M Levi's, Sfera, Mango, ergänzt durch Schnellrestaurants und Multiplex-Kinos. Mo–Sa 10–22 Uhr, So 11–22 Uhr, Paseo de la Florida 2, Tel. 917 58 00 40, www.principepio com
Metro: Príncipe Pío.

40 Casa de Campo
Fast auf dem Land

Madrid ist mit seinem Baumbestand und den vielen Parks eine grüne Stadt. Und doch hält die größte Überraschung die Casa de Campo bereit: Plötzlich befindet man sich inmitten von Feldern und Wäldern. Spazierwege und Picknickplätze, ein gepflegter Zoo, ein Schwimmbad und ein kleiner See mit herrlichem Blick auf die Almudena-Kathedrale und den Palacio Real sind die Höhepunkte.

Für viele kleine *madrileños* war und ist das der schönste Sonntagsausflug: Es geht in den Parque del Oeste und dann mit der Kabinenseilbahn über den Río Manzanares. Allein schon die elf Minuten dauernde Fahrt verspricht ein großes Vergnügen, denn so nah bei der Almudena-Kathedrale, dem Königspalast, der Plaza de España, der Plaza Mayor und dem ägyptischen Debod-Tempel über Madrid zu schweben und hinauszublicken auf die umliegenden Sierras, das hat man nur hier exklusiv. Auch der Blick auf den Parque Madrid Río mit den in neuer Pracht restaurierten alten Brücken, den Parkanlagen, Gärten und Teichlandschaften ist spektakulär. Ein über Lautsprecher übertragener Kommentar erläutert die Sehenswürdigkeiten. Drüben angekommen wartet das pure Landleben.

Die Casa de Campo ist mit 1772 Hektar Fläche der größte städtische Park. Bis zur Ausrufung der Zweiten Republik im Jahr 1931 befand er sich in königlichem Besitz. Unter der Regentschaft Philipp II. war das Gelände 1553 zum königlichen Jagdrevier deklariert worden; später dann unter Karl III. wurden Teile davon für die Viehzucht genutzt. Einige der damals errichteten Bauwerke

Oben: Hoch über dem Río Manzanares schwebt die Kabinenbahn zur Casa de Campo.
Unten: Pause am See – und das mitten in Madrid. Sieht es nicht aus, als wären die jungen Leute auf einer Landpartie?

sind noch erhalten, so der Palacio de los Vargas in Flussnähe, der von Francesco Sabatini 1782 entworfen wurde, und die Puente de la Culebra.

Dichte, hohe und teilweise über 100 Jahre alte Eichen- und Pinienwälder bestimmen das Aussehen. Zahlreiche Wander- und Fahrradwege fädeln sich durch das Gelände, darunter eine extra angelegte Ringroute für Biker. Aber auch Zypressen- und Ulmenhaine, Felder, Sträucher, Wiesen und Feuchtgebiete finden sich. Kleine Hügel gliedern die Landschaft. Zwei Zuflüsse des Manzanares haben hier ihre Quelle. Man kann noch alte Brunnen entdecken, auf zahlreichen Picknickplätzen ausruhen, an Stauseen lagern, Spatzen, Kaninchen und Eichhörnchen durch die Felder jagen sehen oder der Senda Botánica folgen, einem ausgeschilderten Naturpfad.

Oben: Wer Glück hat, wohnt im Park einer Aufführung der brasilianischen Capoeira bei.
Unten: Blick von der Casa de Campo zum Königlichen Palast und der Almudena-Kathedrale

Oben: Im Parque de Atraciones finden Kinder jeden Alters ihr Vergnügen.
Unten: Die Almudena-Kathedrale scheint über dem See im Park Casa de Campo zu schweben.

Der große Zoo

Eine Attraktion nicht nur für Kinder ist der Zoologische Garten und das angeschlossene Aquarium Der Tiergarten ist einer der größten der Welt. Publikumslieblinge sind die Koalas und die Nashörner, die täglich mit einem Schlammbad frisch gehalten werden müssen. Nashörner und Ameisenbären gibt es nirgendwo sonst in Spanien zu sehen. Dazu kommt noch ein Albino-Tiger – eine echte Rarität.

Im Dolphinarium schweben Delfine zu Musik durchs Wasser, in einem speziell konstruierten Pavillon leben Magellan-Pinguine, nicht weit davon entfernt stoßen die Giganten des Meeres, die Seeelefanten, ihre donnergrollenden Schreie aus. Das Zoo-Aquarium oben auf der Casa de Campo ist eine ausgesprochen gepflegte Anlage.

Pause am See

Weiter südlich liegt ein wunderbarer See, in dem man zwar nicht schwimmen, auf dem man aber rudern und Kayak fahren kann – es gibt einen Verleih. Die Lage des Gewässers erlaubt berückende Aussichten: Königspalast und Almudena-Kathedrale meint man greifen zu können.

An den Ufern haben sich mehrere Ausflugsrestaurants niedergelassen, die – bis auf das »El Uruguallo« mit seinen delikaten Grillsteaks – ziemlich uniforme Ausflugskost anbieten – gut essen kann man ja anderswo. Zum Beispiel auf dem Paseo de la Gastronomía ein wenig weiter südlich des Sees. Da freilich sind einige sehr gute Restaurants zu entdecken.

Ganz in der Nähe der Metrostation Lago gibt es ein gepflegtes Schwimmbad mit Liegewiesen – dort kommen endlich die Schwimmer zum Zuge.

Infos und Adressen

SEHENSWÜRDIGKEITEN

Zoo/Aquarium.
Mo–Fr 11-18.30, Sa, So 10.30–19.30 Uhr, Casa de Campo s/n, Tel. 092 34 50 14, Eintritt 22 €, Kinder 18 €, Metro: Casa de Campo

ESSEN UND TRINKEN

Die Restaurants konzentrieren sich in drei Straßen, in der Calle Principal de Provincias, der Avenida de Portugal und im Paseo de la Puerta del Ángel.

Das **Colonial de Mónico**, die **Casa de Burgos de Araceli**, das **Currito** und das **El Bosque Sagrado** liegen in der Principal de Provincias, **La Pesquera** und das **Guipuzcoa** in der Avenida de Portugal.

Masía. Elegantes Restaurant des bei der Madrider Society sehr beliebten José Luis, untergebracht in einer restaurierten Finca. Di–Sa 13.30–16 Uhr, 20–24 Uhr, So 13.30–17 Uhr, Paseo de la Puerta del Ángel s/n, Tel. 914 79 86 15, www.joseluis.es
Metro: Lago

Restaurante Currito. Baskische Küche mit viel Fisch. Mo–Sa 13.30–16 Uhr und 21–1 Uhr, So nur mittags geöffnet, Calle Principal de Provincias s/n, Tel. 914 64 57 04, www.restaurantecurrito.es
Metro: Lago

El Urugallo. Das einzige Restaurant direkt am Seeufer. Der *urugallo* ist ein baskischer Hahn, der hier auch serviert wird; daneben gibt es Steaks, Tintenfisch und kleinere Gerichte wie Salate und Sandwiches. Frühstück und *aperitivos*.
Di– So 8.30– 24 Uhr, Tel. 915 26 23 69, www.elurugallo.net, Metro: Lago

AKTIVITÄTEN

Centro Deportivo Municipal. Dieses gepflegte Schwimmbad ist für spanische Verhältnisse ziemlich grün. Es gibt noch weitere Sportanlagen, für deren Nutzung jeweils gesondert gezahlt wird. Im Sommer tgl. 11–20.30 Uhr, sonst Mo–Fr 8.45–20.30 Uhr.
Schwimmbad: Erwachsene 5 €, im Sommer 6 €, Kinder 3 €, im Sommer 4,80 €, Paseo Puerta de la Ángel 7, Tel. 914 63 00 50, Metro: Lago

Für Fahrradfahrer gibts ein gutes Streckennetz, Picknickplätze inbegriffen.

41 Chamberí

Edel, bunt und heiter

Die Milla de Oro ist die teuerste Einkaufsmeile Madrids, der Triángulo de Oro dagegen ein großzügig geschnittenes Wohnviertel der Reichen mit einem Füllhorn an sehenswerter Architektur aus der Belle Epoque. Damals begeisterte man sich für die unterschiedlichsten Stilrichtungen wie Neomudéjar, Neugotik und auch Bauhaus. Chamberí ist aber auch ein Barrio mit einem lebhaften Zentrum– was in Madrid stets eine Plaza ist, die Plaza de Chamberí.

Nördlich der Calle de Sagasta, westlich des Paseo de la Castellana und südlich des Paseo del General Martínez Campos dehnt sich Chamberí aus. Aus diesen Namen allein lässt sich herauslesen, dass es sich um ein etwas betuchteres Viertel handeln muss, denn diese Straßen markieren auch die Grenzen des *ensanche*, der Stadterweiterung gegen Ende des 19. Jahrhunderts. Der *Triángulo de Oro* (»das goldene Dreieck«) schließt sich eng an den Paseo de la Castellana an und führt über die Calle Génova zur Plaza de la Villa de París, eine der idyllischen grünen Stadtoasen, die scheinbar unberührt vom Verkehrslärm an der Plaza de Colón ruhig vor sich hindösen, umrahmt von einem wahrhaft pariserisch anmutenden Wohnkarree und der klassizistischen Fassade des Tribunal Supremo. Chamberí übrigens soll sich von Chambery ableiten und auf die Zeit hinweisen, als Spanien von Frankreich regiert wurde. Die Aristokratie ließ auf diesem Terrain, das im Mittelalter noch königliches Jagdgebiet und später Gemüse- und Ackergarten Madrids war, ihre Stadtpaläste erbauen – und den Architekten dabei freie Hand. Die nutzten das freudig aus. Ganz im

Oben: Mittelpunkt des Viertels ist die pariserisch anmutende Plaza de Chamberí mit dem Convento de las Sievras de María.
Unten: Ein Blick in das neogotische Innere der Kirche San Fermín de los Navarros lohnt.

Norden von Chamberí beispielsweise besetzt das Hospital de los Jornaleros de Maudes einen gesamten Straßenblock und zeigt größte architektonische Nähe zum Palacio de Cibeles (s. S. 150), was nicht Wunder nimmt, stammt dieses prunkvoll neogotische Ensemble doch vom selben Architektenteam wie der Kybele-Palast, Otamendi und Palacios.

Architekturabenteuer

Einige Beispiele für den bunt-abenteuerlichen Stilmix von Chamberí findet man am Paseo de Eduardo Dato. Gleich an der Kreuzung mit der Plaza Rubén Darío liegt ein palastartiges Wohnhaus, das Pedro Muguruza 1939 entwarf. Von ihm stammt auch der Palacio de la Prensa an der Plaza de Callao. Der hell leuchtende Palacio de los Bermejillas y Rey aus demselben Jahr dagegen trägt eher mediterran-maurische Züge. Er stammt von Eladio Laredo y Carranza.

Die Kirche San Fermín de los Navarros steht für ihren schönen Neo-*mudéjar*-Stil zurecht unter besonderem Schutz. Als halb Neo-*mudéjar*, halb kastilische Schlossfassade präsentiert sich das Colegio de San Diego y San Nicolás am Paseo de Eduardo Dato 4. Juan Bautista Lázaro de Diego hat es zwischen 1903 und 1906 gebaut.

In vielen der Häuser sind inzwischen Botschaften, oder auch Hotels untergebracht, so ist auch die Deutsche Botschaft in der Calle de Fortuny.

Die Plaza de Chamberí mit der Stadtverwaltung und dem ebenfalls unter Denkmalschutz stehenden Convento de las Sievras de María strahlt eine schöne Balance zwischen Gediegenem und Heiterem aus – und wieder könnte man meinen, in Paris zu sein.

Infos und Adressen

ÜBERNACHTEN

Hotel AC Santo Mauro. Atmosphärisches, edles Haus mit zurückhaltend gestylten Zimmern. Calle Zurbano 36, Tel. 913 19 69 00, www.marriott.com Metro: Rubén Darío.

Hotel Agora Juan de Austria. Mit Spa. Calle Juan de Austria 5, Tel. 902 88 63 86, www.hoteljuandeaustria.es Metro: Iglesia, Bilbao

ESSEN UND TRINKEN.

Jardín Palacete Fortuny. Elegantes Restaurant im Stadtpalast mit Terrasse. Mediterrane Küche. Mo 13.30–16 Uhr. Di–Fr 13.30–16 und 21–24 Uhr, Sa nur abends, Calle de Fortuny 34, Tel. 913 19 05 88, Metro: Rubén Darío

Restaurante Plaza de Chamberí. Straßencafé mit Restaurantbetrieb. Mo–So 13.30–24 Uhr. Plaza de Chamberí 10, Tel 914 66 06 97, Metro: Iglesia

Café Cosmico. Café, Bar, Bistro, Literatur- und Gin-Club. Freitags und samstags manchmal Live-Musik. Locker. Mo–Do 17–1.30 Uhr, Fr 17–2.30 Uhr, Sa 12–2.30 Uhr, So 12–1.30 Uhr, Calle de Juan de Austria, Tel. 914 45 26 63, www.cafecosmico.blogspot.es Metro: Iglesia

EINKAUFEN

Chocolat Factory. Pralinen vom Feinsten. Mo–Fr 9.30–20.30 Uhr, Sa 9.30–14 und 16.30–20.30 Uhr, Calle de Zubarán 17, Tel. 913 08 35 75, Metro: Rubén Darío

42 Argüelles/Moncloa-Aravaca

Wohnen und studieren

Die Straße Princesa illustriert den zweiten Schub der Madrider Stadterweiterung und durchzieht das Wohnviertel Argüelles bis zum Universitätsgelände von Moncloa. Zu sehen gibt es hier reichlich: die moderne Iglesia del Buen Suceso, die Casa de las Flores, den Triumpphbogen in Moncloa, das Kostümmuseum und das Amerikamuseum. Zum Abschluss ein Blick über ganz Madrid vom Faro de Moncloa.

Oben: Ein Beispiel für den *modernisme* liefert diese Fassade in der Calle de la Princesa.
Unten: Mode einkaufen in der Prinzessinnenstraße – das klingt doch gut.

Im 19. Jahrhundert platzte Madrid aus allen Nähten. Die Stadt war unter Philipp IV. von einer Mauer umgeben worden, die weniger der Verteidigung diente als den Einkünften, die man mit dem Zoll erzielen konnte, und das war mittlerweile nicht mehr zeitgemäß. Die ummauerte Stadt wurde viel zu klein, zudem befanden sich die Wohnungen der weniger Begüterten in einem auch hygienisch katastrophalen Zustand. Im Jahr 1860 dann wurde endlich Abhilfe geschaffen und ein Stadtentwicklungsplan verabschiedet, der Plan Castro.

Die Viertel Argüelles und Moncloa gehören zu der zweiten Phase der Vergrößerung Madrids. Das Vorhaben, die Universidad Complutense auf dem Gelände von Moncloa anzusiedeln, geht auf Alfonso XIII. (1886–1941) zurück. Das Barrio Argüelles trägt den Namen eines spanischen Politikers, Augustín de Argüelles Álvares, aus dem 19. Jahrhundert, der an der fortschrittlichen konstitutionellen Verfassung von Cádiz 1812 maßgeblich beteiligt war und der die Pressefreiheit und Abschaffung der Sklaverei in den überseeischen

Kolonien forderte. Diesem Freigeist und seiner Richtung weisenden Politik wird mit einem Denkmal gedacht.

Um die beiden Viertel mit dem ebenfalls neu geschaffenen Barrio Salamanca zu verknüpfen, entstand die Gran Vía (s. S. 72) zwischen der Plaza de España und dem Paseo del Prado. Argüelles und Moncloa sind beide dem gutbürgerlichen Madrid zuzuschlagen. Argüelles breitet sich mit seinen Terrassen oberhalb des Río Manzanares und des Parque del Oeste aus. Angedacht war, entlang des großzügigen Paseo del Pintor Rosales ausländische Botschaften anzusiedeln, doch nur die Botschaft von Uruguay bezog tatsächlich hier Quartier, die meisten zogen das Barrio Salamanca vor. Moncloa schließt sich im Norden an, ebenfalls eingefasst von großzügigen Park- und Gartenanlagen. Hier liegt der Sitz des Ministerpräsidenten, der Regierungspalast Moncloa.

Während des Bürgerkriegs und der Belagerung Madrids, die vom Oktober 1936 bis März 1939 dauerte, war der Campus der Universität Complutense Kampfgebiet. Franquisten (deren Panzertruppen unter dem Befehl des deutschen Offiziers Wilhelm Ritter von Thoma standen) und die Republikaner versuchten lange wechselseitig das Gelände unter ihre Gewalt zu bringen. Das Viertel erlitt damals große Verwüstungen. In Moncloa entfaltete sich dann anschließend der in Diktaturen übliche, pompös monumentale Architekturstil.

Lebensader Calle de la Princesa

Argüelles weist den für die *ensanche* typischen Schachbrettentwurf auf. Großbürgerliche Fassaden sind hier allerdings im Vergleich zu Salamanca eher selten anzutreffen. Auf der pfeilgeraden Calle de la Princesa konzentriert sich das kom-

AUTORENTIPP!

UNIVERSIDAD COMPLUTENSE

Wer sich auf dem Stadtplan umsieht, wird im Viertel Moncloa/Argüelles ein riesiges grünes Gelände entdecken, und darin den Hinweis auf die Universidad Complutense de Madrid. Diese Universität ist von wahrhaft gigantischen Ausmaßen – sie ist die zweitgrößte Europas – und vor allem liegt sie wunderschön.
Die Tradition der Lehre reicht lang zurück. Eine Art Vorläufer der Universität existierte in Alcalá de Henares, der schönen Renaissance-Studentenstadt nur knapp 35 Kilometer entfernt. Kardinal Cisneros gründete dort im Jahr 1499 das Colegio Mayor de San Ildefonso. 1836 dann wurde die Universidad Complutense (nach Complutium, dem Namen der ersten römischen Siedlung auf dem Boden des heutigen Alcalá) nach Madrid verlegt. Ihr Gesicht verrät die zahlreichen Zerstörungen, denen sie während des spanischen Bürgerkriegs ausgesetzt gewesen war – hier verlief eine Frontlinie, die Universität war schwer umkämpft. Heute wechseln sich in den weitläufigen Park- und Gartenanlagen historische Fakultätsvillen ab mit Sportfeldern, Studentenwohnheimen und großen modernen, universitären Komplexen. Wer sie besuchen will, nimmt die Metro bis Moncloa und läuft in Richtung Nordwesten los. Gleich hinter dem Parque de Oeste breitet sie sich zu beiden Seiten der Avenida Arco de la Concordia aus, die sich später in die Carretera a Coruña verwandelt. Ihre zentrale Achse ist die Avenida Complutense.

merzielle Zentrum des Viertels; die Geschäfte mögen nicht so traditionsbehaftet sein wie in Salamanca und auch nicht die ganz großen Namen tragen, aber sie sind für das eher studentische Publikum, das sich im Viertel so manche Wohnung teilt, sicherlich erschwinglicher.

In der Calle de la Princesa liegt auch die Iglesia del Buen Suceso. Ihr modernes Äußeres täuscht darüber hinweg, dass sie sich an der Stelle einer sehr alten Kirche befindet, die ursprünglich an der Puerta del Sol lag und einem Hospital angeschlossen war. Sie schmückte sich einst sogar mit der schönen Uhr, die man heute an der Casa de Correos sieht und nach deren Sekundentakt die Spanier zum Jahreswechsel ihre zwölf Weintrauben verzehren. Als die Puerta del Sol Mitte des 19. Jahrhunderts umgestaltet und vergrößert wurde, fiel die Kirche den Stadtentwicklungsplänen zum Opfer, wurde abgerissen und 1868 in der Calle de la Princesa ein Nachfolgergebäude errichtet. Die Luftangriffe während des Bürgerkrieges legten Argüelles und Moncloa in Schutt und Asche, und auch die Iglesia del Buen Suceso überlebte nicht. Man hat 1975 das zweite Nachfolgergebäude gebaut, es sollte ins architektonische Konzept des umliegenden Platzes mit seinen Geschäften und Wohnhäusern passen, deren Fassaden mit Metallplattenbändern akzentuiert sind. Nun ist die Kirche eben dieser kleine Klotz mit ebensolchen Bändern und einem Kreuzzeichen als einzigem Schmuck auf dem Turm.

Ein Stück weiter auf der Calle de la Princesa liegt an der Einmündung der Calle de Hilarion Eslava die Casa de las Flores. Diese wird für die Synthese von modernen Wohnungsbaukonzepten – dem spanischen *racionalismo* – und ihrer grünen Fassadengestaltung gerühmt, dabei stammt sie aus dem Jahr 1931.

Oben: Der Faro de Moncloa setzt ein markantes Zeichen in Madrid.
Unten: Lateinamerikanisches Exponat aus dem Museum de las Américas

Der Arco de la Concordia sollte den Sieg der Franquisten im spanischen Bürgerkrieg triumphal darstellen.

Triumphbogen der Franco-Zeit

Weiter in Richtung Moncloa nimmt nun langsam die Architektur der Diktatur überhand. Besonders fällt das am Ensemble-Charakter an der Rotonda und an der Metrostation Moncloa auf. Das voluminöse Hauptquartier der spanischen Luftwaffe hat hier Stellung bezogen, es ist ganz in neoklassizistischen Stil gehalten. Es wurde 1940 von Luis Gutiérrez Soto entworfen und nahm sich das Kloster Escorial zum Vorbild. Ein CASA C-101, ein Schulungs- und leichtes Erdkampflugzeug aus spanischer Produktion, ziert den Vorplatz.

Der monumentale Triumphbogen Arco de la Concordia überwölbt die A 40, er symbolisiert den

AUTORENTIPP!

CASA DE LAS FLORES

Wenn das keine Symbolkraft hat: Gerade rechtzeitig zur Ausrufung der Zweiten Republik wurde die Casa de las Flores fertig gestellt, und sie kann als würdige Vertreterin des Bauhaus-Stils in der spanischen Variante gesehen werden. Die Moderne war gerade auf Siegeszug durch Mitteleuropa, Mies van der Rohe, Le Corbusier, Walter Gropius hießen die Entrümpler der verzopften Dekorästhetik. Sie nahm auch Madrid ein, wo *modernisme* mit Jugendstil übersetzt wird, und die Moderne mit *racionalismo*, was es auch trifft.
Das Gebäude von Secundino Zuazo wirkt kleiner als es ist, es besetzt einen ganzen Block um drei Patios und bietet 288 Wohnungen. Prominentester Bewohner war der chilenische Dichter und Nobelpreisträger Pablo Neruda, als er 1934 als Botschafter in Madrid sein Land vertrat. Das Gebäude ist als Nationaldenkmal deklariert und ein Beispiel für frühe grüne Architektur.

Oben: Prä-Inka-Kultur im Museo de América, archaisch und doch wie zeitlos wirkend
Unten: Das Portal des Museums stimmt auf ein besonderes Erlebnis ein.

Sieg Francos über die Republikaner. Hinzu gesellt sich eine Siegessäule mit Friedenstauben, das Monumento Plus Ultra. Neu dagegen, aus dem Jahr 1992, ist der Faro de Moncloa, ein metallisch schillernder, 110 Meter hoher Sendeturm mit einer Aussichtsplattform (zum Zeitpunkt der Drucklegung geschlossen).

Ein Museum erhebt sich direkt hinter der Metrostation Moncloa, das 1962 in einem kuriosen Neo-*mudéjar*-Stil gebaute Museo de América. In ihm geht es vor allem um die Zeit der Kolonialisierung Amerikas. Fünf große Themenkomplexe unterteilen die Exponate: das Bild, das die bestehende Welt von Amerika hatte – anhand der Zeugnisse der Chronisten, die tatsächliche Welt der Indigenen, die Gesellschaft, die Religion und die *codices*, die Kommunikation. 25 000 Objekte umfasst das Museum, die ältesten Exponate stammen noch aus dem Naturhistorischen Museum des Königshauses. Unter Karl III. hatte man bereits mit archäologischen und ethnologischen Grabungen begonnen. Zu sehen sind aber auch Kunstgegenstände und Kultobjekte der indigenen Völker im heutigen Amerika.

Kostüme auf dem Campus

Das sich anschließende, großzügige Gelände der Universität macht nordamerikanischen Campus-Gepflogenheiten deutliche Konkurrenz, so großflächig, so bequem, so schön im Grünen ist es gelegen. In den weiten Gärten der Universität mit ihren zahlreichen Fakultäten, die die Studenten am liebsten mit dem Fahrrad ansteuern, verbirgt sich das moderne, elegant gestaltete Museo del Traje. Das Kostümmuseum residiert in einem grünblau schimmernden hohen Metallturm. Da der so augenfällig über die Baumwipfel des Universitätsparks ragt, ist das Museum nicht zu verfehlen.

Vergangene Pracht im Kostümmuseum. Gerade die heutige Männermode wirkt im Vergleich dazu langweilig.

Hier sind spanische Regionaltrachten versammelt, aber es gibt auch Auskunft über die Entwicklung der Kleidung von den allerersten Stoffbändern bis zu den Schnitten der römischen Togen, über Kleidung und ihre Symbolkraft, über Mode als Form der Kommunikation. Die Ausstellung zeigt die Mantillas der Majos und Majas hin bis zum Korsett für Männer aus dem 17. Jahrhundert und dem Cul de Paris. Auch schön: hier einmal den einstigen spanischen Mode-Avantgardisten Fortuny und Balanciaga und ihren Kleiderrevolutionen zu begegnen, und dem Street Style, dem Gegenkonzept zur bürgerlichen oder Mainstream-Mode.

Infos und Adressen

SEHENSWÜRDIGKEITEN

Iglesia del Buen Suceso. Messen: Mo- Sa 6-mal tgl, So 8-mal tgl. Calle de la Princesa 43, Tel. 915 48 22 45, Metro: Argüelles

Museo de América. Mo–Sa 9.30–20.30 Uhr, So 10–15 Uhr, Avda. de los Reyes Catolicos 6, Tel. 915 49 26 41, www.museodeamerica.mcu.es Metro: Moncloa

Museo del Traje. Mit Restaurant und Designladen. Di–Sa 9.30–19 Uhr, So, Fei 10–15 Uhr, Eintritt 3 €, Avda. Juan de Herrera 2, Ciudad Universitaria, Tel. 915 50 47 00, www.museodeltraje.mcu.es Metro: Moncloa

ÜBERNACHTEN

Hotel t3Tirol. Funktionales, modernes Haus mit besonderem Service für Kinder. Mit Frühstücksterrasse. Calle del Marqués de Urquijo 4, Tel. 915 48 19 00, www.t3tirol.com Metro: Argüelles

Husa Princesa. Luxuriöses großes Kettenhotel mit charmant eingerichteten Zimmern, guter Service. Calle de la Princesa 40, Tel. 915 42 21 00, www.husa.es, Metro: Argüelles

ESSEN UND TRINKEN

Casa Monolo. Ein Hort der Tradition in diesem Viertel der 1960er-Jahre. Die Speisekarte hält solche Köstlichkeiten wie Blutwurst aus Burgos und Junglamm-Koteletts bereit. Mit Bar/Café. Mo–Sa 13–16.30 und 20–24 Uhr, So 13.30–16 Uhr, Calle de la Princesa 83, Tel. 915 44 12 22, www.manolorestaurante.com Metro: Moncloa

AUSFLÜGE

Seite 200/221: Segovia, wie ein Traum aus vergangenen Zeiten
Oben: Der Königliche Palast von El Pardo ist offizielles Gästehaus der spanischen Krone.
Unten: Uhren – wie diese in El Pardo – waren Hightech-Symbole, teuer und repräsentativ.

43 Real Sitio de El Pardo

Der royale Landsitz

Es ist vermutlich das am wenigsten beachtete Königsschloss, das sich unweit von Madrids Stadtgrenzen in El Pardo erhebt. Auf dem Weg dorthin führt eine Abzweigung zum Palacio Zarzuela, dem wahren Sitz der königlichen Familie – sie lebt nicht im Palacio Real – und dem königlichen Jagdgelände. Die Madrider betrachten El Pardo eher als Ausflugsort, um sich in frischer Luft am Wochenende zum Essen zu treffen.

Durch zunehmend ländliche Umgebung kurvt die Straße langsam in die Höhe. Der Real Sitio de El Pardo liegt sieben Kilometer nordöstlich der Hauptstadt umgeben von ehemaligen königlichen Jagdgebieten in einem nach Kiefern und Pinien duftenden Wald. Dieser Monte de El Pardo dürfte mit 16000 Hektar der am besten konservierte Wald mit mediterraner Fauna und Flora sein. Er gehört zum Regionalpark Oberer Manzanares und steht unter Naturschutz. Ein umfangreiches Wegenetz lockt Fahrradfahrer an.

Der Palacio Real de El Pardo ist das offizielle Gästehaus der spanischen Krone. Klar, dass er unter den Palastjuwelen La Granja, Aranjuez, Riofrío und dem Escorial am heitersten wirkt – er wird eben bewohnt und bewirtschaftet.

Der Palast dominiert die kleine hübsche Ortschaft, die eigentlich nur aus einem dreieckigen, baumbestandenen Platz besteht, auf denen die Terrassen von zwei Restaurants Platz finden, und Arkadengänge, die auf den Palast hinzuführen. Schon im Jahr 1405 ließ Enrique III. von Kastilien auf diesem Gelände eine Residenz bauen. Carlos I., Philipp II. und Philipp III. ließen sie dann vergrößern und neu gestalten – zunächst noch als Jagdschloss. Die jetzige Gestalt entstand unter dem Architekten Francisco Sabatini im Jahr 1772. Der Barockstil ist verspielt und dennoch zurückhaltend. Die hellen Fassaden werden durch Schieferdächer und Kuppeln gekrönt. Der Gartenpark orientiert sich an französischen Vorbildern. Im Inneren des Palastes entfaltet sich eine lebendige, farbensprühende Pracht. Die Empfangssäle sind mit Gobelins und Wandbehängen nach Vorlagen von Francisco Bayeu und Francisco de Goya geschmückt. Die kostbarsten Gemälde, die hier aufbewahrt werden, sind ein Porträt der Königin Isabel La Católica von Juan de Flandes, verschiedene Gemälde von Hieronymus Bosch und ein *Don Juan José de Austria* von José de Ribera. Ein anschauliches Beispiel für den Stil der Renaissance liefert der Patio de los Austrias. Den Besuchern wird auch ein Theatersaal im Art déco vorgeführt, den General Franco als Kinoraum benutzte. Er nutzte den Palast als seine Wohnung, während der Zweiten Republik war er die offizielle Residenz der Regierung.

El Cristo Yacente

Ein Höhepunkt der barocken Schnitzkunst befindet sich außerhalb des Palastareals. Es handelt sich um einen naturalistisch dargestellten *Cristo Yacente* von Gregorio Fernández (1576–1636). Ihn hatte Philipp III. für das Kapuzinerkloster im Monte de El Pardo in Auftrag gegeben, wo er in einer Seitenkapelle aufbewahrt wird. Die Skulptur zeigt den vom Kreuz abgenommenen Jesus, ein gängiges Motiv der Barockkunst, das jedoch selten von so erschütterndem Realismus in der Darstellung geprägt ist; es ist unglaublich, dass man dem Material Holz diese Ausdruckskraft entlocken kann.

Infos und Adressen

SEHENSWÜRDIGKEITEN

Palacio Real de El Pardo. Tgl. 10–18 Uhr, von April–Sept. 10–20 Uhr, bei Staatsbesuchen und offiziellen Veranstaltungen geschlossen, 9 €, Mi und Do nachmittags freier Eintritt, Calle de Manuel Alonso s/n, Tel. 913 76 15 00, www.patrimonionacional.es

Cristo Yacente. Convento de los Capuchinos. Der Weg ist von der Ortsmitte aus ausgeschildert. Pista del Cristo de El Pardo 11, Tel. 607 71 29 88.

ESSEN UND TRINKEN

El Gamo. Regionale Küche mit saisonalem Angebot. Sehr gemütlich. Hat eine Sommerterrasse. Mo–Sa 13.30–16 Uhr und 20.30–23.30 Uhr, Avda. de la Guardia 27, Tel. 913 76 03 27.

VERKEHRSVERBINDUNG

Mit dem Bus von Moncloa, Isla 3, Puerta 30, Bus 601, oder mit dem Bus 602, ebenfalls von Moncloa aus. Die Fahrt dauert 15 Minuten.

Kostbare Gobelins und Gemälde schmücken die Empfangssäle.

44 Alcalá de Henares
Die heitere Geburtstadt von Cervantes

Eine ganze Stadt voller ehrwürdiger Universitätsgebäude, die zum Teil aus dem 16. Jahrhundert stammen – das verdiente die Anerkennung der UNESCO: Alcalá ist seit 1998 Weltkulturerbe. Die schönen Ziegelbauten mit ihren Renaissance-Fassaden fungieren heute noch als Unis – und so ist die Geburtsstadt von Miguel Cervantes ein einziges Open-Air-Museum für historische Architektur – und ein quicklebendiges und liebenswertes dazu.

Oben: Ganz Alcalá wirkt wie eine historische Kulisse.
Unten: Der Corral de Comedias ist eins der ältesten Theater im gesamten Land.

Heiter – anders kann man Alcalá kaum beschreiben. Die sonnenfarbenen, durch verzierte Portale aufgehübschten Ziegelsteingebäude, die Storchennester auf jedem nur irgendwie passendem Turm, die mit Fin-de-Siècle-Gaslaternen und Musikpavillon geschmückte Plaza de Cervantes, die in den frühen Abendstunden immer rappelvoll ist und so gut geeignet für ein Schwätzchen, die mit Arkadengängen gesäumte Calle Mayor – das alles ist von zurückgenommener, nicht auftrumpfender Schönheit.

Alcalá war Zeugin bedeutender Ereignisse: das erste Zusammentreffen von Isabel La Católica von Spanien mit Christoph Kolumbus fand im erzbischöflichen Palast statt, die Gründung der Universität Complutense durch den Beichtvater der Königin Kardinal Cisneros im Jahr 1499. Und alljährlich am 12. April starren alle Augen auf die Universitätsbibliothek des Colegio Mayor San Ildefonso, wenn nämlich der wichtigste Preis der spanischsprachigen Literatur, der *Premio Cervantes* verliehen wird.

Kardinal Cisneros ließ das erste Kloster bauen, viele weitere folgten: Klöster, die gleichzeitig als Fakultäten und Studentenwohnheime fungierten. Dem Colegio Mayor de San Ildefonso mit der Universidad Complutense des Kardinals schlossen sich die Colegios Menores an, die heute ebenfalls wieder Universitätsfakultäten sind. Das ehemalige Colegio Menor de los Teólogos ist heute die juristische Fakultät, ebenso wie das Convento-Colegio de los Augustinos in der Calle de Santa Úrsula; beide Gebäude stammen aus dem 16. und 17. Jahrhundert. Im Kloster der Carmelitas Calzadas, ebenfalls in der Calle de Santa Úrsula, wird Architektur gelehrt. Bei den Trinitariern ist die Fakultät der Sprachen und der Philosophie untergebracht. Die ehemalige Kapelle hat die Bibliothek aufgenommen. Die gesamte Apsis ist mit einer Bücherwand bedeckt, in den Seitenkapellen gibt es Leseräume und weitere Bibliotheken.

Und was könnte besser geeignet sein für einen kleinen Spaziergang oder einen Plausch als Kreuzgang und Klostergarten? Kirchliche Einrichtungen, das sollte man nicht vergessen, vermittelten als einzige Institutionen Bildung – nicht nur Theologie, sondern auch Jura, Sprachen (Hebräisch, Altgriechisch und Latein), Kunst und Philosophie wurden hier gelehrt.

Colegio Mayor de San Ildefonso

Bei so viel Bildungsbeflissenheit bietet sich das Colegio Mayor de San Ildefonso als logischer Einstieg für eine Stadtbesichtigung an. Die aus dem 16. Jahrhundert stammende platereske Kalkstein-Fassade spricht förmlich zum Betrachter. Das Erdgeschoss symbolisiert die Initiation: um die Eingangspforte windet sich die Kordel mit den drei Knoten, die die Franziskaner um ihre Kutte gürten (Cisneros war Franziskaner). Das zweite Stockwerk

AUTORENTIPP!

CORRAL DE COMEDIAS

Wenn das Publikum zu früheren Zeiten im Corral de Comedias nicht zufrieden war mit Darstellung und Stück, dann warf es mit Gemüse nach den Darstellern. Da möchte man keinen Kohlkopf abbekommen haben. Heutzutage freilich setzt man sich manierlich auf die Samtsitze und schaut sich zum Beispiel während der Woche des Klassischen Theaters im Juni eine Aufführung von Calderón de la Barca an.
Der Corral de Comedias ist das älteste, noch in Betrieb stehende Theater Europas, es stammt von 1601. Es war ein klassischer Kömodienhof, kein feines Adelstheater. Das Publikum stand, und es passten 600 Gäste hinein, heute fasst es 150. Man kann noch gut die alte Struktur erkennen. 1769 bekam der Corral ein Dach, 1831 eine neue Bühne und 1920 wurde er zum Kinopalast umgewandelt. 1980 entdeckten Studenten dessen alte Bestimmung. Man konnte das Kino schnell wieder für das Theaterspielen herrichten – komplett mit Hebebühne und Umkleiden unterhalb der Bühne, Torpfeiler und Steinboden – alles aus dem 17. bis 19. Jahrhundert.

Corral de Comedias. Di–So, Fei, Führungen auf Spanisch 11.30, 12.30, 13.30, 16.30 und 17.30 Uhr. Änderungen wegen Theateraufführungen möglich. Plaza de Cervantes, 15, 28801 Alcalá de Henares, Tel 918 82 13 54, www.corraldealcala.com

Stadtrundgang Alcalá de Henares

A Colegio Mayor de San Ildefonso – An der für Alcalá de Henares emblematischen Universität aus dem 16. Jahrhundert beginnt der Spaziergang.

B Plaza de Cervantes – Die Plaza Mayor heißt in Alcalá Plaza Cervantes – Spaniens berühmtester Dichter hat diese Ehre verdient. Unter den Arkaden warten Terrassencafés auf Kundschaft.

C Corral de Comedias – Der Komödienhof möchte Spaniens ältestes Theater sein. Seit 1601 gibt es das 1980 restaurierte, handliche Theaterhaus.

D Calle Mayor – Die Hauptstraße Calle Mayor gehörte einst zum jüdischen Viertel von Alcalá. Sie ist die älteste unter Arkadengängen gelegene Einkaufsstraße Spaniens.

E Geburtshaus Casa Natal de Cervantes – Im Disput vertieft und aus Bronze: Die Skulpturen Sancho Pansa und Don Quijote weisen auf das Geburtshaus ihres Schöpfers hin. Das Patiohaus aus der Renaissance zeigt sich als hübsches zeitgeschichtliches Museum.

F Palacio/Hospital Antezana – Ein ebenso berückend restaurierter Bau wie sein Nachbar: In diesem alten Hospital soll einst Ignacio de Loyola, Gründer des Jesuitenordens gelebt haben.

G Archäologisches Regionalmuseum – Im ehemaligen Dominikanerkloster aus dem 17. Jahrhundert residiert das archäologische Regionalmuseum, das einen Streifzug durch die lange Besiedlungsgeschichte unternimmt.

H Erzbischöflicher Palast – In diesen Mauern tagen die Erzbischöfe von Toledo, hier hat Isabel La Católica Christoph Kolumbus empfangen.

I Kathedrale – 1497 von den Brüdern Egas erschaffen, präsentiert sich die Kathedrale als ein besonderes Zusammenspiel von gotischer, Renaissance- und Mudéjar-Architektur.

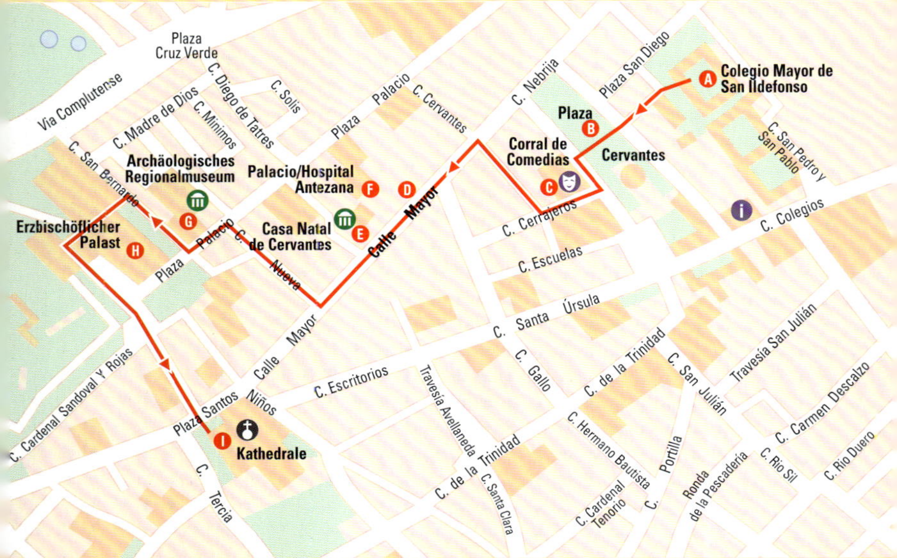

symbolisiert Kraft und Anstrengung mittels zweier Atlanten, die die Pilaster stützen. Und dann entdeckt man noch die Skulpturen von Peter und Paul. Hinter der Fassade verbergen sich zwei stilreine Renaissance-Patios, und jede dritte Fliese, so hat man nachgerechnet, ist noch original. Der Boden ist nicht gepflastert, sondern besteht aus in den Boden gedrückten Kieselsteinen – eine Art natürliche Klimaanlage, denn wenn man den Boden mit Wasser besprengt, erzeugt die Verdunstungsflüssigkeit Kühle.

Plaza de Cervantes

Nur einen Steinwurf entfernt öffnet sich die schöne Plaza de Cervantes mit des Dichters Bronze-Statue und einem grazilen schmiedeeisernen Musikpavillon aus dem Jahr 1879, dessen Rampen ein gutes Übungsgelände für Inline-Skater abgibt. Dazu gesellen sich Terrassencafés. Hier trifft man sich. Der Bereich östlich der Plaza unterstand der Rechtssprechung der Fakultät, der westliche Bereich der des Bürgermeisters. Beide hatten auf den beiden Längsseiten der Plaza angebrachte Tribünen, auf denen sie bei Feierlichkeiten Platz nahmen.

Wenn man die Plaza de Cervantes überquert, kommt man zum Corral de Comedias, dem traditionellen Theaterhaus Alcalás . Die Plaza stößt auf die alte Calle Mayor, die einst die Hauptachse des ehemaligen jüdischen Viertels bildete. Alcalá kennzeichnet es mit blauen Fliesen, die mit einer Menora verziert sind. In der Calle Mayor, übrigens die längste von Arkadengängen gesäumte Straße Spaniens und Einkaufsflanierstraße von Alcalá, liegt das zweistöckige Ziegelhaus der Familie Cervantes aus dem 16. Jahrhundert, in dem Miguel 1547 geboren worden war. Um einen gepflasterten Patio mit Säulen aus der Renaissance und

Oben: Denkmal für den berühmten Sohn der Stadt Miguel de Cervantes an der Plaza Cervantes.
Unten: In der Calle de los Colegios reiht sich eine Universitätskolleg an das andere – sie stammen aus dem 16. Jahrhundert!

Oben: Don Quijote lebt! An der Plaza de los Ninos in Alcala.
Mitte: Das Archäologische Museum stellt die Schätze aus der Siedlungsgeschichte der Universitätsstadt aus – wie diese römische Münze.
Unten: Der Palast des Erzbischofs

einem Brunnen reihen sich die Zimmer: Küche, Essraum, Arbeitsraum. Sie hat man originalgetreu und mit viel Liebe ausstaffiert. Eine Art Zahnarztstuhl steht im Behandlungsraum des Vaters von Miguel de Cervantes, der Wundarzt und Barbier war. Ein Puppentheater zeigt Szenenbilder aus dem *Don Quijote*. Vor dem Haus haben sich auf einer Bank Skulpturen von Don Quijote und Sancho Pansa bequem gemacht.

Einen berühmten Nachbarn hatte die Familie Cervantes. Ignacio de Loyola (1491–1556), der heilig gesprochene Gründer des Jesuitenordens, lebte im Palacio Antezana während seiner Studienzeit am Colegio Mayor de San Ildefonso. Dieses wunderbar konservierte Haus mit seinen dick getünchten Mauern und der geschnitzten Holzgalerie, die den Patio im ersten Stock umläuft, diente als Krankenhaus. Heute residiert hier das Gesundheitsamt.

Das einstmals maurische Viertel

Durch die Calle Felipe Neri kommt man zur Plaza de las Bernardas. Die grünen Fliesen mit dem Halbmond im Straßenschild weisen darauf hin, dass sich hier einst das maurische Viertel befand. Das archäologische Regionalmuseum im ehemaligen Dominikanerkloster aus dem 17. Jahrhundert hütet Exponate zur langen Siedlungsgeschichte von Alcalá. Schrägt gegenüber liegt der Erzbischöfliche Palast, der Ort des ersten Zusammentreffens zwischen Isabel la Católica und Christoph Columbus. Seine Ziegelmauern schmücken reich verzierte Portale und Erker. Der Kathedrale mit der Kapelle für San Diego kann man auch einen Besuch abzustatten, er war der »Robin Hood« unter den Heiligen, er stahl nur für die Armen. Als er einmal eingekerkert werden sollte, so geht die Sage, verwandelte Madonna höchstselbst das Diebesgut in Rosen.

Infos und Adressen

SEHENSWÜRDIGKEITEN

Colegio Mayor de San Ildefonso. Mo–Fr 10–13 und 16–19 Uhr, Führungen stündlich. So 11–14.30 und 16.30–19 Uhr, Führungen alle 30 Minuten. 4 €. Die Patios kann man besichtigen, ohne Eintritt zu zahlen. Plaza de San Diego s/n

Casa Cervantes. Di–So 10–18 Uhr, 3 €, Calle Mayor 48, Tel. 918 89 96 54, www.museo-casa-natal-cervantes.org

Palacio Antezana, Museo Arqueologico Regional. Di–Sa 11–19 Uhr, So 11–15 Uhr, Plaza de las Bernardas s/n, Tel. 918 79 66 66.

Kathedrale. Mo–Sa 9–13 und 17–20.30 Uhr, So 10–13.30 und 18–20.30 Uhr, Führungen auf Spanisch mit Museum (2.50 €) und Turm (2.50 €), Tel. 918 88 09 30.

Ausstellungsraum Cervantes in der ehemaligen Kirche Santa María la Mayor. Di–So 10–13.30 und 17–20 Uhr.

Im Innenhof des Colegio Mayor de San Ildefonso

Torre de Santa María. Sa 10–12.30 und 16–18 Uhr, So 10–13.30 und 16–18 Uhr, Führungen alle 30 Minuten, auf Spanisch.

ÜBERNACHTEN

Parador de Turismo de Alcalá. Das Parador war ein Kloster wie so viele andere Gebäude der Stadt. wie man ein bedeutungsvolles historisches Gemäuer überzeugend in die Moderne überführt, wird hier gezeigt. Das Dominikanerkloster aus dem 17. Jahrhundert beherbergte ehedem auch eine Druckerei, in der männliche Häftlinge des städtischen Gefängnisses arbeiteten. Die Zimmer liegen praktisch unterhalb des Klostergartens, den man von allen Fenstern aus sehen kann. Colegios 8, Tel. 918 88 03 30, www.parador.es

ESSEN UND TRINKEN

Hosteria del Estudiante. Hier befand sich das Refektorium des Klosters Santo Tomás, und in diesem historischen Ambiente werden in gediegenem Rahmen spanische Spezialitäten aufgetischt. Wird vom Parador betrieben. Tgl. 13–16.30 und 20–24 Uhr, Calle de los Colegios 3, Tel. 918 88 03 30

Restaurante Rayuela. Hübsches Restaurant mit bodenständigen guten Menüs und einer Sommerterrasse. Mo–Sa 13–16 Uhr und 20–24 Uhr, So 13–16.30 Uhr, Calle de Ramón y Calal 14, Tel. 918 32 85 64.

VERKEHRSVERBINDUNGEN

Nahverkehrszüge von Renfe ab Madrid–Atocha, Dauer etwa 1 Std., Busse von der Avenida de América alle 15 Minuten.

INFORMATIONEN

Oficina de Turismo.
Callejón de Santa María s/n, an der Plaza de Cervantes, Tel. 918 89 26 94, und an der Plaza de los Niños Santos s/n, Tel. 918 81 06 34, tgl. 10–14 und 16–18.30 Uhr, im Sommer 17–19.30 Uhr, www.turismoalcala.com

Das Bildnis der Nuestra Senora de la Cabeza in der Kathedrale

45 Segovia

Hier hat man Schwein …

Eine Stadt wie aus dem Geschichtsbuch: Nicht nur das überaus beeindruckende römische Äquadukt adelt Segovia, ebenfalls der romantisch über einem Abgrund balancierende Alcázar ist ein »Muss«; die Kathedrale, das ehemalige jüdische Viertel und die vielen Kirchen, die der 55 000-Einwohner-Provinzhauptstadt ihr unverwechselbares Profil verleihen, sind weitere gute Gründe für die 90 km lange Fahrt aus Madrid. Damit die geistigen Güter nicht überhand nehmen: den Jungschweinbraten nicht unprobiert lassen.

Mitte: Ein Alcázar wie aus dem Bilderbuch überragt Segovia.
Unten: Das römische Aquädukt steht praktisch mitten in der Stadt.

Schon von Weitem erblickt man die von zahlreichen Turmspitzen gekrönte Stadtsilhouette sich majestätisch über den mit Zypressen malerisch besetzten Terrassenfeldern erheben. Zwei Flüsse, der Eresma und der Clamores, vereinigen sich just unter der Felsenspitze, auf der der Scherenschnitt des Alcázar in die Höhe ragt. Zwei Flüsse in der trockenen Meseta Kastiliens, das bedeutet nahezu zwangsläufig eine lange Besiedlungsgeschichte, denn in Flussnähe ließ sich gut Landwirtschaft betreiben. So spricht man sogar davon, dass Segovias Gründung in die mythische Zeit eines ägyptischen Herkules zurückreicht. Verbürgt ist, dass es eine keltische Siedlung gab, die sich vehement gegen römische Eroberungszüge stellte. Allerdings war dem Widerstand wenig Glück beschieden, wie das römische Aquädukt beweist. Diese architektonische Meisterleistung aus dem ersten nachchristlichen Jahrhundert ist Weltkulturerbe der Unesco und lange alles andere als nur Denkmal, versorgte es doch bis in die 1970er-Jahre Segovia mit Wasser. Fast 730 Meter lang, erstreckt es sich entlang des östlichen Randes der Altstadt, ist 28 Meter hoch, ruht auf einem doppelreihigen Bogenband und ist ein atemberaubender Anblick.

Spätmittelalterliche Schönheit

Vom spätmittelalterlichen Stadtaufbau kann man sich leicht überzeugen. In der Touristeninformation am Aquädukt ist ein riesiges Stadtmodell zu bewundern, an dem man sich gut orientieren kann. Das fällt sowieso nicht besonders schwer, denn wie eine Pfeilspitze thront die von einer Mauer eingefasste Altstadt malerisch auf einem Felssporn. Jüngere Stadtviertel liegen weiter südlich. Im Innern der Mauern lebten Christen, Mauren und Juden in verschiedenen Vierteln, wobei das jüdische in der Regierungszeit der katholischen Könige im 15. Jahrhundert mit sieben Pforten verschlossen wurde. Es gab noch weitere Stadttore, die verschlossen wurden – um die Prostituierten nicht hineinzulassen, wie man sagt. Die Calle Real, auch Calle de Cervantes genannt, führt von der Plaza del Azoguejo am Aquädukt hinein in den Altstadtkern von Segovia. Sie verblüfft mit einem spätmittelalterlichen Aussehen, präsentiert sich aber alles andere als museal, sondern sehr alltagstauglich: In den Geschäften gibt es keine Edelmarken, sondern die berühmten weißen Bohnen aus Segovia, Kaffeekannen oder etwa Schneebesen.

Casa de los Picos

Die Casa de los Picos ist die erste große Sehenswürdigkeit an der Calle de Juan Bravo, die heute eine Kunsthochschule und eine Ausstellungshalle beherbergt. Früher gehörte sie der konvertierten jüdischen Familie de la Hoz. Die Casa de los Picos weist diesen besonderen Steinschliff auf, der die Fassade bei Lichteinfall wie diamantbestreut wir-

AUTORENTIPP!

JUNGSCHWEINBRATEN ESSEN
Wenn schon, dann hier: Wer sich je überlegt haben sollte, einmal ein komplettes Ferkel zu vertilgen, dann sollte er es dort tun, wo es andere Leute auch machen oder es zur Spezialität des Ortes gehört. Und *cochinillo* zu essen hat in Segovia Tradition, da kommt man nicht dran vorbei. Wenn es kein ganzes Tier sein soll, wählt man *cochifrito*, gebratene Schweinefleischstückchen. Schwein ist auch noch für andere Rezepte gut, da sind Segovias Köche erfinderisch. Geräucherter Schinken geht eine sehr bodenständige Verbindung mit weißen Bohnen ein; denn auch für seine *habas* ist Segovia bekannt. Schinken wird mit weißen, mit grünen Bohnen oder mit Artischockenherzen zusammen gegart oder mit gegrilltem grünem Spargel serviert. *Cochinillo* kann man überall in Segovias Restaurants bestellen. Besonders gerühmt wird »El Cándido«.

Stadtrundgang Segovia

A Aquädukt – Es ist eine architektonische Meisterleistung aus römischer Zeit – und etwas Besonderes, dieses Aquädukt heute so zu sehen. In der Touristeninformation am Platz kann man sich mit Stadtplänen versorgen.

B Calle Real (Calle Cervantes) – Die Straße erinnert in ihrem Aussehen an mittelalterliche Architekturmuster. Historische Bauten säumen sie.

C Casa de los Picos – Das Renaissance-Haus ist ein echter Hingucker. Die damals übliche Verzierungsform bestand in geschliffenen Steinen, die bei bestimmten Lichtverhältnissen funkelten wie Diamanten.

D Synagoge – Das jüdische Viertel von Segovia war nicht klein. Die ehemalige Synagoge wurde später in einen Konvent umgewandelt.

E Besucherzentrum jüdisches Viertel – Das Haus gleich daneben mit einem schönen Renaissance-Patio gehörte dem jüdischen Steuereintreiber für Isabel La Católica. Wechselnde Ausstellungen sind im Patio zu sehen.

F Kathedrale Nuestra Señora de la Asunción y San Frutos – Einen reicheren Schatz an verzierten Spitztürmen zu haben als die gotische Kathedrale von Segovia ist vermutlich schwer. Sie beherrscht die baumbestandene schöne Plaza Mayor.

G Alcazár – Durch die Straße Daoiz geschlendert, kommt man zum märchenhaften Alcázar. Der grüne, leere Platz davor erhöht seinen Reiz, weil er einen unverstellten Blick gestattet.

H Kirche San Estebán – Im Mittelpunkt des ältesten und am besten konservierten romanischen Viertels Spaniens liegt die Kirche San Estebán.

I Haus-Museum von Antonio Machado – Zwischen 1919 und 1931 lebte der berühmte spanische Poet Antonio Machado in Segovia; er floh nach Ende des Bürgerkrieges ins französische Coilloure. Das gesamte Mobiliar blieb erhalten.

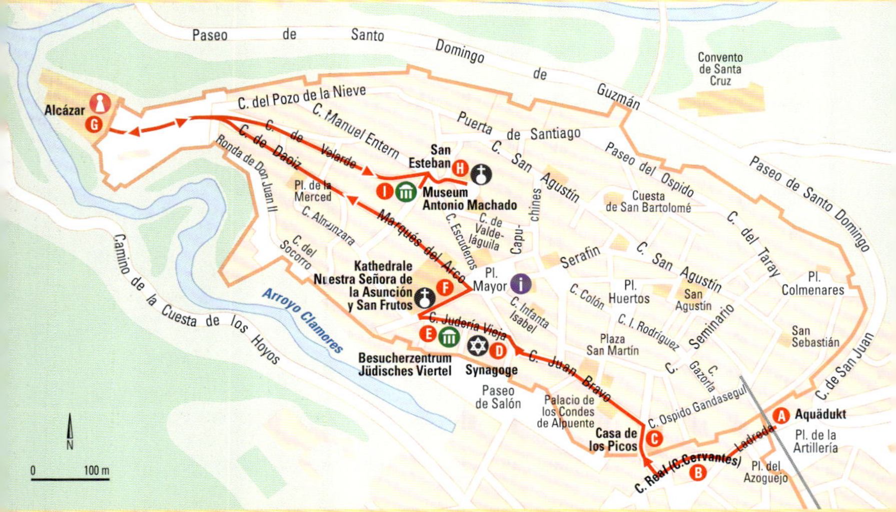

ken lässt und in der Renaissance in Mode kam. Das Innere schmücken kostbare Fliesen aus Talavera. Von der Calle de Juan Bravo stößt man, immer in Richtung Kathedrale und Plaza Mayor gehend, direkt auf das alte jüdische Viertel mit seinen schmalen Gassen. Die Synagoge wurde zum Konvent umgewandelt. Das Haus daneben gehörte einem Don Abraham, der für Isabel la Católica als Steuereintreiber arbeitete, und ist heute Besucherzentrum fürs jüdische Viertel. Der Renaissance-Innenhof wird für Ausstellungen genutzt.

Die Kathedrale de Nuestra Señora de la Asunción y San Frutos mit ihren himmelstrebenden Proportionen, ihren leuchtend hellen Steinmauern und ihren vielen gezackten Turmaufsätzen dominiert optisch weite Bereiche der Altstadt. Ihr monumentaler Glockenturm misst die stolze Höhe von 100 Metern. Unschwer lassen sich Stilelemente der Gotik darin erkennen, obwohl mit dem Kir-

MAL EHRLICH

SCHINKEN MOLEKULAR VON FERRAN ADRÍA!

Die Deftigkeit der schweinebetonten Regionalküche von Segovia überzeugt. Dazu gehört auch der Schinken. Der *Jamón Serrano* (»Gebirgsschinken«) ist hierzulande sehr bekannt, dabei gibt es mehr und besseres! Die Spanier lieben den *Jamón Bellota*, den Schinken von freilebenden Schweinen, die sich an den Früchten der Korkeichen in Andalusien gütlich tun, oder den *Jamón Ibérico*. Ferran Adrià, der Star- und Molekularkoch des Baskenlandes, hat jetzt eine Kampagne ins Leben gerufen, *Joselito Lab* – es geht um Schinken und sonstige Schweinernes. Auf einer Website werden auf Spanisch und Englisch Tipps und Rezepte verraten, denn Schwein, so das versammelte Fachwissen, geht auch anders. Bald sollen weitere Sprachen hinzukommen. www.joselitolab.com

Oben: Die Kathedrale ist ein Wunderwerk an filigranen Türmen und Streben sowie Stützen.
Unten: Terrasse der »Taverne La Escalera«

Oben: Konzert auf der Plaza San Martín
Mitte: Die Märchenkulisse des Alcázar könnte in jedem Mantel-und-Degen-Film Verwendung finden.
Unten: Die Fiesta de San Juan auf der Plaza de Azoguejo am Aquädukt

chenbau erst 1525 begonnen wurde, als die Renaissance als Architekturmode bereits triumphierte. Sie ist in der Tat die letzte gotische Kirche, die in Spanien gebaut wurde.

Alcázar

Von der Plazuela de Juan II. richtet sich der unverstellte Blick auf deN Alcázar. Das ist gleichzeitig ein herrlicher Aussichtspunkt auf die gut erhaltene mittelalterliche Stadtmauer und die Sierra de Guadarrama. Man kann sehr schön erkennen, wie die Burgfestung auf dem Felsensporn balanciert. Der Alcázar steht auf römischen Grundfesten, hat eine Sgraffitifassade, verzierte Erker, einen Wald aus unterschiedlich hohen, schiefergedeckten Türmen, Zinnenschmuck und schöne Fenster. Dieses Bauwerk erfuhr immer wieder Umbauten, aber man sieht teilweise noch Uraltes, z.B. die Wandmalerei aus dem 13. Jahrhundert im Thronsaal von Isabel la Católica und Fernando de Aragón. Die geschnitzten, mit Gold bemalten Holzdecken sind ungeheuer kostbar. Isabels Urenkel Philipp II. hat hier Anna von Österreich geheiratet und viel im Stil deren Heimat umdekorieren lassen, um zu verhindern, dass seine Braut an Heimweh leide. Die mittelalterlich schmalen Gassen, die einst zum Alcázar führten, waren eigentlich durch Tore verschlossen, aber sie wurden niedergerissen, damit die Kutschen von Anna passieren konnten. So ist nur noch eines der Rundbogentore aus dem 12. Jahrhundert erhalten.

Wer sich links hält, um vom Alcázar wieder zur Altstadt zu gelangen, durchstreift um die romanische Kirche San Esteban das älteste und am besten erhaltene romanische Viertel Spaniens. Hier liegt auch das Wohnhaus des Lyrikers Antonio Machado (1875–1939), das als Museum umgewandelt wurde.

Infos und Adressen

SEHENSWÜRDIGKEITEN

Casa de los Picos. Ausstellungen und Renaissance-Innenhof. Tgl. 12–14 und 19–21 Uhr, im Winter 18–20 Uhr, Calle de Juan Bravo 13, Tel. 921 46 26 74.

Nuestra Señora de la Asunción y San Frutos. 1. Nov.–31. März tgl. 9.30–17.30 Uhr, sonst 9–18.30 Uhr, Calle del Marqués del Arco 1, Tel. 921 46 22 05.

Alcázar. Okt.– März 10–18 Uhr, sonst 10–19 Uhr, stündl. Führungen, Plaza Reina Victoria Eugenia s/n, Tel. 921 46 07 59, www.alcazardesegovia.es

ÜBERNACHTEN

Parador. Sensationelle Lage mit tollem Blick auf Segovia. Sehr gemütlich eingerichtet und großzügig geschnitten. Zuvorkommender Service. Toller Service. Carretera de Valladolid, Tel. 921 44 37 37, www.parador.es

Hotel La Casa Mudejar. Bewahrt Elemente aus dem 15. und 16. Jh. Das Spa ist auf einer römischen Badeanlage errichtet. Die Zimmer sind mit Antiquitäten bestückt. Die hauseigene Tapasbar ist prämiert – hier war schon José Carreras zu Gast. Calle Isabel La Católica 8, Calle de la Judería Vieja 17–19, Tel. 921 46 62 50, www.lacasamudejar.com

ESSEN UND TRINKEN

El Cándido. Ist das bekannteste Schweinebraten-Restaurant Segovias. Hier speisten Gina Lollobrigida und das spanische Königspaar. Tgl. 13.30–16 und 20–24 Uhr, Plaza de Azoguejo 5, Tel. 921 42 59 11, www.mesondecandido.es

José Maria. José Maria bietet den besten spanischen Rotwein zum Aperitif, den Ribera de Corroveabas. Hinter den Butzenscheibenfenstern speiste nicht das Königs – aber das Thronfolgerpaar. Tgl. 13–16.30 und 20.30–24 Uhr, Cronista Lecea 11, Tel. 921 46 11 11, http://restaurantejosemaria.com/

EINKAUFEN

Confitería Alcázar. In Segovia braucht man eine Lizenz zum Backen. Diese Confitería hat sie! Sie darf hochoffiziell die Eierlikörtorte Ponche de Segovia produzieren. Mo–Sa 9–13.30 Uhr, 16–19 Uhr, Plaza Mayor 13, Tel. 921 46 21 18.

VERKEHRSVERBINDUNGEN

Von Madrid aus mit dem Zug ab Atocha oder Chamartín. Er hält in Guiomar, nicht in Segovia selbst. Shuttle zwischen Guiomar und Aquädukt: 10 Min. mit dem Bus ab Chamartín. In Segovia: Estación de Autobuses, Paseo Ezequiel Gonzalez s/n

INFORMATION

Información Turística. Plaza de Azoguejo 1, Tel. 921 46 67 20. www.turismodesegovia.com

Hier kehrte schon das aktuelle Königspaar ein: Das Restaurant »Cándido« am Aquädukt.

Oben: Garten im Escorial
Unten: In der verspielten Casita del Príncipe, einem Schlösschen in den Bergen der Guadarrama, finden sich Räume, die kaum prächtiger ausgestattet sein könnten.

46 San Lorenzo de El Escorial

Nicht nur Klosterpalast …

Mit dem Klosterpalast El Escorial vor den Toren Madrids verbindet man zuallererst Großartigkeit, Düsternis und Askese, hat hier doch Philipp II. seinen Eltern ein Grabmonument bauen lassen – in einem riesigen Kloster. Die Wohnräume, die Bibliothek, die Landkartensammlung sind anschaulicher Geschichtsunterricht vom Allerfeinsten.

Der Ort San Lorenzo de El Escorial allerdings möchte mehr sein als nur Anhängsel eines streng-monumentalen Klosterschlosses, denn im Laufe der Zeit bildete sich ein Dorfkern heraus, der mit dem Hof in Verbindung stand. Wohnstätten und Schreibstuben für die im Hof Beschäftigten mussten gebaut werden, ebenso Unterkünfte für die zahllosen Künstler und Handwerker.

Die Könige kamen und gingen, doch erst Carlos III. (1716–1799) war wieder ein häufigerer Gast im El Escorial. Mit seiner Anwesenheit gab er wesentliche Impulse für den Aufstieg des Örtchens, die Steuern mussten die Einwohner allerdings auch bald an ihn und nicht an die Gemeindeverwaltung entrichten. Es entstanden kleine Paläste für den Adel, die Casita del Príncipe und die Casita del Infante sowie Park-und Gartenanlagen. Die Großbourgeosie fand es ebenfalls opportun, in Königsnähe einen Sommersitz zu haben, und später kamen noch Hotels hinzu. San Lorenzo, so könnte man es salopp formulieren, entstand, weil die Königsfamilie hier ihren Urlaub verbrachte.
San Lorenzo de El Escorial am Fuß der Sierra de Guadarrama ist mit seinen 18 000 Einwohnern ein

San Lorenzo de Escorial entstand in königlichem Auftrag.

hübsches Städtchen geworden. Die Calle Floridablanca und die Calle de la Reina Victoria rahmen den Altstadtkern um die hübsche Plaza de la Cruz und die brunnengeschmückte Plaza de los Jardincillos ein. Von diesem Platz aus kann man schon die Casas de los Oficios erkennen – in denen heute u.a. die Touristeninformation untergebracht ist. Diese Gebäudetrakte gehören zum Klosterpalast. Die Casa de Columnas war die erste Einkaufszone von San Lorenzo.

Teatro Real Coliseo de Carlos III.

Ein hübsches Relikt aus der Zeit von Carlos III. ist das Theater, eines der drei Teatros del Corte, der Hoftheater, die er bauen ließ. Das Außergewöhnliche am Theater in San Lorenzo ist, dass es immer noch existiert – überarbeitet, vor dem Verfall gerettet und restauriert. Besonders kräftige Umgestaltungen nahm der Königsarchitekt Juan de Villanueva vor, der auch die Anbindung des Klosterhofes an das bestehende Dorf entwarf. Er gestaltete z.B. die Proszeniumslogen und den Eingangsbereich des Theaters neu. Während der Belagerung durch die französische Armee wurde es als Militärlager benutzt, dann hielt das Kino Einzug

AUTORENTIPP!

DER PANTEÓN

Eines ist klar: König Juan Carlos und Gattin Sofía müssen sich einen anderen Platz suchen – für sie ist in dem Panteón des Escorial kein Platz mehr. Denn die Krypta unterhalb der Klosterkirche im Escorial ist voll – gefüllt mit königlichen Gebeinen. Philipp II. hatte diese kuppelförmige Krypta für seine Eltern bauen lassen. Bis zum heutigen Tag ruhen sie in diesem imposanten kreisförmigen Saal aus Marmor, der aus Navarra und Tarragona herbei geschafft wurde. Die Kuppel malte im 17. Jahrhundert Luca Giordano aus, Carlos III. wiederum ließ sie barock umgestalten. Die Regeln sind streng: Felipe III. und Barbara de Braganza sind nicht im Panteón bestattet, sondern in der Kirche Santa Barbara in Chueca, weil sie keine Kinder hatten; und nur Königinnen, die einen späteren König zur Welt brachten, hatten das Recht, im Panteón beerdigt zu werden.

Ein 50 Meter langes Fresko mit der Darstellung der Schlacht von St. Quentin verbindet das Kloster mit dem Schloss.

AUTORENTIPP!

CASITA DE ARRIBA ODER CASITA DE INFANTE.
Durch den Bosque de Heredia hinauf geht es zur Casita de Arriba, das Carlos III. für seinen Lieblingssohn Carlos Baltasar bauen ließ. Es ist ein entzückendes kleines Lustschloss, das ein bevorzugter Ort für Theateraufführungen und Konzerte war. Insofern kommt dem Aufführungssaal auch die größte Bedeutung zu. Er ist so angelegt, dass man im Garten und im Innern gleichermaßen eine gute Akustik genießt. Das Interieur ist mit pompejanischen Deckenfresken geschmückt. Juan de Villanueva entwarf die Casita de Arriba zwischen 1771 und1773 nebst Garten mit Seerosenteich und riesiger Libanon-Zeder. Von hier aus hat man einen prächtigen Ausblick auf den Escorial.

Im Winter: Di–So 10–18 Uhr, April–Okt. 10–20 Uhr. Carretera a Avila s/n, Tel. 918 90 59 03, www.patrimonionacional.es

und erst in den 1970er-Jahren kaufte es ein Privatfinancier auf, der es restaurieren ließ. Das gelang so überzeugend, dass das Vorhaben den *Premio Nacional de Restauración* ergatterte. Es ist ein sehenswertes kleines Theater, das man besichtigen kann.

Der Escorial

Der Escorial entstand auf wüstem Land, den Ort hatten des Königs Astrologen bestimmt. Philipp II. trieben zwei Motive an, ihn bauen zu lassen. Zum einen hatte er 1557 gegen Henri II. in der Schlacht von Saint Quentin gesiegt – was auch in einem 50 Meter (!) langen Fresko festgehalten ist, das den Klostertrakt mit dem Schlosstrakt verbindet und den jeder Besucher passieren muss(te). Als Dank für den Sieg hatte er geschworen, ein Kloster errichten zu lassen. Zum zweiten wollte er in einem Kloster seine Eltern (Carlos I. und Isabella von Portugal) beerdigen lassen. Den Namenspatron San Lorenzo erwählte er, weil sich just an dessen Namenstag die französische Armee hatte geschlagen geben müssen. Auch sollte sich im Bau des Escorial der Triumph der Gegenreformation

Stadtrundgang San Lorenzo de Escorial

Ⓐ **Plaza de Santa Cruz** – Der Platz des heiligen Kreuzes ist der Mittelpunkt des Altstadtkernes von San Lorenzo.

Ⓑ **Calle de la Reina Victoria** – Es geht gemütlich zu auf der Straße der Königin Victoria. Kleine Einkaufsläden, Cafés, Passagen verlocken zum Bummeln – aber auch zum gehörig Pause machen.

Ⓒ **Casas de los Oficios** – Diese Gebäudetrakte, in denen auch die Touristeninformation untergebracht ist, gehörten früher zum Klosterpalast. Sie sind architektonisch äußerst streng komponiert. Gerade dadurch entsteht der Eindruck großer Monumentalität.

Ⓓ **Teatro Real Coliseo Carlos III.** – Das historische Theater entstammt tatsächlich der Regierungszeit von Carlos III. (1716– 1788). Das jetzige Aussehen ist eher hübsches Belle Epoque. Dafür stammt der Schnürboden noch aus den Anfangszeiten.

Ⓔ **El Escorial** – Die Dimensionen stimmen ehrfürchtig, denn sie sind schlichtweg überwältigend. Die von Juan de Herrera in den Jahren 1563–1584 gebaute Kloster-Schlossanlage besticht durch ihre radikale Schlichtheit und Strenge, eine Vorgabe der Renaissance.

In der Gemäldegalerie des Schlosses

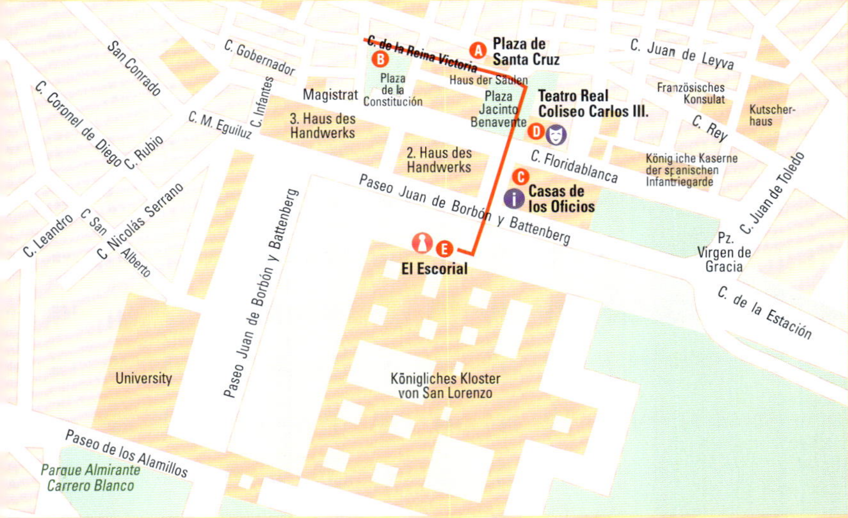

Oben: Die Renaissance-Fassade des Escorial ist Ausdruck großer Strenge.
Mitte: Die Bibliothek wirkt dagegen nahezu locker-verspielt.
Unten: Viele Modelle des Erdballs schmücken sie.

manifestieren. Aus der Sierra de Guadarrama wurden riesige Granitblöcke geschlagen, um das monumentale Gebäude errichten zu können. Der Michelangelo-Schüler Juan Bautista de Toledo entwarf es, nachdem er schon am Bau des Petersdoms beteiligt gewesen war, vollendet hat es jedoch Juan de Herrera. Der Entwurf entspricht den Vorgaben strengster Renaissance. Kahle Mauern tragen Fensterreihen als einzigen Schmuck. Die reine Geometrie des Schlosses hat auch etwas damit zu tun, dass hier kein Lustschloss geplant war, sondern eine königliche Residenz mit Kloster und eben ein Grabmal.

Um die Mönche im Kloster autark wirtschaften zu lassen, kaufte Philipp II. riesige Ländereien auf. Der Escorial genoss in der Königsfamilie keine große Beliebtheit, so heißt es, man hielt sich lieber in den anderen Residenzen auf. Das Monumentale der Anlage macht den Escorial nicht gerade wohnlich. Einen Maler, der mithalf, die Gemächer auszustatten, taufte man mit dem Spitznamen »Besen«, weil er hundert Gemälde in zwei Jahren schuf – hauptsächlich mit Motiven aus der griechischen Antike. Wie alle Schlösser ist auch der Escorial ein Kunsthort erster Güte, der die jeweiligen Moden der Zeit perfekt reflektiert. So liebte Carlos III., der ja auch König von Neapel und beider Sizilien war und Neapel kannte, die pompeijanische Medaillonmalerei mit Amuletten und Bordüren, während Carlos IV. wiederum Francisco de Goya sehr verehrte. Einige Werke von ihm sind hier zu sehen, ebenso Wandteppiche und Gobelins, die nach Vorlagen seines Schwiegervaters Francisco de Bayeu entstanden. Über 600 Kunstwerke sind in den Salons und Zimmern noch zu bewundern, früher waren es über 2000.

Von wirklich einzigartigem Wert ist die Ausstellung der Landkarten in einem gesonderten Kabinett. Man darf nicht vergessen, dass Carlos I. seinem Sohn Philipp II. ein Reich hinterließ, »in dem die Sonne nie unterging«. Man kann sich also vorstellen, wie wichtig das Kartenmaterial war, das die Seefahrer in königlichen (Eroberungs-)Diensten zur Verfügung stand.

Landkarten und Bibliothek

Ebenfalls ein Juwel ist die Bibliothek. Leider sind nur die Goldschnitte der unzähligen Bände zu sehen, nicht die Buchrücken mit den Titeln. Dabei wäre es doch hochinteressant gewesen, zu wissen, welche Bücher es waren, die von Astronomen, Geologen und Theologen geschrieben wurden, sei es im Sinne der Gegenreformation oder des strengen Katholizismus. Ein bisschen »Name der Rose« schwingt also durchaus mit, wenn man diesen Saal betritt. Wunderbar ist hier zudem ein Modell des Erdballes im Kreis seiner Planeten – es stammt, und das ist sensationell, von 1580! Sphingen tragen diesen Erdball auf ihrem Rücken.

MAL EHRLICH

DAS STÄDTCHEN DARF NICHT ZU KURZ KOMMEN

Vermutlich gibt es kaum einen Ort in Spanien, der so vehement mit einem einzigen Gebäude verknüpft wird wie San Lorenzo de El Escorial. Da können die Einwohner noch so deutlich darauf hinweisen, dass es auch noch den Ort selbst gibt und nicht nur das überaus große Klosterschloss mit einer Grabesstätte für sämtliche spanische Könige darin, was ja einen heiligen Schauder auslösen mag …

Denn es lohnt sich sehr, sich einen ganzen Tag Zeit zu nehmen, um auch das hübsche Stadtchen mit seinen historischen Plätzen und Gebäuden kennen zu lernen – und die umgebenden Pinienwälder, die unter Naturschutz stehen.

Infos und Adressen

SEHENSWÜRDIGKEITEN

Teatro Real Coliseo de Carlos III. Calle Floridablanca 20, Tel. 918 90 44 11

El Escorial. Tgl, 10–18 Uhr, April–Sept. 10–20 Uhr, Avda. Juan de Borbón y Battemberg s/n, Tel. 918 90 59 02, www.patrimonionacional.es

ÜBERNACHTEN

Hotel Victoria Palace. Fühlt sich an wie ein Palasthotel mit Davos-Zauberberg-Feeling. Parkett, Kronleuchter, Türen aus geätztem Glas – mit Terrasse. Calle Juan de Toledo 4, Tel. 918 96 98 90, www.nh-hoteles.com

AKTIVITÄTEN

Travesía de las Cumbres. Zu zwei Festterminen am 10. Aug. (Fiesta de San Lorenzo) und zwischen dem 9. und 15. Aug. (Fiesta Nacional) wird die Travesía de las Cumbres Escorialenses veranstaltet. Dabei starten Teilnehmer in Gruppen von drei Personen, um die Gipfel der umliegenden Sierra de Guadarrama zu besteigen. Danach gibt es ein großes Festessen für alle Teilnehmer. Die Zeit, in der man das bewältigt, ist unerheblich, die Bedingung lautet, alle Gipfel bestiegen zu haben.

VERKEHRSVERBINDUNGEN

Busse von Madrid aus (Moncloa) jede halbe Stunde. Calle Juan de Toledo 5.

INFORMATION

Información Turística. Calle Grimaldi 4, Tel. 918 90 53 13.

47 Sierra de Guadarrama

Nationalpark in Hauptstadtnähe

Die Sierra de Guadarrama mit Gipfeln über 2400 Metern besteht aus seltenen Granitformationen wie die rosa schimmernde La Pedriza, die die größte in ganz Europa ist, wunderbar dichten Eichen- und Pinienwäldern und malerischen kleinen Dörfchen – und das alles nur einen Katzensprung von Madrid entfernt.

Oben: Nicht jede Hauptstadt hat gleich einen Nationalpark vor der Nase, Madrid schon.
Unten: Eine etwas unübliche Begegnung auf dem Wanderpfad.

Um diese vielgestaltige und reiche Sierra zu erreichen, braucht man nicht mal eine Stunde. Der Parque Nacional Sierra de Guadarrama erstreckt sich vom Escorial bis zum Somosierra; dazwischen liegen rund 100 Kilometer mediterran anmutende Gebirgsgegend mit Stauseen, Bergdörfchen, bizarr-schönen Felsformationen, lohnenden Aussichtspunkten und einer Vielzahl an wildromantischen Spazierwegen und Klettersteigen.

Zwei Straßen erschließen den Nationalpark von Madrid aus. Die eine führt über Colmenar Viejo nach Manzanares el Real, dessen zinnengekröntes Schloss unglaublich dekorativ am Stausee Santillana liegt, die andere westlichere über Collado Villalba. Von hier aus erreicht man die hübschen Gebirgsdörfer. Vom Stadtbahnhof Moncloa aus verkehren Busse in den westlichen Teil des Nationalparks. Wer mit dem eigenen Auto fährt, nimmt die A 1 nach Coruña. Dabei wird der klotzige Triumphbogen bei Moncloa passiert, den der Diktator General Franco bauen ließ, um den Sieg über die republikanischen Armeen 1936 zu verewigen. Von der Autobahn in die Sierra de Guadarrama zweigt eine Seitenstraße zum Valle de los Caídos ab. Dieses pompöse Denkmal mit dem größten freistehenden Kreuz der Welt, das sogar von der Autobahn aus sichtbar ist, und einer in den Fels der Sierra de Guadarrama getriebenen Basilika enthält die beiden Gräber des Diktators Franco und des Falange-Gründers Primo de Rivera. Bestattet wurden hier auch Gebeine von Franquisten, die während des Bürgerkriegs fielen. Auf eine Gedenkstätte für die getöteten Republikaner wartet Spanien bis auf den heutigen Tag. Das Valle de los Caídos wird von Franco- und Falange-Anhängern immer wieder gerne besucht, besonders zum Todestag der beiden am 20. November.

Das Fell der Kuh

Die Herzöge von Alba sind das wichtigste Adelsgeschlecht neben dem König. Der Stammbaum der Familie reicht bis 1372 zurück. Als ihr Madrider Sitz Palacio Liria im 18. Jahrhundert gebaut werden sollte, bestimmte man den Standort folgendermaßen: Kühe wurden an verschiedenen Standorten für mehrere Tage postiert, und dort, wo ihr Fell am wenigsten verdreckte, dort sollte der Palast stehen. Das ist jetzt an der Calle de la Princesa, und dorthin blies der gute Wind aus der Sierra de Guadarrama.

Der Einstieg in die Sierra erinnert an Andalusien: ein Wald aus Korkeichen, wie sie für die Sierra um Cádiz bekannt sind, bietet Ziegen Unterschlupf und Nahrung. Später dann werden wilde Pinien mit zimtfarbenen Stämmen, Wildkiefern, Stechpalmen, wilde Rosenbüsche und Eichen die Wälder dominieren. Der Fluss Guadarrama, ein Nebenfluss des Tajo, zieht die Wasserscheide für die beiden Mesetas (»Hochebenen«) Norte y Sur.

Das Städtchen Cercedilla bietet einen guten Ausgangspunkt für verschiedene Wanderungen und Unternehmungen. Wie auch der Navacerrada-Pass

AUTORENTIPP!

WEM DIE STUNDE SCHLÄGT
Sicherlich, aus heutiger Sicht ist er doch ein wenig kitschig – aus der damaligen Sicht nahm sich das sicher anders aus. Als der Roman *To whom the bell tolls* von Ernest Hemingway 1940 erschien (»Wem die Stunde schlägt«), da war der spanische Bürgerkrieg gerade beendet. 1941 folgte bei Bermann Fischer in Stockholm die deutsche Ausgabe. Der von Beginn an erfolgreiche Roman wurde 1943 mit Ingrid Bergman und Cary Cooper verfilmt. Allerdings wurde er nicht in der Sierra de Guadarrama gedreht, dem Haupthandlungsort der Erzählung, sondern in Nevada.

Sicherlich, man muss Hemingway, der die Internationalen Brigaden in diesem Spanien zerreißenden Bürgerkrieg begleitete, nicht unbedingt in seinem Schreibstil mögen; er sah manches doch etwas naiv, und sein Machismo ist aus heutiger Sicht womöglich nervend. Dennoch ist es sein Verdienst, diesen auf beiden Seiten mit großer Grausamkeit geführten Krieg dem Vergessen entrissen zu haben. In den Informationszentren der Sierra kann man nach Führungen fragen, die Touren auf den Spuren der Frontlinien vornehmen oder Hemingways Reiseweg folgen (www.spanishsites.org/ernest-hemmingway-and-el-escorial/).

Und noch ein literarischer Tipp: Antonio Muñoz Molina, *Die Nacht der Erinnerungen*, erschienen 2011.

Oben: Eine der malerischen Picknickplätze in den schönen Wäldern der Sierra.
Unten: Wie aus einem Märchen scheint die Burg der Mendoza in Manzanares el Real. Sie stammt aus dem 15. Jahrhundert.

wird es von zahlreichen Gipfeln umkränzt. Ein Eingang zum Wegenetz ist das Valle de la Fuenfría, wo sich Picknickplätze und eine Umweltstation befinden. Deren Informationszentrum sollte man unbedingt aufsuchen – dort gibt es jede Menge Material zu den Wanderwegen. Ein Spazierweg führt beispielsweise über die Ducha de los Alemanes zur Puerta de Fuenfría und zum Puerto de Navacerrada, der die Scheide zwischen den Mesetas Norte und den Mesetas Sur bildet. Ein Wegenetz breitet sich von dort über die Berge. Oben, an der Puerta de Fuenfría, verlief ein alter, römischer Weg hinüber nach Segovia. Teile des originalen Pflasters haben den Witterungsverhältnissen tatsächlich bis heute getrotzt, man kann darauf wandern. Die deutlich verwitterten Grenzsteine markieren das ehemalige Jagdgebiet des Königs. Die Sierra ist Heimat vieler Tierarten. Vom Puerto de Navacerrada kommt man auch zum Gipfel der Maliciosa (2227m).

Die Häuser des lieblichen Navacerrada bestehen aus dem Granit, aus dem die Sierra gebildet wird. In den Steinbrüchen von Villalba wird er immer noch abgebaut. Eine lustige Skulptur aus Granit und Eisen begrüßt den Gast. Hier liegt auch ein Zugang zum Jakobsweg. Satte, von Ginster eingefasste Wiesen schließen das Dörfchen ein, und hier versorgt Rinderzucht die Einwohner – neben dem blühenden Naherholungs-Tourismus.

Manzanares el Real und la Pedriza

Das zweite Zentrum der Sierra um Manzanares el Real herum hat die gezackte rosa Pedriza als Kulisse, die sich in die nahezu kahle Pedriza Anterior und die bewaldete Pedriza Posterior teilt. Im Hintergrund erhebt sich die bis in den Frühsommer hinein schneebedeckte Cuerda Larga. Das ist eine wirklich malerische Szene, und als Höhepunkt breitet sich Manzanares el Real auch noch dekorativ am Stausee Santillana aus.

Von Manzanares el Real mit seiner schönen Burg der Mendoza erschließen zwei Eingänge die Sierra, Canto Cochones und Tranco. Der Canto Cochones hat Picknickplätze, Restaurants und bietet Canopy an, außerdem ist er mit einer Infostation ausgestattet. Lavendel und Rosmarinbüsche begleiten den Weg zum Mirador de Quebranta Herraduras, von dem aus man die Pedriza im Blick hat. Sie gilt als herausragendes Klettergebiet.

Die Burg der Mendoza

Wenn sich kleine Jungen eine Ritterburg vorstellen, dann stellen sie sich höchstwahrscheinlich eine vor, die so aussieht wie die Burg der Mendoza in Manzanares el Real. Man kann sich Kirchen und die alte Brücke nach Segovia anschauen, aber die unter Denkmalschutz stehende Burg aus dem 15. Jahrhundert ist schon etwas Außergewöhnlichen.

Sie gilt als ein Musterbeispiel kastilischer Festungsarchitektur, wurde aber auch als Residenz von der Mendoza-Familie genutzt. Schöne Innenhöfe mit kunstvollen gotischen Bogengängen werden von einer zinnengekrönten Mauer beschützt, die mit drei Rundtürmen besetzt ist. Die Burg zählt sechs Stockwerke. Im Innern befindet sich ein massiver quadratischer Wohnturm. Der Außenmauer sind halbkreisförmige Bastionen vorgelagert. Man kann die Burg besichtigen. In ihr kann eine Sammlung flämischer Wandteppiche besichtigt werden, Möbel und Ritterrüstungen gehören auch zum authentischen Inventar. Die letzten Jahre fanden viele Ausstellungen und Kongresse in dieser wundervollen Burg statt.

Infos und Adressen

SEHENSWÜRDIGKEITEN

Burg der Mendoza. Di–Fr 10–18 Uhr, Sa, So, Fei 10–15 und 16–18 Uhr, mit Theaterführungen, Sa und So 12 und 13.45 Uhr, Manzanares el Real, Embalse de Manzanares, Tel. 918 53 00 08. 5 bzw. 8 €.

ÜBERNACHTEN

Hotel Bosque Sierra Madrid. Luxusberghotel mit geräumigen, gut ausgestatteten Zimmern, toller Terrasse, Restaurant und Spa. Calle Guerrero 5, Mataelpino, Tel. 918 57 31 49, www.el-bosque.org

ESSEN UND TRINKEN

Los Alamos. Bodenständige, bäuerliche Küche vom Feinsten hat dieses Restaurant zu bieten. Vorne Tapas-Raum, im hinteren Zimmer Restaurant. Mo–Sa 13.30–16, 20–24 Uhr, So 11–16 Uhr, Avda. Los Linares 7, Mataelpino, Tel. 918 57 33 71, www.losalamosmeson.com

VERKEHRSVERBINDUNGEN

Von Moncloa Busse nach Navacerrada und Cercedilla, von der Plaza de Castilla fahren Busse nach Mataelpino und Manzanares el Real.

INFORMATIONEN

Centro de Educación Valle de la Fuenfría. Carretera de Las Dehesas, km 2, Cercedilla. Tel. 91 82 22 13.

Centro de Educación Ambiental Manzanares el Real. Camino de la Pedriza s/n, Tel. 918 53 99 78, mit denselben Öffnungszeiten: Mo–Sa 10–18 Uhr, So 10–15 Uhr.

Unten: Richtig schön alt und urig ist Pedraza de la Sierra.

48 La Granja und Pedraza
Barock im Bauernland

Niemand würde inmitten einer welligen, herben Schafzüchter- und Ackerbaugegend das Versailles von Spanien vermuten, dennoch genau hier liegt sie: La Granja, die Sommerresidenz der spanischen Königsfamilien seit dem 18. Jahrhundert, bezaubert mit seinen nach französischen Vorbild angelegten Gärten und einer eindrucksvollen Barockarchitektur. Das stille bilderbuchschöne Dörfchen Pedraza illustriert die bäuerliche Vergangenheit der Region, die bis ins Mittelalter hinabreicht.

Gegensätzlich und doch untrennbar miteinander verbunden, die Dörfer und das Schloss und das nicht nur räumlich. Die kleinen Ortschaften mit ihren aus dicken groben Steinen gebauten Häusern waren einst wichtig; die Schafswolle, die sie verkauften, wurde zur Kunst in der Hand der königlichen Teppichweber.

Pedraza

Schönheitskönigin der Dörfer ist ganz zweifelsfrei Pedraza. Die Stille in den wie leer gefegten Gassen verblüfft. Befände man sich in Italien, wäre diese mittelalterliche Schönheit längst vermarktet und voller Touristen. Ganz aus dem hellen Stein der Umgebung errichtet, schwebt Pedraza auf einem Felsen über terrassierten Feldern. Das alte Schloss aus dem 16. Jahrhundert liegt auf einer Felsnase oberhalb des Städtchens. Im 19. Jahrhundert bewohnte es der baskische Maler Ignacio Zuloaga. Unglaublich – in diesem 1000 Einwohner-Städtchen gab es einmal 14 Kirchen, pro Handwerkerzunft eine. Das architektonische Ensemble wirkt

Ein heiteres Schloss: In La Granja verbrachten die Könige ab dem 18. Jahrhundert ihre Sommer.

geschlossen und der Moderne scheinbar entrückt, was auch daran liegt, dass es das Etikett *interés cultural* trägt, welches ihm während der Zweiten Republik verliehen wurde. Das bedeutete, dass am Erscheinungsbild nichts verändert werden durfte. Auf diese Weise standen die Ortschaften während des Bürgerkrieges unter einer Art Denkmalschutz. Vielen wird es nicht geholfen haben, diesem hier schon. Neben den malerischen, geraniengeschmückten Gassen und den Häusern, deren Holzbalken an Fachwerk erinnern und die mit Wappen geschmückt sind, ist die ungewöhnliche dreieckige Plaza ein stilvoller Blickfang. Er ist einer Filmkulisse würdig. An ihm befindet sich die älteste Taverne des Ortes, die urige »Taverna de Don Mariano«, die immerhin auf eine 200 jährige Tradition zurückblicken kann. Für Mountainbike-Fahrer und Wanderer ist dieser Ort so recht nach ihrem Geschmack. Das Umland ist hügelig und anspruchsvoll, aber in Pedraza erwarten sie geradezu kuschelig-schöne Hotels und Pensionen.

La Granja

Einfach umwerfend ist die repräsentative Auffahrt zur königlichen Sommerresidenz La Granja, die nach den bäuerlichen Besitzungen eines Kloster-

AUTORENTIPP!

CONCIERTO DE LAS VELAS

Was könnte in dem mittelalterlichen Örtchen Pedraza stimmungsvoller sein, als an einem lauen Sommerabend das elektrische Licht zu löschen und bei Kerzenschein zu sitzen, mit dem Blick auf die weit geschwungene Ebene, und sich in eine andere Zeit versetzt zu fühlen? Von eben diesem Zauber profitieren die sommerlichen Kerzenscheinkonzerte, die zwei Wochen lang im Juli Abend für Abend gegeben werden. Ganz Pedraza schmückt sich dann mit Kerzen – in diesem Jahr waren es 25 000. Auf der Plaza Mayor unterhalb des Torre San Juan bilden sie den unvergesslichen Hintergrund für die Auftritte der Musiker. Gegeben wird Klassisches – beispielsweise Vivaldi, Schubert, Brahms. Die Orchester sind jeweils Meister ihres Faches. 2005 war beispielsweise das English Chamber Orchestra aus London zu Gast. 2012 sorgten Solisten der Wiener Philharmoniker für die richtigen Töne.

Oben: Die königliche Bourbonen-Lilie ist wiederkehrendes Schmuckelement.
Mitte: In den wunderbaren Gärten von La Granja
Unten: Der Palast ist in reinem Barock gehalten.

ordens so benannt ist. Während seiner Jagden machte Philipp V. (1683–1746) hier Station, und die Mönche nahmen ihn auf. Der kaufte dem Orden schließlich die Ländereien ab und ließ ab 1723 einen – später ständig erweiterten und umdekorierten – Palast im italienischen und französischen Barockstil bauen, der zu einem der Lieblingssitze des Königshauses wurde, lag er doch wesentlich höher und deswegen kühler als der Palast in Madrid.

Das Aufsehenerregendste ist eine exquisite Sammlung flämischer Teppiche, Gobelins und Wandbehänge. Dabei handelt es sich um die ältesten noch erhaltenen Wandbehänge des spanischen Königshauses, sie stammen zum Teil noch aus der Regierungszeit von Carlos I. und aus der Zeit der Katholischen Könige Isabel I. und Fernando von Aragón. Einer z. B. hat 80 Quadratmeter Umfang und ist auf einem einzigen Webstuhl produziert worden; er zeigt Allegorien der Tugenden Ehre, Glück, Wahrheit, Glauben, Gerechtigkeit, Mäßigung und Reinheit.

Natürlich lohnt sich auch der Spaziergang durch die Säle, die mit kostbarem Mobiliar aus dem 18. und 19. Jahrhundert angefüllt sind. Die Böden sind aus reinem Marmor. Herrliche Deckenfresken schmücken die königlichen Schlafgemächer, die kunstvollsten, wagemutig konstruierten Kronleuchter fließen wie Kaskaden von den Decken. Trotz der schieren Größe wirkt der Palast fröhlich und nahezu intim.

Dass dazu ein Garten gehört, der mit Versailles verglichen wird, passt. Der französische Gartenarchitekt René Cartier zeichnet dafür verantwortlich. Ihm ist ein hinreißendes Feuerwerk aus baumgefassten Terrassen, Labyrinthen aus gestutzten Hecken, Teichen und Rasenflächen gelungen, aus Blumenrabatten und verschwiegenen Plätzchen. Gerühmt wird der Garten auch für seine zahlreichen Wasserspiele und spektakulären Springbrunnen. In der monumentalen La Fama sprudelt das Wasser 40 Meter in die Höhe.

Die königliche Glasfabrik

Das hübsche Örtchen San Ildefonso de La Granja lockt mit einem weiteren Höhepunkt, der königlichen Glasmanufaktur, der ein Museum angeschlossen ist. Die Real Fábrica de Vidrios besteht seit dem 18. Jahrhundert. Hier wurden all die Kunststücke geschaffen, die man in den verschiedenen Königsresidenzen sieht. Hier werden alle Geheimnisse offen gelegt. Wie stellt man Spiegel her, wie die tollen Kronleuchter? Die spanischen Königshäuser holten sich dazu das Wissen und auch die Künstler aus Böhmen, die damals Führenden unter den Glas- und Kristallkünstlern. Die Führung geleitet durch eine variantenreiche Ausstellung von modernem, internationalem Glasdesign – besonders auffällig vertreten sind Finnland und Japan – und durch Säle voller alter böhmischer Kostbarkeiten. Besonders interessant sind die alten Herstellungssäle, in denen die Arbeiter auch wohnten und die etwas Kathedralenhaftes haben. Zudem kann man Glasbläsern bei der Arbeit zusehen.

La Granjas Gartenanlage nennt man das spanische Versailles.

Infos und Adressen

SEHENSWÜRDIGKEITEN

Königspalast von La Granja. Im Winter Di-So 10–18 Uhr, im Sommer 10–20 Uhr, 9 €, Plaza de España 15, Tel. 921 47 00 19, www.patrimonionacional.es

Schlossgarten. Im Winter Di–So 10–18 Uhr, im Sommer 10–20 Uhr, Plaza de España 17, Tel. 921 47 00 19, www.patrimonionacional.es

Centro Nacional del Vidrio, Museo. So–Fr 10–15 Uhr, Sa 10–18 Uhr, Vorführungen der Glasbläser 5 €, Paseo de Pocillo 11, Tel. 921 01 07 07, www.fcnv.es

ÜBERNACHTEN

Hospedería de Santo Domingo. Mit Garten, gemütlich eingerichtet, mit tollem Blick. Calle Matadero 3, Pedraza, Tel. 921 50 99 71, www.hospederiadesantodomingo.com

Hotel de la Villa. Das Hotel residiert in einem restaurierten, unter Denkmalschutz stehenden Haus. Familiäres Ambiente, gediegen und schön. Calle Calzada 5, Pedraza, Tel. 921 50 86 53, www.elhoteldelavilla.com

ESSEN UND TRINKEN

Taberna de Don Mariano. Niedrige Holztische und Bänke, Küchenutensilien aus Messing und Kupfer steuern zum rustikalen Charme dieses Restaurants bei. Bäuerliche Küche und Tapas. Mo–Sa 12.30–16 und 19–24 Uhr.

VERKEHRSVERBINDUNGEN

Mit dem Bus aus Segovia.

Oben: Das Schloss von Aranjuez bietet ganz selbstverständlich auch eine äußerst repräsentative Treppenanlage.
Unten: Ein Musikzimmer war unverzichtbar, auch die adelige Gesellschaft wollte sich unterhalten und unterhalten werden.

49 Aranjuez
Gemüse und Kunstgenuss

Wer bei Schiller aufgepasst hat, weiß, wo die spanischen Könige ihre Sommer verbringen: In Aranjuez und seinen schönen, von Erdbeer- und Spargelfeldern umgebenen Gärten. Als Draufgabe zur königlichen Sommerresidenz und zu den einfallsreich gestalteten Landschaftsparks verfügt Aranjuez aber noch über weitere Juwelen: z. B. die königliche Stierkampfarena aus dem 18. Jahrhundert. Und ein entzückendes Städtchen ist Aranjuez sowieso.

Aranjuez, malerisch gerahmt von den beiden Flüssen Tajo und Guarrama, hat 55 000 Einwohner und darf mit Fug und Recht beschaulich genannt werden. Viehzucht und Landwirtschaft zeigen bereits die Deckenfriese in der Casa Labrador von 1803, dem Bauernhaus in den königlichen Gärten – und Milchviehzucht und besonders Landwirtschaft bestimmen Aranjuez' Einnahmequellen bis auf den heutigen Tag. Milch und Sahne, Erdbeeren und Spargel, Artischocken und Tomaten aus Aranjuez gehören zu den exquisitesten Erzeugnissen ganz Spaniens, und an den Sommerabenden sitzt man am liebsten in den Gartenrestaurants, den *gangos*, entlang der Flüsse und der Felder. Dort lässt es sich gut gehen. Diese *gangos* führen eine uralte Tradition fort. Früher schenkten hier die Weinverkäufer aus und boten dazu etwas zum Essen an, das nicht einmal bezahlt werden musste – Hauptsache, man sprach ihrem Wein zu.

Prunkstück von Aranjuez freilich ist das dreiflügelige Schloss, das ein Schüler Michelangelos, Juan Bautista Toledo, auf Veranlassung von Philipp II. (1527–1598) entwarf. Es ist eines der schönsten

Die kostbare Kuppel im Rauchzimmer (!) des Palastes.

der vier königlichen Anwesen und wurde jeweils im Frühjahr und Sommer benutzt. Auf La Granja und El Escorial wohnte die königliche Familie samt Gefolge im Herbst, nach Madrid zog man sodann im Winter.

Am Schloss gab seit seiner Entstehungszeit zahlreiche bauliche Veränderungen. Das heutige Aussehen entstand im Wesentlichen in der Zeit, als Carlos III. (1716–1788) über Spanien herrschte. Es besteht noch aus den Originalmaterialien *ladrillo* und Stein, mit Bogengängen aus Kalkstein, Fußböden aus *barro cocido* (gebranntem Ton) und kostbaren holzgeschnitzten Decken. Von der Plaza de Armas aus, dem zentralen Hof, kann man die verschiedenen Bauphasen am besten erkennen. Die Bogengalerie, die sich die italienische Renaissance zum Vorbild nimmt, der Turm und die Galerie darunter stammen aus der Regierungszeit Philipps II., der östliche und der westliche Flügel entstanden unter Carlos III.

Das Schloss zeigt in seinen 200 Zimmern eine einzigartige Prachtentfaltung: die Rokokogitter aus Bronze, Kronleuchter mit 200 Lichtern aus purem Gold, flandrische Wandteppiche mit Landschafts-

AUTORENTIPP!

CONCIERTO DE ARANJUEZ

Ein Konzert mit dem spanischsten aller Instrumente, der Gitarre, machte den Komponisten Joaquín Rodrigo weltbekannt: das *Concierto de Aranjuez*, das 1940 in Paris uraufgeführt wurde. Es gehört zu den berühmtesten Musikstücken des ganzen 20. Jahrhunderts, ist unendlich oft variiert, interpretiert, kopiert und in Versatzstücken übernommen worden – von Miles Davis bis zu Paco de Lucía. In diesem Konzert begründet Rodrigo einen ganz eigenen Stil, der durch die Verwendung typisch spanischer Musikelemente wie z.B. die *saeta* charakterisiert wird, ein aus arabischer Quelle stammender Sprechgesang, der am Schluss der jeweiligen Semana-Santa-Prozessionen erklingt. Damit folgt er der Musiktradition Manuel de Fallas, aber auch der Dramen Federico Garcia Lorcas, der ebenfalls spanische Traditionen zum Thema erkor. Joaquín Rodrigo selbst verband mit Aranjuez ganz persönliche Momente.

Stadtrundgang Aranjuez

A Schloss Palacio Real – Das dreiflügelige Schloss erhielt sein endgültiges Aussehen unter Carlos III. Es gilt als eines der schönsten der spanischen Königsschlösser.

B Die Gärten von Aranjuez, Jardín de Infante – Ein kleiner Touristenzug entlang des Tajo verkehrt zu den königlichen Gärten und ihrem lieblichen Prunkstück, dem Jardín del Infante, der auch einer der ältesten botanischen Gärten des Landes ist.

C Casa del Labrador – Das sogenannte Bauernhaus inmitten des weitläufigen Parks entpuppt sich als ganz reizendes Schlösschen mit einer prachtvollen Dekoration, die teilweise noch im Original erhalten ist. Entstanden ist es wiederum unter Carlos III.

D Jardín de Paterre – Wieder zurück am Schloss. In unmittelbarer Nachbarschaft liegt der Jardín de Parterre, der im französischen Stil angelegt wurde – mit streng komponierten Beeten, Rabatten und gestutzten Hecken.

E Jardín de la Isla – Auch der Jardín de la Isla liegt ganz in Schlossnähe und weist sehr hübsche Brunnen auf. Sein Name rührt daher, dass er ganz romantisch von Kanälen des Tajo umflossen wird und so wie eine Insel erscheint.

F Stierkampfarena Plaza de Toros – Es ist ein gutes Stück zu Fuß zur Stierkampfarena. Wer keine Lust auf einen Stadtspaziergang hat, nimmt ein Taxi. Sehenswert ist sie allemal, die Königliche Stierkampfarena aus dem 18. Jahrhundert.

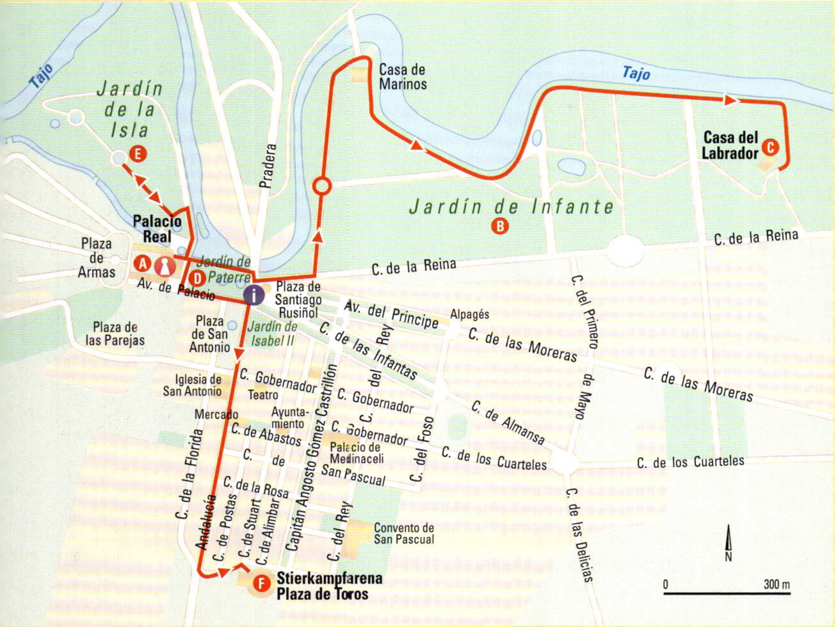

szenen aus dem 16. Jahrhundert und solche, die nach Vorlagen von Francisco de Goya geknüpft wurden, bukolische Fresken von Luca Giordano, pompeijanische Malerei, wie sie in der Epoche von Isabel II. (1830–1904) hoch in Mode stand. Deren Schlafzimmer ziert das Brueghel-Gemälde *Turmbau zu Babel*. Die Tapeten bestehen aus Seide und sind in einigen Zimmern noch original erhalten. Wunderschön sind die Stühle mit kammartigen Rückenlehnen, die aus dem 18. Jahrhundert stammen, beeindruckend die riesigen, goldverzierten Spiegel, die ausnahmslos in La Granja hergestellt wurden. Auch die wertvolle Sammlung fantasievollst gestalteter Uhren ist dazu angetan, gründlich staunen zu lassen.

Aber das wohl einzigartigste, gleichzeitig auch verrückteste Zimmer entstand in der Epoche von Carlos III.: Es ist komplett mit Porzellan bedeckt. Pflanzen und Blumen wachsen aus dem cremefarbenen Untergrund, Äffchen und kleine Männchen baumeln in den Zweigen, mehr als 100 Drachen und Vögel bevölkern den Porzellanwald. Dieses Werk schuf Giuseppe Gricci (1700–1770). Der Fußboden dazu: farbiger Marmor in geometrischem Muster. Das Ganze ist eine fast verwirrende Formen- und Farbenvielfalt.

Der älteste botanische Garten Spaniens

Vom Schloss aus bringt ein kleiner lustiger Zug die Gäste zu den königlichen Gärten und zur Casa del Labrador. Die Gärten, die den ältesten botanischen Garten Spaniens und einen der ältesten der Welt beherbergen, sind in verschiedene Areale unterteilt, wobei das bekannteste der Jardín de Infante ist. Hier wurden 160 verschiedene Baumarten gepflanzt, viele davon wurden aus Asien und Lateinamerika importiert, wobei der emblematische

Oben: Das Porzellanzimmer des Schlosses von Guiseppe Gricci aus dem 18.Jahrhundert ist so recht dazu angetan, die Sinne zu verwirren.
Unten: Kleine Chinesen im Porzellanzimmer. Asien war damals ganz groß in Mode.

Oben: Springbrunnen im heiteren Schlossgarten von Aranjuez
Mitte: Das »Bauernhaus«, die Casa del Labrador, liegt ebenfalls im Schlossgarten.
Unten: Herkules beim Bewältigen seiner Aufgaben – ein Brunnen im Jardín de Parterre.

Baum der Gärten die Platane ist. Linden verbreiten im Frühsommer ihren charakteristischen, schwer-aromatischen Duft. Die Bäume sind zum Teil mehr als 200 Jahre alt. Viele kleine Pavillons schmücken ihn, er ist mit Statuen und Springbrunnen dekoriert. Im Bootshaus werden die luxuriösen Barken aufbewahrt, mit denen die königliche Gesellschaft einst den Tajo befuhr. Heute kann man sich einen Kayak mieten, um einen Flussausflug zu unternehmen. Der Garten mit seinen Pavillons diente auch als Theaterbühne, der berühmte Kastratensänger Carlo Broschi, genannt Farinelli (1705–1782), gastierte oft in Aranjuez.

Casa del Labrador

Der Zug durch den Jardín de Infante hält bei der Casa del Labrador, wörtlich übersetzt: Bauernhaus, was natürlich keines ist, sondern ein kleiner Palast, den Carlos III. und seine Frau María Luisa haben bauen lassen. Es ist ein Lustschlösschen, das noch so komplett mit originalen Tapeten und Stoffen ausgestattet ist, dass die Fensterläden stets geschlossen bleiben müssen und nur eine Besuchergruppe von höchstens zehn Personen Stärke pro Stunde gestattet ist, da sonst die wertvollen Gegenstände Schaden nehmen könnten.

Das Schlösschen badet in Bezügen auf das alte Griechenland. Ob Büsten griechischer Philosophen und Fresken mit Sagengestalten wie Orpheus und Eurydike, Kybele, Apollo oder Sphingen, die Uhrwerke tragen – die Innenarchitektur und das Mobiliar erinnert an versunkene Welten. Der Boden besteht aus Porzellan (!) und farbigem Marmor. Die üppigen Kronleuchter zeigen die Bourbonenlilie, und es gibt einen Schreibtisch ganz aus reinem Malachit. Neben den vielen Motiven aus der Mythologie und der Natur fällt ein Deckenfresko auf, das eine Ballonfahrt zeigt.

Jardín de Parterre und de la Isla

Zwei weitere Schlossgärten gibt es noch, den Jardín de Parterre, der von den Bourbonen im französischen Stil angelegt worden war. Ihn zieren Magnolien, Erdbeerbäume und Arkadengänge. Zwei besondere Brunnen stehen hier – der eine zeigt Herkules beim Bewältigen seiner sieben Aufgaben, der andere Ceres, die Göttin der Fruchtbarkeit und der Landwirtschaft.

Der Jardín de la Isla ist weitgehend von den Kanälen des Tajo umschlossen. Er wurde auf Betreiben von Philipp II. von Juan de Herrera, dem Baumeister des Escorial, gestaltet. Auch hier gibt es schöne Brunnen. Den außergewöhnlichsten ließ Fernando VI. (1713–1759) für seine portugiesische Frau Bárbara von Braganza bauen. Er besteht aus einer Rampe, über die das Wasser gleitet und dabei Töne macht, die an Meeresrauschen gemahnen, die Cascada de las Castagñuelas, der Wasserfall der Kastagnetten. Durch Hohlwege schreitet man an kleinen, in der Erde verborgenen Eisenbeschlägen vorbei – sie tarnen den Auslass von kleine Fontänen, die einst unvermutet für die Gäste Wasser aus der Erde spritzten.

Die schönen Tage von Aranjuez sind nun vorbei, sprach in Friedrich Schillers Drama *Don Carlos* die Fürstin von Eboli zur Königin Elisabeth von Valois, der dritten Ehefrau Philipps II., als sie das Sommerschloss verlassen mussten, um nach Madrid zurückzukehren. Paradiesisch wirkt es immer noch.

Auf eines ist Aranjuez zudem sehr stolz: auf seine Stierkampfarena. Sie wurde 1791 gebaut und ist seitdem immer in Betrieb gewesen. Alle großen Stierkämpfer sind hier aufgetreten, und jede Menge Prominenz von Yul Brynner bis Ava Gardner und Ernest Hemingway jubelte ihnen zu.

AUTORENTIPP!

STIERKAMPFARENA

Der Sand kommt aus Alcalá de Guaraira bei Sevilla, das Granatapfelrot der Wände aus den heimischen Farbtöpfen. Ganz in den spanischen Farben Gelbgold und Rot ist die königliche Stierkampfarena getaucht. Königlich darf sie sich nennen, weil sie von Carlos IV. in Auftrag gegeben wurde, und als erste, noch vor der berühmten Arena in Ronda, wurde sie 1799 eingeweiht. Sie hat die berühmtesten Stierkämpfer gesehen: Dominguín, Manolete, Cordobés, Curro Romero. Hier werden nicht nur Gemälde von Genreszenen und Fotos von Ava Gardner, Claudia Cardinale und Sara Montiel ausgestellt, Stierkampfplakate und die gold- und silberbestickten *trajes de luces* oder die *traje de Goya,* die mit schwarzen Bordüren verziert ist, man sieht auch die Korräle, in denen die Wettkampfstiere zwei Tage verbringen, und die Gänge, durch die sie anschließend in die Arena getrieben werden. Die Arena ist zugleich Museum und atmet außerordentlich viel Atmosphäre.

Der chinesische Pavillon im Schlossgarten des Palacio Real

Infos und Adressen

SEHENSWÜRDIGKEITEN

Palacio Real. Di–So, im Sommer 10–20 Uhr, im Winter 10–17 Uhr, Tel. 918 91 07 40

Real Casa del Labrador. Öffnungszeiten s.o.

Jardin de la Isla y el Parterre. Im Sommer tgl. 8–20 Uhr, im Winter tgl. 8–8.30 Uhr

Jardín de Isabel II. Mo–Sa im Sommer 9–14 und 18–21 Uhr, im Winter 9–14 und 17–20 Uhr, So 10.30–14 und 16–18 Uhr, Tel. 918 91 66 93

Bodendekor im Comedor de Gala, im Speisesaal des Palacio Real, der für Empfänge reserviert war.

ÜBERNACHTEN

Hotel Príncipe de la Paz. Klassisch-elegante Zimmer in einem renovierten Stadthaus, Zimmer haben französische Balkone, gediegenes Ambiente, gut gelegen. Calle San Antonio 22, Tel. 918 99 222, www.nh-hotels.de

Hotel Jardín de Aranjuez. Gutes Preis-Leistungs-Verhältnis in diesem netten Drei-Sterne-Hotel, das in einem typischen großbürgerlichen Wohnhaus residiert. Avda. del Príncipe 26, Tel. 918 75 42 07, www.hoteljardindearanjuez.com

Hostal Real. Unterschiedlich gestaltete und recht geräumige, gut ausgestattete Zimmer. Mit Restaurant, Cafeteria und Sommerterrasse. Avenida de las Infantas 6, Tel. 918 91 13 41, www.hostalrealaranjuez.com

ESSEN UND TRINKEN

El Rana Verde. Das Lokal hat eine wunderbare Terrasse direkt am Fluss und ein sommerlich-elegantes Ambiente, gute spanische Küche mit regional-saisonaler Ausrichtung. Produkte der Region. Tgl. 9–24 Uhr, Calle de la Reina 1, Tel. 918 91 13 25, www.elranaverde.com

El Jardín del Príncipe. Traditonell eingerichtetes Restaurant mit Sommerterrasse. Lamm, Gambas, Schinken, Spargel – das sind die Eckpfeiler der Küche. Mittagsmenüs. Tgl. 12 – 23.30 Uhr, Calle de la Reina 6, beim Jardín del Principe, Tel. 918 75 41 60, www.jardindelprincipe.com

El Corral de la Abuela. Im »Haus der Oma« gehts rustikal zu. Der Schwerpunkt ist gegrilltes Fleisch, aber es werden auch gute Tapas aufgetischt, Kroketten, dicke Bohnen mit Schinken, Pulpo. Mi–Mo 10.30–24 Uhr, Calle de la Reina 2, Tel. 918 92 02 37, www.elcorraldelaabuela.es

Casa Martín. Klein und ganz fein ist dieses Restaurant mit einer mediterran ausgerichteten Küche, Spezialität sind Arroces und Wild. Mi–Mo 11–23.30 Uhr, Calle Florida 6, Tel. 918 91 91 62

AUSFLUG

Real Cortijo de San Isidro. Das königliche Landgut von San Isidro geht auf eine Initiative von Carlos III. zurück, der eine landwirtschaftliche Finca für Agrarprodukte in der Nähe des Schlosses haben wollte. Schafe und Kühe wurden hier auch gehalten. San Isidro ist ein historisches Dörfchen mit einigen *ladrillo*-Bauten. Besuchenswert ist besonders das, was sich darunter ausbreitet, die Königliche Bodega nämlich, die einzige, die es in Spanien überhaupt noch gibt. Mit ihren Gängen nimmt sie praktisch das Kellergeschoss des gesamten Dorfes ein. Der Eingang ist königlich-repräsentativ ausgefallen – er entstammt den Entwürfen von Manuel Serrano, der in Madrid die Puerta de Alcalá bauen ließ. Durch dieses Portal musste schließlich die königliche Kutsche passie-

ren können. Der königliche Weinkeller wird stimmungsvoll durch indirektes Licht und Kerzenschein beleuchtet, der Boden ist wegen der Feuchtigkeit mit Sand bedeckt. Früher lagerte man den Wein in Amphoren – und einige davon kann man hier noch sehen. Heute ruht der gute Tropfen aus Rioja und Cuenca in Fässern. Hier kann man Besuche vereinbaren.
Cuevas Real Cortijo de San Isidro,
Tel. 915 35 77 35.

AKTIVTÄTEN

Der Erdbeerzug – Tren de la Fresa. Königin Isabel II. weihte diese Verbindung zwischen Madrid und Aranjuez am 9. Februar 1851 höchstpersönlich ein, eigentlich sollte die Strecke sogar bis zur Mittelmeerküste gehen. Es war die zweite Eisenbahnlinie überhaupt in Spanien. Der Marqués de Salamanca regte damals an, die Linie bis zur Puerta de las Damas del Palacio zu verlängern. Die Leute aus Aranjuez waren begeistert, konnten sie doch ihre landwirtschaftlichen Erzeugnisse, für die sie bis zum heutigen Tag berühmt sind, viel schneller zu den Märkten in der Hauptstadt transportieren. Von dieser Verbindung – und ehrlich gesagt auch von dem wunderschönen Bahnhof von Aranjuez – profitieren die Gäste, die den historischen *Tren de la Fresa* nutzen. Der verkehrt zwischen dem Museo del Ferrocarril in Madrid (Paseo de las Delícias 61) und Aranjuez, braucht für die 490 Kilometer eine Stunde. Man kann während der Tour Erdbeeren verkosten. Dazu wird ein Besuch des Schlosses angeboten. Die Tour kostet 29 €. Der Zug verkehrt zu festgelegten Terminen im Mai, Juni, September und Oktober.
Auskunft: Renfe 902 32 03 20 und Museo del Ferrocarril, Paseo de las Delícias 61,
Tel. 902 22 88 22, www.museodelferrocarril.org
Metro: Delícias

INFORMATIONEN

Oficina de Turismo.
Plaza San Antonio 8, Tel. 918 91 04 27,
www.aranjuez.es

Arbeitszimmer des Königs – auch ein solcher Raum musste repräsentieren.

50 Toledo

Schwertschmiedestadt am Tayo

Ein Sinnbild Spaniens? Es könnte die berühmte Silhouette Toledos sein. Aufragend aus dem Flussbett des Tajo, ist die Stadt umschlossen von einer mit wunderbaren mittelalterlichen Toren versehenen Mauer und gekrönt von einem prächtig anzuschauenden Ensemble aus Kirchtürmen und sonnenfarbenen Ziegelsteinhäusern mit rot geschindelten Dächern. Der expressivste aller spanischen Maler, der Grieche El Greco, hat sie porträtiert.

Die Stadt scheint förmlich aus der kargen, glühenden Meseta-Landschaft in die Höhe zu wachsen, sich hinaufzuschrauben aus der Umgürtung ihrer Mauer. In diesem Bild scheint Spaniens ganze Geschichte enthalten zu sein: die zahlreichen Kirchtürme, von denen einige früher Minarette waren, das mittelalterliche Baumaterial, der charakteristische *ladrillo*, alles steckt voller Querverweise und Reminiszenzen.

Die ehemalige Hauptstadt der Provinz Kastilien war später auch Hauptstadt des 1492 vereinten katholischen Königreichs, bis 1561 Philipp II. den Königshof nach Madrid befahl. Toledos Geschichte reicht allerdings noch viel weiter zurück. Die Ursprünge seiner Besiedlung reichen hinab bis in iberische Zeiten. Die Römer bauten eine Stadt und nannten sie Toletum. Bis zur *reconquista* im 11. Jahrhundert war sie die arabische Metropole Tulaytula, die zu Al-Andalus gehörte. Und so lagern die Geschichtsspuren übereinander. Ein Kirchturm entpuppt sich als Minarett, Synagogen werden aus ihrer katholischen Ummantelung geschält. Das Gassengewirr aus eng stehenden Häu-

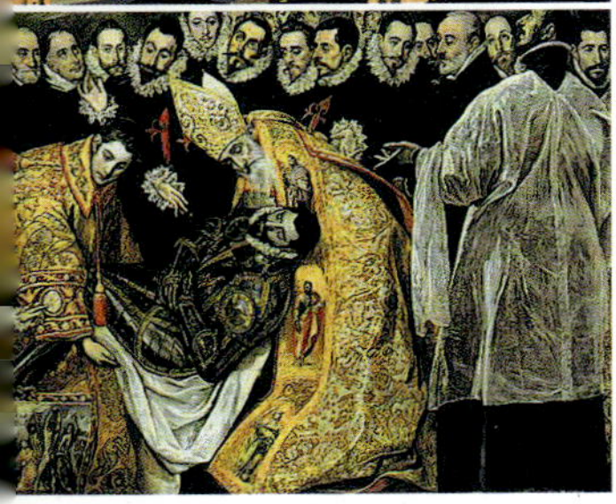

Oben: Toledos Weichbild verrät: Hier regiert die Historie.
Unten: Ausschnitt aus dem *Begräbnis des Conde von Ordaz* von El Greco.

sern vermittelt Strenge und Düsternis, malt aber die Wege in den ehemaligen arabischen und jüdischen Vierteln nach. Kurzum: Toledo kann man sich perfekt als mittelalterliche Filmkulisse vorstellen, was auch daran liegt, dass das moderne Toledo außerhalb der Stadtmauern liegt wie auch der Busbahnhof und das neue Kongresszentrum. Die Filialisten der modernen Geschäftswelt von Mango, Zara, McDonalds und anderen findet man allerdings an der Plaza de Zocodover und in der Calle de la Plata.

El Greco

Bester Platz, einen Rundgang zu beginnen, ist eine Seitenkapelle der Kirche Santo Tomé mit einem Meisterwerk von El Greco (1541–1614), dem zweifellos berühmtesten und ausdrucksstärksten Maler Spaniens im 16. Jahrhundert. Es handelt sich um *Das Begräbnis des Conde von Ordaz*.

Einen Steinwurf davon entfernt beginnt das ehemalige Judenviertel im Südwesten der Stadt. Es ist nicht schwer, sich zurechtzufinden, denn in dem Pflaster kennzeichnen kleine blaue und grüne Fliesen den Verlauf. Sie tragen die Menora, den siebenarmigen Leuchter, eine stilisierte Landkarte der Iberischen Halbinsel oder das Schriftzeichen für Sepharad. Zentrum ist die kleine Plaza de Samuel Levi, dem Schatzmeister von Pedro el Cruel, Peter dem Grausamen (1339–1364). Hier ist ein Stadtplan aus Metall des mittelalterlichen Toledo in den Boden eingelassen. Die umgebenden alten Häuser standen in dem Ruf, El Grecos Wohnstätte gewesen zu sein. Das stimmte aber nicht, wie sich später herausstellte, sie gehörten einer Marquesa de Arjona. Gleich nebenan, an der Paseo del Tránsito, öffnet das Museo de El Greco seine Pforten, untergebracht in einem

AUTORENTIPP!

LION FEUCHTWANGER –
DIE JÜDIN VON TOLEDO

Suchen Sie sich einen stillen historischen Platz, was in Toledo nicht schwer fallen dürfte –zum Beispiel die baumbestandene Plaza de Consistorio vor der Kathedrale oder den Mirador Virgen de la Cabeza, der gegenüber des Klosters San Juan de los Reyes durch den Torbogen zu erreichen ist und einen schönen Ausblick über die Meseta bietet. Dann greifen Sie zu Feuchtwangers *Jüdin von Toledo*. Es ist ein farbig leuchtendes Romanporträt des 13. Jahrhunderts. Alfonso XII. von Kastilien verliebt sich in die schöne Jüdin Rachel, die Tochter seines Kronrats und Financiers. Diese Liebesgeschichte hat als Hintergrund die politischen und kriegerischen Auseinandersetzungen dieser Zeit und das spannungsgeladende Verhältnis der drei Weltreligionen Christentum, Judentum und Islam. Es gibt keinen besseren Ort als Toledo, als dieses fesselnde Buch zu lesen.

Hufeisenbogen in der Synagoge Santa María La Blanca

Stadtrundgang Toledo

A Iglesia de Santo Tomé – In dieser Kirche befindet sich eines der berühmtesten Gemälde von El Greco *Das Begräbnis des Conde von Orgaz*.

B Plaza de Samuel Levi – Der Platz des Samuel Levi, Schatzmeister von Peter dem Grausamen, befindet sich im Zentrum des jüdischen Viertels.

C Museo El Greco – Das Museum befindet sich in einem Haus aus dem 16. Jahrhundert.

D Mirador El Tránsito – Viele Toledaner finden den kleinen Park, der zu Ehren El Grecos 1914 angelegt wurde, nicht grade ein Highlight. Toll aber ist der Ausblick in die Landschaft.

E Synagoge de El Tránsito (Museo Sefardí) – Neben der alten Synagoge liegt das Museum mit Alltagsgegenständen aus dem jüdischen Leben.

F Synagoge Santa María La Blanca – Ursprünglich eine Synagoge, dann eine Kirche und jetzt eine Art Gedenkstätte.

G Monasterio de San Juan de los Reyes – Neogotisches Kloster aus isabellinischer Zeit.

H Stadttor Puerta de Cambrón – Die Puerta de Cambrón verschloss ursprünglich das jüdische Viertel und ist muselmanischen Ursprungs.

I Kirche San Salvador – Der Glockenturm war eindeutig ein Minarett, und in den Mauern des Kirchenbaues stehen westgotische Elemente zu entdecken.

J Plaza de Ayuntamiento – Schöner und recht ruhiger Platz, bevor es dann bei der Kathedrale richtig voll wird.

K Kathedrale – Viertgrößte Kathedrale der Welt und eine unglaubliche architektonische Leistung aus dem 15. Jahrhundert. Innen warten große Schätze.

L Calle Comercio – Diese schmale gewundene Handelsstraße gab es schon lange: Unlängst hat man dort die Überreste einer Moschee entdeckt.

M Plaza Zocodover – Der Name verweist auf arabische Ursprünge. Großer Platz mit Cafés.

N Arco de la Sangre – Der hufeisenförmige, schöne Bogendurchgang geleitet nach draußen: zum Museo de Santa Cruz.

O Museo de Santa Cruz – Im Jahr 1503 als Hospital für Waisen gegründet, hütet es jetzt höchste museale Schätze, auch sehr schöne El Grecos.

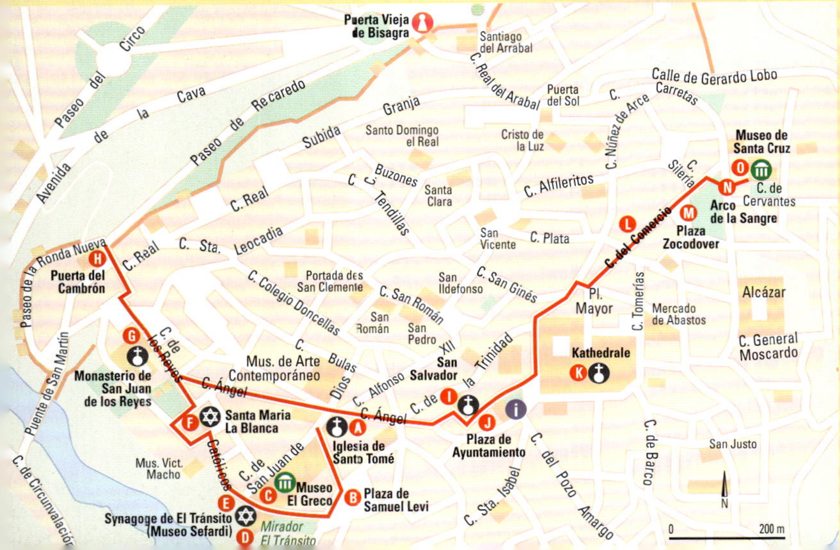

restaurierten Haus aus dem 16. Jahrhundert mit einer Holzgalerie im ersten Stock und einem steinernen Anbau von 1911. Ausgestellt sind u.a. einige Gegenstände, um das häusliche Leben im 16. Jahrhundert zu illustrieren, seine Galerie der Apostelporträts und der Retabel von San Bernardino. Gegenüber blickt man vom Mirador El Tránsito, der zu1914 Ehren des Malers 400. Geburtstag gestaltet wurde, wunderbar hinein in die *meseta*-Landschaft.

Das Museo Sefardi

Nächste Station ist das Museo Sefardi in der Sinagoga de El Tránsito, die Samuel Levi 1366 errichten ließ. Es besteht aus dem großen Gebetssaal mit einer kostbaren, von floralen Motiven übersäten Gipsschnitzerei über der Nische, in der die Thora aufbewahrt wurde, gefliesten Bänken und einer wundervollen Holzdecke. In den Nebenräumen beschwören Haushalts- und Ritualgegenstände und Kleidung aus verschiedenen Jahrhunderten das Alltagsleben herauf. Die Synagoge Santa María La Blanca wurde nach der *reconquista* in eine katholische Kirche umgewandelt, stammt aber aus dem 13. Jahrhundert und soll heute das friedliche Nebeneinander der drei Weltreligionen symbolisieren, das zu Zeiten der arabischen Herrschaft ja durchaus bestanden haben soll. Die Gestaltung erinnert an die Mezquita in Córdoba, in der sich Säulen wie ein Palmenwald auffächern. Als Exotikum zieren Ananas die Kapitelle – der Architekt war ein Nordafrikaner. Als das Gotteshaus zu einer Kirche umgebaut wurde, kam das Muschelmotiv aus der Renaissance als Schmuckelement hinzu.

Wo sich heute das Kloster San Juan de los Reyes erhebt, befand sich zuvor der jüdische Markt. Das Kloster ist wahrhaft riesig ausgefallen und im neogotischen Stil gehalten. Kettenschmuck an

AUTORENTIPP!

MARZIPAN PROBIEREN

Wenn man durch die Calle de Santo Tomé schlendert, fällt das Schaufenster der Konditorei »Santo Tomé« ins Auge: Nonnenpuppen stellen Marzipan her. Das Marzipan, *la masa de pan*, nämlich haben laut toledaner Geschichtsschreibung die Nonnen des Klosters San Clemente erfunden, als die Mauren die Stadt belagerten und die Vorräte knapp wurden. Die Nonnen fanden in ihren Vorratslagern nichts außer Mandeln, Honig und Wasser, und daraus buken sie Brote! Das Marzipanbrot war erfunden. So geht die Legende … Marzipan Ist dennoch ein arabisches Rezept und schmeckt, egal vor welchem religiösen Hintergrund!
Die *toledanas*, die überall angeboten werden, kann man auch gerne einmal ausprobieren. Es sind Gebäckteilchen mit Marzipan und konfitiertem Kürbis.

Santo Tomé. Calle de Santo Tomé 3, Tel. 925 22 37 63, www.mazapan.com

AUTORENTIPP!

TRANSPARENTE DE NARCISO TOMÉ

Pünktlich um 12 Uhr sollten Sie sich, sofern Sie gerade in der Kathedrale sind, vor dem Transparente des Narciso Tomé einfinden. Denn dort ereignet sich – bei gutem Licht und blauem Himmel freilich – ein Spektakel. Ein Sonnenstrahl fällt auf diesen unglaublichen barocken Altaraufsatz aus dem Jahr 1732, der Himmel und Erde darstellt. Da er ganz aus weißem Marmor und aus Bronze besteht, wird das Licht auf vielfache Weise reflektiert. Der Altaraufsatz scheint dann aus sich heraus zu leuchten. Die ganze Komposition aus Engelchen, der Maria mit dem Kind, der Darstellung des Letzten Abendmahls und der Symbole für Glaube, Liebe und Hoffnung soll so in ganz besonderer Weise beeindrucken und den Betrachter in Demut vor der Größe Gottes erstaunen lassen.

den Außenmauern will die Macht der katholischen Könige Isabella und Ferdinand verdeutlichen. Die nördlich davon gelegene Bab al Jahud, »Judenpforte«, heißt heute Puerta de Cambrón und war das Stadttor zum jüdischen Viertel, das seit dem 4. Jahrhundert bestand. Die Calle Santo Tomé führt wieder hinein in den Kern Toledos und geleitet zur Kirche San Salvador. Wieder kann man der Regel folgen: Steht bei einer alten Kirche der Glockenturm separat, war dieser ursprünglich ein Minarett. Und noch ein Relikt aus der Vergangenheit: Die Kirchenmauern sind mit westgotischen Friesen geschmückt.

Ayuntamiento und Kathedrale

Den besten Blick auf den 94 Meter hohen Turm der Kathedrale dürfte eindeutig der sein, den man beim Hinaufschreiten auf die Plaza de Ayuntamiento hat. Die engen Gassen geben nur den Turm in seiner ganzen imposanten Länge preis und versperren die Sicht auf die dazugehörende Kathedrale. Dabei ist das 1466 fertiggestellte Bauwerk auf dem Platz der ehemaligen großen Moschee nicht gerade klein ausgefallen. Die Kathedrale von Toledo ist mit 10 000 Quadratmetern Grundfläche nicht nur die viertgrößte Kathedrale der Welt, sondern als Versammlungsort der spanischen Kardinäle auch bedeutsamste katholische Kirche Spaniens. Und so beginnt die Porträtgalerie in der Sala Capitular mit Kardinal Cisneros, der 1495 Erzbischof der Stadt wurde. Viele Schätze sind in der Kathedrale angehäuft, so das Tabernakel für die heilige Hostie, das Isabel la Católica aus 18 Kilogramm purem Gold anfertigen ließ und die in der Schatzkammer aufbewahrt wird. Die Apostelporträts von El Greco und sein *San Pedro de Lágrimas*, das Chorgestühl des Barockbildhauers Pedro de Mena, Gemälde von Tizian und Fra Angélico und dann das unglaubliche Fresco des

Christopherus, sprechen beredt vom Reichtum und vom Prunk der Kathedrale.

Calle del Comercio

Eine der gewundenen Gässchen führt zur Calle del Comercio, in der sich kleine Geschäfte aneinanderreihen. Einzige Unterbrechung bietet ein größeres Bauwerk, das sich als die *Mezquita de las Tornerías* entpuppte, die gerade restauriert wird. Die Calle del Comercio führt auf den Hauptplatz Toledos, den Zocodover, was seinen arabischen Ursprung verrät: *zoco* bedeutet Markt. Durch den Arco de la Sangre geschlüpft, und schon ist man außerhalb der Stadtmauer. Hier erhob sich einst die Posada de la Sangre, die schon Cervantes beschrieb und in der der charismatische Filmregisseur Luis Buñuel zu übernachten pflegte.

Museo de Santa Cruz

Dort liegt aber auch das Museo de Santa Cruz, ursprünglich ein Hospital, das Kardinal Pedro de Mendoza 1503 für Kranke und Waisen bauen ließ. Es hat ein griechisches Kreuz als Grundriss und ein reich verziertes platereskes Portal; die Dekoration entstammt ansonsten vielen Stilen: italienische Renaissance, spanische Gotik und *mudéjar*. Das Museum ist wegen seiner Kunstsammlung das am meisten besuchte in Kastilien-La Mancha, es zeigt aber auch zahlreiche Exponate zur Siedlungsgeschichte seit dem Neolithikum. Die Gemäldegalerie würdigt Toledos berühmtesten Sohn El Greco und zeigt einen repräsentativen Querschnitt seiner dramatischen Malerei. Es fehlen jedoch weder Renaissance-Malerei noch mittelalterliche Miniaturen, Luca Giordano, de Ribera, Tizian, Rafael und Michelangelo. Eines der bekanntesten Gemälde dürfte die *Arbeiter-Madonna* von Vicente Cutanda y Toraya von 1925 sein.

Oben: Auf dem Zocodover, dem zentralen Platz in Toledo
Mitte: *Las Lagrimas de San Pedro* – »Die Tränen des Heiligen Petrus« von El Greco.
Unten: Ein Detail der Plataresken-Fassade des Museo de Santa Cruz

Infos und Adressen

SEHENSWÜRDIGKEITEN

Iglesia de Santo Tomé, Begräbnis des Conde von Ordaz (El Greco). Tgl. 10–18 Uhr, im Sommer 10–19 Uhr, 2.50 €, Plaza del Conde s/n, Tel. 925 25 60 98.

Museo de El Greco. Di–So 9.30–18.30 Uhr, im Sommer bis 20 Uhr, So, Fei 10–15 Uhr, 3 €, Paseo del Transito s/n, Tel. 925 22 36 65.

Museo Sefardi. Di–Sa 9.30–18.30 Uhr, im Sommer bis 20 Uhr, So, Fei 10–15 Uhr, 3 €, Plaza de Samuel Levi s/n, Tel. 925 22 36 65.

Sinagoga Santa María La Blanca. Tgl. 10–17.45 Uhr, im Sommer bis 18.35 Uhr, 2,50 €, Calle de los Reyes Católicos 4, Tel. 925 22 72 57.

Monasterio San Juan de los Reyes Tgl. 10–17.30 Uhr, im Sommer bis 18.30 Uhr, 2,50 €, Calle San Juan de los Reyes 2, Tel. 925 22 38 02.

Iglesia San Salvador. Mo–Sa 10–17.45 Uhr, im Sommer bis 18.45 Uhr, So 11.30–18.45 Uhr, Plaza de El Salvador s/n, Tel.925 25 60 98.

Kathedrale. Mo–Sa 10–18.30 Uhr, So, Fei 14–18.30 Uhr, 8 €, Plaza Cardenal Cisneros s/n, Tel. 925 22 22 41.

Museo de Santa Cruz. Mo–Sa 9–21 Uhr, So, Fei 9–15.30 Uhr, Calle Cervantes 3, Tel. 925 22 10 36.

ÜBERNACHTEN

Palacio Eugenia de Montijo. In einem echten Palast nächtigen und das in einem supergepflegten, luxuriösen, elegant-verspielten Ambiente. Die komfortable Inneneinrichtung nimmt diese Stimmung auf. Plaza del Juego de Pelota 7, Tel. 925 27 46 90, www.fontecruzhoteles.com

Hotel San Juan de los Reyes. Gepflegtes Hotel direkt am Kloster mit schöner Aussicht auf die Ebene. Elegante, nicht sehr große Zimmer. Calle de los Reyes Católicos 5, Tel. 925 28 35 35, www.hotelsanjuandelosreyes.com

Eine urspanische Spezialität ist der getrocknete Schinken aus den Bergen Jamón Serrano.

Hotel Santa Isabel. Das kleine Haus liegt sehr günstig am Kloster Santa Isabel in Laufnähe zu allen Sehenswürdigkeiten, Freundlicher Service, stimmige Zimmer. Calle de Santa Isabel 24, Tel. 925 25 31 20, www.hotelsantaisabel.net

ESSEN UND TRINKEN

Hacienda del Cardenal. Hotel, Taverne und Restaurant in echt historischen Gemäuern. Hier speist man rustikal vom Feinsten. Atmosphärischer Restaurantgarten. Tgl. 13–16.30 und 20.30–24 Uhr, Paseo de Recaredo 24, Tel. 925 22 08 62, www.hostaldelcardenal.com

Casa Aurelio. Das traditionelle und ziemlich kleine, zweizimmrige Restaurant pflegt den familiären Stil mit einer Küche, die sich an den Jahreszeiten ausrichtet. Mo–Sa 13–16.30, 20–23.30 Uhr, So 13–17 Uhr, Mi. Ruhetag, Sinagoa 6, Tel. 925 22 20 97, www.casa-aurelio.com

EINKAUFEN

Mariano Zamorano. Toledo ist für seine Schwerter so berühmt, dass hier schon die Ausstatter für die Blockbuster *Herr der Ringe* und *Fluch der Karibik* eingekauft haben. Mariano Zamorano schmiedet sie. Und das Schöne – seine Werkstatt sieht wie eine wirkliche echte Werkstatt aus und nicht wie ein Showroom. Mit seinen drei Mitarbeitern schmiedet er einen kleinen, unverzierten Dolch in etwa acht Stunden, einer, der mit Inkrustationen verziert werden soll, braucht 30 Stunden Arbeit. In seinem Geschäft stehen fertige Exemplare für Käufer bereit. Wer sich dafür interessiert: authentischer geht's nicht. Fábrica de Espadas Mariano Zamorano, Calle de la Ciudad 19, Tel. 925 22 26 34, www.marianozamorano.com

J. Serrano. In zwei großen Räumen wird hier traditionelles Kunsthandwerk und Keramik angeboten. Mo–Sa 10–14 und 17–20 Uhr, So 11–14 Uhr, Calle de San Juan de Dios 16, Tel. 925 22 75 35.

Calle Santo Tomé. Diese schmale gewundene Straße ist das Einkaufs-Dorado nicht nur für Marzipan, sondern auch für einen besonderen Schmuck, für den Toledo ebenfalls berühmt ist: das Damascinado. Dabei handelt es sich um eine Technik, bei der feine Gold- oder Silberinkrustationen auf einen dunklen Grund angebracht werden. Diese Technik reicht bis in die maurische Zeit zurück. Das lässt sich fein unterscheiden: Haben die Schmuckstücke – Armreifen, Manschettenknöpfe, Anhänger – florale Motive, so sind sie moderneren Datums, alle anderen Muster stammen noch aus der Mudéjar-Zeit. In den diversen Schmuckgeschäften kann man sich beraten lassen.

VERKEHRSVERBINDUNGEN

Schnellzüge vom Bahnhof Madrid-Atocha mit AVANT alle 30 Minuten. Die Fahrt dauert etwa eine Stunde. Der Bahnhof in Toledo liegt außerhalb der Innenstadt.

INFORMATION

Oficina de Turismo. Plaza del Consistorio 1, Tel. 925 25 40 30. Und **Informationskiosk auf der Plaza Zocodover,** www.toledo-turismo.com

Das Kloster San Juan de los Reyes steuert seinen Teil zur beeindruckenden Silhouette von Toledo bei.

PLAZA MAYOR

REISEINFOS

Madrid von A–Z

Seite 266/276: Blick auf die Casa de la Panaderia mit dem Reiterstandbild Philipp III.
Oben: Im Bahnhof Atocha
Mitte: Die Metro ist das Rückgrat des Nahverkehrs in Madrid.
Unten: Ein modernes Terminal des Flughafens Barajas

Anreise mit dem Auto

Mautgebühren werden bei Autobahnbenutzung in Frankreich und Spanien fällig.
Aus dem Norden Deutschlands über Belgien und Frankreich (Paris, Bordeaux, Bayonne) zur französisch-spanischen Grenze (St. Jean-de-Lus/Donostia-S. Sebastián) und über Burgos nach Madrid.
Aus dem Süden Deutschlands, der Schweiz und Österreich über Zürich, Bern, Genf zur Mittelmeerküste nach Montpellier, weiter zur Grenze Zwischen Perpignan und Figuères, über Barcelona, Lleida, Zaragoza nach Madrid.

Anreise mit dem Zug

Die Strecke mit dem ICE, dem TGV und dem spanischen AVE nimmt je nach Abfahrtsort mindestens 20 Stunden in Anspruch, stets verbunden mit einem Bahnhofswechsel in Paris. Es herrscht auf bestimmten Streckenabschnitten Reservierungspflicht; Schlafwagen oder Sleeperette.

Anreise mit dem Flugzeug

Die Flugzeit beträgt (ab Frankfurt) 2,5 Stunden. Der Flughafen Barajas liegt 13 Kilometer nordöstlich von Madrid und wird von verschiedenen Fluglinien angesteuert. Die chilenische Fluglinie LAN fliegt täglich von Frankfurt nach Santiago de Chile und verkauft die Strecke Frankfurt–Madrid teilweise sehr günstig. Lufthansa bietet Frühbuchern einen günstigen Tarif. Der Billigflieger Ryanair fliegt von Düsseldorf nach Madrid.

Auf dem Flughafen Barajas

Barajas besteht aus vier Terminals. T3 und T4 stehen für die internationale Abwicklung bereit, Besucher aus Mitteleuropa werden meist auf T1 oder T2 im alten Teil abgefertigt. Die Taxis von Barajas in die Innenstadt kosten je nach Ziel 30 bis 40 €. Es gibt einen Bus-Shuttle zum Bahnhof Estación Atocha und zur Plaza de Cibeles für 5 €. Der Bus-Shuttle parkt in der Nähe der Hotelshuttlebusse, verkehrt alle halbe Stunde zwischen 6.30 und 23.30 Uhr und braucht je nach Verkehrsaufkommen mindestens 45 Minuten für die Strecke. Die Linie 8 der Metro fährt von der Station Gregorio Marañón zum Flughafen und hält im Bereich der Terminals 1–3; es gibt viele Umsteigemöglichkeiten zu anderen Linien. Flughafenzuschlag zur normalen Metrofahrt. Tickets gibt es am Automaten.

Diplomatische Vertretungen

Deutsche Botschaft
Mo–Fr 9–12 Uhr, Calle Fortuny 8 (Chamberí), Tel. 915 57 90 00, www.madrid.diplo.de, Metro: Rubén Darío

Österreichische Botschaft
Mo–Fr 10–13 Uhr, Paseo de la Castellana 91, Tel. 915 56 53 15, www.bmeia.gv.at/botschaft/madrid, Metro: Bernabéu

Schweizer Botschaft.
Mo–Fr 9–13 Uhr, Calle Nuñez de Balboa 35 A, 7. Stock, Tel. 914 36 39 60, www.eda.admin.ch/madrid,Metro: Velázquez

Feiertage und Feste

1. Januar: Neujahr
6. Januar: Dreikönigstag *(Reyes Magos)*
März/April: Gründonnerstag, Karfreitag und Ostersonntag

Oben: Gefliestes Straßenschild an der Plaza Puerta de Moros
Unten: Schmuck ist gefragt beim Fest zu Ehren des San Isidro.

Oben: Spanien kann nach wie vor sehr katholisch sein: Prozession von der Catedral de las Fuerzas Armadas.
Unten: Im Mercado San Miguel werden diese appetitlichen Häppchen angeboten.

1. Mai: Tag der Arbeit
2. Mai: *Fiesta Dos de Mayo*, Fest der Kommune von Madrid
15. Mai: Fest des San Isidro, Stadtpatron von Madrid, anschließend zwei Wochen lang Stierkämpfe in Las Ventas.
15. August: Mariä Himmelfahrt, *Fiestas de San Cayetano, San Lorenzo*
12. Oktober: Fest der Virgen del Pilar und *Fiesta Nacional*.
1. November: Allerheiligen
9. November: Fest der Stadtpatronin Almudena
6. Dezember: Tag der Verfassung
8. Dezember: Unbefleckte Empfängnis
25. Dezember: Weihnachten

Fahrradverleih

Wer nicht mit dem eigenen Fahrrad anreist, sondern sich eines mieten möchte, wird bei *UrbanMóvil* in der Calle Santiago, bei *Baja Bikes* in der Calle de los Jardines, bei *Bicicum*, Avenida Complutense, Metrostation Ciudad Universitaria und bei *Mi Bike Río* in der Calle Aniceto Marinas 26 (Metro Príncipe Pío am Park Madrid Río) fündig. Für eine Tour durch den Parque de Juan Carlos I. (s. S. .191) stehen Fahrräder kostenlos bereit.

Fremdenverkehrsämter

Büros von **Tourspain (Turespaña)** gibt es in:

Berlin
Lietzenburgerstr. 99, 10707 Berlin,
Tel. 030/882 65 43

Frankfurt
Myliusstr. 14, 60323 Frankfurt/Main,
Tel. 69/772 50 33

Düsseldorf
Grafenberger Allee 110, 40237 Düsseldorf,
Tel. 0211/680 39 80

Wien
Walfischgasse 8, A-1010 Wien, Tel. 1/512 95 80 11

Zürich
Seefeldstr. 19, CH-8008 Zürich, Tel. 44/2536 05 60

Die Website lautet: www.spain.info

In Madrid

Oficinas de Turismo

Auskunftsbüros wurden im Flughafen Barajas, im Bahnhof Atocha und im Nahverkehrsbahnhof Chamartín eingerichtet. Informationskiosk an der Plaza de Callao und an der Plaza de Colón in der Unterführung. Das Hauptbüro befindet sich an der Plaza Mayor, Casa de la Panadería, und ist auch sonntags geöffnet. Mo–Sa 10–21 Uhr, So 10–18 Uhr.

Madrid Card

Wer mit der Madrid Card unterwegs ist, steht weder beim Prado noch beim Reina Sofia Schlange, sondern kommt gleich dran bzw. durch. Das ist einer der Vorteile dieser Karte, die in drei verschiedenen Versionen angeboten wird, und zwar für 24, 48 und 72 Stunden. Man muss sich nicht in die Warteschlangen vor den großen Museen

Oben: Auf dem Fest zu Ehren des San Isidro in La Latina
Unten: Nimmt gerne Postkartengrüße auf – ein Briefkasten.

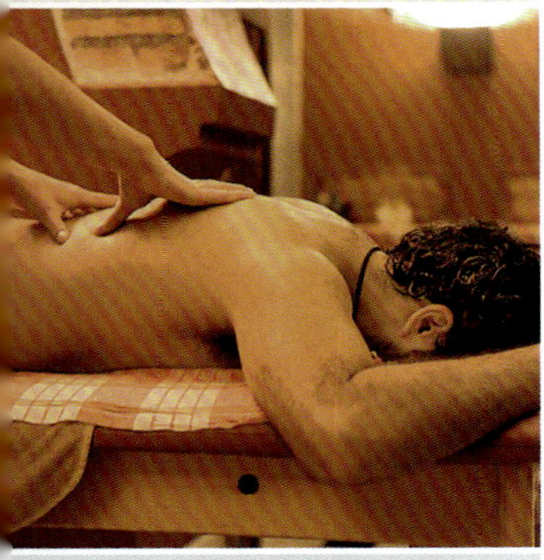

Oben: m Parque de Oeste spielt man *bolas criollas.*
Unten: In den Banos Arabes Medina Mayrit

einreihen. Die Zeit tickt von der ersten Benutzung an.

Die Madrid Card berechtigt zur Benutzung des Doppeldeckerbusses des *Bus Turístico*, zur Teilnahme an den geführten Stadtspaziergängen des städtischen Fremdenverkehrsamtes, zum freien Eintritt in die meisten Museen und zur kostenlosen Benutzung von Metro und Bus. Man kann sich das Stadion Bernabéu anschauen und den Teleférico vom Parque del Oeste zur Casa de Campo benutzen – alles gratis.

Diese Karte verkaufen das Oficina de Turismo an der Plaza Mayor (Casa de la Panadería), eine Stelle im Museum Thyssen-Bornemisza, der Kiosk des Bus Turístico beim Prado und das Centro de Atención al Viajero im Terminal 2 des Flughafens. www.madridcard.com

Fundbüro

Man wendet sich an die Oficina de Objetos, geöffnet Mo–Fr 9–13.30 Uhr, Perdidos im Paseo de Molino 7, Tel. 915 27 95 50, Metro. Legazpi.

Gesundheit

Vor Reiseantritt erkundigt man sich bei seiner Krankenkasse über deren Gepflogenheiten, z.B. ob es die europaweit gültigen Versicherungskarten ausstellt. Mit dieser Karte können Versicherte der deutschen und auch der österreichischen Krankenkasse in der Regel direkt einen Arzt aufsuchen. Schweizer und Pirvat-Versicherte lassen sich die Kosten unter Vorlage der spanischen Papiere den Bestimmungen entsprechend zurückerstatten. Zahnbehandlungen sind – außer in Notfällen – nicht von den Leistungen der Versicherungskarte abgedeckt.

Hilfe leisten alle Krankenhäuser und die Centros de Salud. Die mit einem grünen Kreuz weithin sichtbar markierten Apotheken sind in der Regel zwischen 9.30 und 13.30 Uhr und zwischen 16.30 und 20 Uhr geöffnet, einige Apotheken leisten rund um die Uhr Dienst. Es gibt einen wechselnden Bereitschaftsdienst an Wochenenden und nachts. Die Daten entnimmt man der Zeitung bzw. fragt an der Rezeption nach.

Informationen im Internet

www.spain.info lautet die offizielle Seite des spanischen Fremdenverkehrsamtes. Themenorientierter Aufbau, allgemeine Reisehinweise, praktische Informationen. Viele Ratschläge zu Routen, Themen, Festen, Hotels, Restaurants, Ferien für Kinder, Naturtourismus und vieles mehr. Praktisch sind die angebotenen Buchungshilfen.

Oben: Straßenmusikanten auf der Plaza de Orient
Unten: Der Schinken hat auch ein Museum: Ein Museo del Jamón gibt es in verschiedenen Ecken Madrids.

Oben: Es gibt viele gute Flamenco-Lokale in der Stadt.
Unten: Die Orgel in der Kathedrale Almudena statt aus dem Jahr 1999. Gebaut hat sie Gerhard Grenzing, einer der renommiertesten Orgelbauer Deutschlands.

www.turismomadrid.es ist eine sehr nützliche Hilfe beim Madridbesuch. Viele Karten, z. B. auch Bus- und Metropläne, lassen sich ausdrucken. Diese Seite vermittelt auch Hotelangebote.
www.esmadrid.com gibt es auf Spanisch und Englisch. Hier versammeln sich Artikel, Porträts von *barrios*, Blogs, Veranstaltungshinweise und vieles mehr.
www.descubremadrid.com Die Handelskammer hat einen kleinen Madridführer herausgegeben, den man sich nach Themen geordnet herunterladen kann.
www.my-little-madrid.com ist ein toller Blog auf Englisch! Tipps und Hinweise von einer jungen *madrileña* fürs Ausgehen, Einkaufen, Stöbern.... – inzwischen auch als App für iOS (im Apple AppStore) und für Android (bei Google Play).
www.inundummadrid.cm heißt ein deutscher Blog mit Reiseartikeln und Tipps.

Internetzugang

Wer ohne Laptop reist, sucht die *locutorios* auf, die Fernsprechkabinen und Computer *(máquina, ordenador)* haben. Die meisten findet man in Lavapiés, im Barrio de las Letras, um die Plaza Mayor und die Puerta del Sol herum und in Malasaña.

Im Flughafen, in Bahnhöfen und an Busbahnhöfen sowie in vielen Einkaufszentren und Hotels gibt es WLAN-Zugänge.

Kartenvorverkauf

Falls die Rezeption des Hotels nicht die Kartenbesorgung für Veranstaltungen, Konzerte und Theater übernimmt, wendet man sich an folgende Stellen:

FNAC, die französische Medienkaufhauskette, am Paseo de la Castellana 79 und in der Calle de Preciados an der Plaza de Callao.

www.entrada.com (auch Kinokarten)

an die Vorverkaufstellen in den Kaufhäusern von El Corte Inglés, an der Plaza de Callao, in der Calle de Preciados.

Klima

Madrid liegt auf 667 Höhenmetern und hat ein im Wesentlichen kontinentales Klima. Es ist im Winter daher kälter als in den Regionen am Mittelmeer. Im Sommer ist es dafür heißer und sehr trocken.

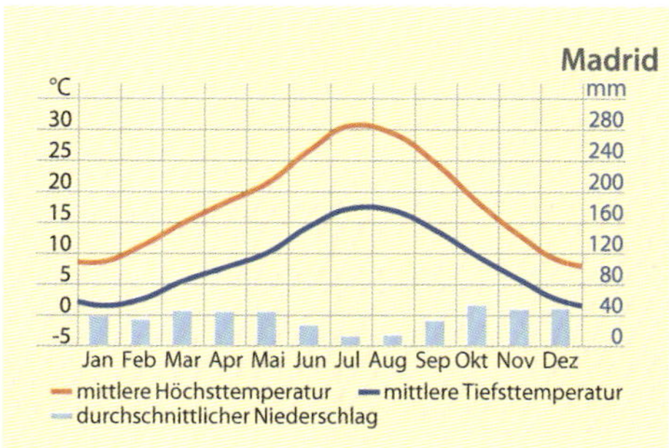

Notrufnummern

Die landesweit gültigen Notrufnummern lauten:

112 für allgemeinen Notruf,
Ambulanz 915 22 22 22,

Oben: Fächer gehören zu den klassischen Accessoires einer Spanierin.
Unten: Hier erfährt man, was es in der Welt Neues gibt: Zeitschriftenkiosk im Barrio de Santiago.

Oben: Eine der dekorativsten Ecken von Madrid ist zweifellos die Calle de Alcalá.
Unten: Noch so ein Hingucker: Die Casa de América.

Guardia Civil 062,
Feuerwehr 085,
Polizei 091

Öffentlicher Nahverkehr

Madrid verfügt über zwölf Metrolinien, die die Stadt gut erschließen (es gibt auch eine Linie zum Flughafen), sowie drei L-Linien und eine sogenannte Schnelllinie zwischen Opera und Príncipe Pío im Zentrum. Sie verkehren zuverlässig, schnell und im 3-Minuten-Takt zwischen 6 und 1.30 Uhr. Die Linien- und Umsteigehinweise sind übersichtlich mit Farbsymbolen gestaltet. Wie in den meisten Großstädten ist die U-Bahn das Rückgrat des Nahverkehrs. Es kann im Berufsverkehr zu Spitzenzeiten durchaus zu hektischem Gedrängel kommen.

Tickets, die auch für die städtischen Busse gelten, gibt es an Automaten, die auch größere Scheine wechseln können.

Für alle, die oft fahren, lohnt sich die Zehner-Karte. Die Vorteile: eine Fahrt ist gratis, und man muss nicht immer wegen frischer Karten an den Automaten anstehen. Die Fahrkarten werden beim Eingang entwertet, an manchen Stationen muss man sie beim Verlassen erneut checken lassen, sonst öffnen sich die automatischen Türschranken nicht. Normalerweise ist jede Station mit einem Informationsschalter ausgestattet, aber man sollte sich nicht darauf verlassen, dass er besetzt ist. Die größeren sind es auf jeden Fall.

Metropläne liegen an den Informationsschaltern in den Stationen bereit.

Es gibt mehrere Umsteigebahnhöfe für Nahverkehrszüge, die sogenannten *Cercanías*, z.B. Sol, Chamartín, Atocha, Príncipe Pío und Nuevos Ministerios.

Die Nahverkehrszüge, die *Cercanías*, sind mit einem »C« gekennzeichnet.

Oben: Von der Metro geht es oft weiter per Bus.
Unten: An der Metro-Station Valdezarza.

Oben: Eine solche Schönheit findet man in der Calle de Alcalá: Die Kirche Concepción Real de Calatrava.
Mitte: Freundlicher Bäcker
Unten: Mit dem Bus durch Madrid zu kutschieren und dabei ein- und auszusteigen, wo man möchte, ist eine richtig gute Idee für den Start.

Abono Turistico

Auf allen öffentlichen Verkehrsmitteln gilt der *Abono Turístico*. Sein Preis ist nach Dauer und Größe des Streckennetzes gestaffelt, z.B. ein Tag Stadtgebiet Madrid für 7 € bei unbeschränkter Fahrtanzahl. Auch ihn erhält man am Fahrkartenautomaten.

In die Umgebung von Madrid

Chamartín und besonders Atocha sind gleichermaßen Zug- und Busstationen für zahlreiche Ziele außerhalb Madrids, z. B. für Toledo und Segovia. Von Moncloa aus steuern Busse die Sierra de Guadarrama oder auch El Pardo an. Die Abfahrtsteige heißen dort *islas* und sind auf zwei Ebenen oberhalb der Metrostation verteilt.

Tickets und Auskunft im Bahnhof Atocha erhält man bei der jeweiligen Gesellschaft. Es gibt leider keine allgemeine Auskunft. Renfe und AVANT bieten einen Automaten-Service für ihre Tickets in Chamartín und Atocha an.

Cercanías ist ein Eisenbahnnetz, das auf zehn Linien die Umgebung von Madrid bedient. Die Züge werden von Renfe betrieben. Streckenbeispiel: Chamartín–Atocha–Alcalá de Henares; Atocha–Chamartín–Villalba–El Escorial; Atocha–Chamartín–Villalba–Cercedilla.

Öffnungszeiten

Läden und Geschäfte: Als Regel kann gelten: von Montag bis Samstag von 09:30 bis 13:30 Uhr und von 16:30 bis 20:00 Uhr. **Bäckereien** öffnen um 8 Uhr, **kleinere Lebensmittelgeschäfte und Boutiquen** schließen am Samstagnachmittag. **Supermärkte** machen keine Mittagspause. Die großen **Einkaufszentren und Kaufhäuser** sind von Montag bis Samstag durchgehend von 10 bis 21 oder

22 Uhr sowie auch teilweise sonntags geöffnet, z. B. an der Puerta del Sol und in der Calle de Preciados im Zentrum. **Banken** haben in der Regel wochentags von 9–14 Uhr geöffnet. Besuchszeit für **Behörden**: montags bis freitags 9.30–13.30 oder 14 Uhr, nachmittags von 16 oder 17 bis 19.30 oder 20 Uhr. Manche arbeiten aber auch durchgehend von 8 bis 15 oder 16 Uhr.

Stadtbesichtigungen

Für den ersten Überblick sind die Hop-on-Hop-Off-Touren durch Madrid ideal. Die mit Kopfhörer ausgestatteten Doppeldecker-Busse (je nach Witterung mit offenem Dach) verkehren auf fest gelegten Routen und stoppen an den Sehenswürdigkeiten jeweils für ein paar Minuten. Die Erläuterungen werden auch auf Deutsch gegeben. Es ist möglich, den Bus so oft zu verlassen und einen anderen zu besteigen wie man will, vorausgesetzt, es gibt Platz. Die beiden Anbieter verkehren jeweils auf zwei Routen, im Sommer zwischen 9.30 bzw. 10 Uhr bis 24 Uhr, im Winter von 10 bis 17 Uhr, im Frühling und Sommer von 10 bis 19 Uhr. Informationen unter **www.gomadrid.com, www.madridcitytour.es**

Geführte thematische oder allgemeine Stadtspaziergänge bietet das Fremdenverkehrsamt Madrid

Oben: Obst-und Gemüsegeschäfte haben es nicht schwer in Madrids Straßen. Supermärkte haben die kleinen Geschäfte noch nicht verdrängt.
Unten: Im Schuhladen Rebeca Sanvers in Chueca findet man exklusiven Modelle.

Oben: Madrids Straßenkünstler sind erfinderisch. Zu genießen vorzugsweise auf der Puerta del Sol und der Plaza Mayor
Mitte: In den arabischen Bädern lässt es sich gut entspannen.
Unten: Jagd aufs Tor im Estadio Bernabéu.

an der Plaza Mayor an. Auf Deutsch ist es leider nur eine wöchentliche Führung jeweils freitags, auf Englisch gibt es mindestens zwei Führungen täglich, dazu eine der beliebten Führungen mit dem Fahrrad. Wer des Spanischen mächtig ist, genießt die größte Auswahl, z. B. eine Tour durch die Literatencafés oder das jüdische Madrid.
Centro de Turismo Plaza Mayor, Plaza Mayor 27, Casa de la Panadería, Metro: Sol.

Singularmadrid ist ein Team, das spezialisierte Führungen anbietet, z.B. Tapas-Touren und Flamenco-Touren, bei denen mehrere Shows besucht werden, das aber auch das klassische Touren-Programm veranstaltet. Qualifizierte, gute Führer. Auf Spanisch und Englisch. www.singularmadrid.com

Sport

Geeignetes Gelände für Jogger und Walker liefern die zahlreichen Parks. Ein schönes städtisches Schwimmbad gibt es in der Nähe des Sees im Casa de Campo, Metrostation Lago, geöffnet Mitte Juni bis Mitte September.

Fahrradfahren entwickelt sich in Madrid zu einem beachteten Fortbewegungsmittel. Ganz unschuldig wird die Bewegung *Bicicrítica* daran nicht sein, die unter dem Slogan *Otro Madrid es posible* – »ein anderes Madrid ist möglich« – auf die Umweltbelastungen durchs Autofahren hinweist und städtischen Räume zurück erobern will. Sie veranstaltet Fahrraddemos. Mittlerweile gibt es Fahrradwege und speziell ausgeschilderte Routen, z. B. im Casa de Campo und im Parque Madrid Río. Wie in jeder Großstadt ist es aber ratsam, vorsichtig zu fahren.

Stadtrundfahrten mit dem Segway erfreuen sich ebenfalls wachsender Beliebtheit.

Taxi

In Madrid zirkulieren etwa 15 000 Taxis, die gut an ihrer weißen Karosserie, dem roten Band und dem Stadtemblem an den Türen erkennbar sind. Wenn sie frei sind, leuchtet ein grünes Licht. Man kann sie einfach an der Straße anhalten. Sie sind mit Taxametern ausgestattet. Die Tarife sind streng nach Wochentag und Tageszeit gestaffelt. Die Grundgebühr beträgt Anfang 2014 2,10 €, pro Kilometer kostet es 1 €. Wer am Flughafen eines nimmt, zahlt 5 € Grundgebühr, am Bahnhof Atocha 3,30 €. Gepäck und Haustiere sind im Preis inbegriffen.

Trinkgeld

Eine Service-Gebühr ist in Hotels, Restaurants und im Taxipreis inbegriffen, trotzdem ist es üblich, Trinkgeld zu geben. Die Summe wird aufgerundet, meist sind es Beträge bis zu zehn Prozent.

Veranstaltungsmagazine

In den Tageszeitungen El País und El Mundo gibt es ausführliche Informationen zum Ausgehen mit Restaurant- und Veranstaltungstipps. *Guía del Ocio* heißt ein wöchentlich erscheinendes Freizeit-Magazin. Informieren lässt es sich auch leicht über ausliegende Flyer in Museen, angesagten Bars und Geschäften.

Oben: Sich in einem Café zu treffen, gehört einfach zum Alltag.
Mitte: Zuckerbunte Süßigkeiten in einer Auslage in der Calle Toledo.
Unten: Graffiti, hier in der Cava Baja in La Latina, haben nicht immer solch hohes künstlerisches Niveau..

Madrid für Kinder und Jugendliche

Aufenthalte in Städten sind für Kinder meist etwas dröge. Aber was Madrid von so vielen anderen Städten unterscheidet, ist die schiere Anzahl an Spielmöglichkeiten mitten in der Stadt. Kaum ein öffentlicher Platz im Viertel, der nicht mit einem Spielplatz ausgestattet wäre – Plaza Mayor und Plaza del Oriente natürlich ausgenommen. Aber schon die Jardines de Sabatini beim Palacio Real eignen sich wegen ihrer labyrinth-artigen Anlage ganz hervorragend zum Verstecken. Und weil in der Innenstadt stets ein Park um die Ecke liegt, gerät der Aufenthalt erholsamer und lockerer.

Puppentheater, ein schon nostalgischer Spaß

Casa de Campo mit Schwimmbad und Zoo

Der absolute Star für Kinder dürfte die Casa de Campo sein. Einmal, weil man mit dem *teleférico* (Kabinenseilbahn) vom Parque del Oeste aus starten kann und dann über den Fluss Manazanares schwebt. Zum zweiten, weil es, oben angekommen, einen Zoo mit Pandabären gibt. Und Delfin- und Seelöwen-Shows. Zum dritten, weil man dort auf ausgeschilderten Wegen Fahrrad fahren kann. Und die Krönung: Es gibt ein Schwimmbad, das für jedermann zugänglich ist. Am See kann man Boote ausleihen und rudernd dabei die Aussicht auf den Königlichen Palast, die Almudena-Kathedrale, die Torre España und den Campo del Moro genießen. Der Vergnügungspark **Parque de Atracciones** begeistert Kinder mit Wildwasserbahn, Geisterschloss und Fahrgeschäften und lebt vom Rummelplatzambiente. Damit lässt sich spielend mindestens ein Tag füllen.

Faunia

Dieser Zoo-Naturpark liegt nicht zentral, lässt sich aber mit der Metro gut erreichen. Das Besondere ist, dass er die Tiere in ihrem natürlichen Habitat präsentiert. Es gibt einen Dschungel, einen afrikanischen Akazienwald, polare Zonen. Das ist spannend und sehr unterhaltsam, gleichwohl kann man vieles lernen. Tgl. 10 Uhr bis zum Einbruch der Dunkelheit. Avenida de las Comunidades 28, www.faunia.es, Metro 9: Valdebernardo

Parque Madrid Río

Einen Park entlang eines Flusses anzulegen, ist immer eine gute Idee. Der Parque Madrid Río hat wunderbare Fahrradwege und ist zusätzlich auch mit Revieren für Skateboard-Fahrer, Kinderspielplätzen und Sporteinrichtungen wie ein Freeclimber-Zentrum ausgestattet. Ein Stadtstrand darf nicht fehlen. Unter www.esmadrid.com kann man sich den Plan der Parkanlage herunterladen.

Parque del Buen Retiro

Der ehedem Königen und Adligen vorbehaltene Park (s. S. 148) mitten in der Stadt bietet Erholung pur. Abseits der grünen Wiesen dürfte für Kinder aber besonders der »englische« Teil des Landschaftsparks mit seinem Höhlengang und dem angrenzenden Teich interessant sein. Auch der **Palacio de Cristal** sieht so fantastisch aus, dass man sich dort jede Menge Geschichten ausdenken könnte – er wäre zum Beispiel der richtige Palast für die Schneekönigin. Auf dem See lässt es sich prima Tretboot fahren. Und dann gibt es da auch noch die Porträtmaler, die mit flinkem Stift ein Bild skizzieren.

Parque Tierno Galván mit Planetarium

Auch dieser riesige Park eignet sich hervorragend für Spaziergänge, zum Ausruhen und für Versteck-

spiele. Zwei Spielplätze sind auch keine schlechte Sache, das Planetarium aber ist schlichtweg der Hit. Es ist absolut spannend, denn es dient nicht wissenschaftlichen, sondern auch pädagogischen Zwecken und wurde entsprechend eingerichtet. Ausstellungen, Workshops und tolle Multimedia-Projektionen vermitteln ein richtiges Weltenraum-Gefühl. Projektionen abends um 17.30 und 18.45 Uhr. An den Wochenenden auch vormittags Programm. Avda. del Planetario 16, www.planetmad.es
Metro: Arganzuela/Planetatrio

Wachsfigurenkabinett
Nicht nur in London kann man Idole, Helden, Superstars und gekrönte Häupter in ihren Wachsnachbildungen bestaunen, auch hier. Die Sportabteilung ist ganz gut vertreten, bald kommt noch der Starkicker von Real Madrid Cristiano Ronaldo hinzu. Phantasie- und Märchengestalten bestücken die Kinderwelt. Dazu gibt's noch einen Geisterzug und eine virtuelle Reise in die Vergangenheit. Mo–Fr 10–14.30 und 16.30–20.30, Sa/So 10–20.30 Uhr. Paseo de Recoletos 41, www.museoceramadrid.com, Metro: Colón

Museen
Die großen Museen von Madrid sind auf Kinderbesuch eingestellt und bieten entsprechende Programme an. Besonders das **Museo de Arte Contemporáneo Reina Sofia** (s. S. 136) hat da viele Ideen, Schnitzeljagden durchs Museum z.B. oder Geschichtenerzähler. Auch kann man Handpuppenspiele sehen, in denen ein Kunstwerk zum Leben erwacht. Diese Programme werden meist sonntags und auf Spanisch abgehalten.
Auch das Museum **Prado** (s. S. 140) und das **Museo Thyssen Bornemisza** (s. S. 144) bieten Familien- und Kinderführungen an. Im Prado steht stillenden Müttern ein besonderer Raum zur Verfügung. Und hier werden Kindersitze verteilt, mit denen die Kleinen durchs Museum getragen werden können.

Eisenbahnmuseum
Technikmuseen sind meist ein großer Spaß. Dieses hier ist sogar in einem ehemaligen Bahnhof, der prachtvollen Estación de Ferrocarriles de Las Delícias aus dem 19. Jahrhundert, untergebracht. Di–Fr 10–15 Uhr, Sa 10–20 Uhr, So 10–15 Uhr, Paseo de las Delicias 61, www.museodelferrocarril.org, Metro: Delícias

Im Naturkundemuseum sind auch ungefährliche Begegnungen möglich.

Kleiner Sprachführer

ALLGEMEIN

Hallo hola
Auf Wiedersehen hasta luego
Guten Morgen buenas días
Guten Tag/Abend buenas tardes
Gute Nacht buenas noches
Ja/Nein sí/no
Bitte por favor
Danke gracias
Gern geschehen de nada
Entschuldigung perdona
Entschuldigung (Um Aufmerksamkeit bitten) disculpe
Ich heiße Me llamo
Woher sind Sie? ¿De donde viene usted?
Ich bin aus Soy de
Deutschland Alemania
Österreich Austria
Schweiz Suiza
Wie geht es Ihnen? ¿Como está usted?
Danke, sehr gut Gracias, estoy muy bien
Schön, Sie kennenzulernen Encantada conocerle
Sprechen Sie Deutsch? ¿Habla usted Alemán?
Bitte sprechen Sie langsamer Por favor habla más despacio
Ich spreche nur wenig Spanisch No hablo mucho español
Das gefällt mir gut Esto me gusta
Was kostet das? ¿Cuando sale?
Das ist zu viel Es demasiado
Wieviel Uhr ist es? ¿Qué hora es?
Wo ist ....? ¿Donde está ...?
Ich muss gehen Tengo que irme
Montag lunes
Dienstag martes
Mittwoch miercoles
Donnerstag jueves
Freitag viernes
Samstag sábado
Sonntag domingo
Feiertag festivo
Arzt médico, doctor
Krankenhaus hospital

UNTERWEGS

Hilfe! Socorro
Helfen Sie mir bitte Ayudame por favor
Ich habe mich verlaufen Estoy perdido/a
Wo ist der nächste Supermarkt ¿Donde está el supermercado más próximo?
Wo ist die Bushaltestelle? ¿Donde está la parada?
Wo ist der Flughafen? ¿Donde está el aeropuerto?
Wo ist die Autovermietung? ¿Donde está el alquiler de coche?
Ich suche ein Hotel Estoy buscando un hotel
Ich habe ein Zimmer reserviert He reservado una habitación
Ist noch ein Zimmer frei? ¿Hay una habitación disponible?
Ist das Frühstück im Preis inbegriffen? ¿El precio incluye el desayuno?

EINKAUFEN/ RESTAURANT

Ich suche ... Estoy buscando ...
Haben Sie ...? ¿Tiene usted ...?
Ich möchte bitte ... Quisiera por favor ...
Ich schaue mich nur um Solamente estoy mirando
Drogerie farmacia
Schuhe zapatos
Kleidung ropa
Haben Sie das eine Größe kleiner/größer ¿Tiene Usted esto en una talla más pequeña/grande?
teuer/billig caro/barato
Die Rechnung bitte La cuenta por favor

Das Essen hat mir geschmeckt La comida ha sido muy rica

ESSEN UND TRINKEN

Frühstück desayuno
Mittagessen comida
Abendessen cena
Fleisch carne
Schweinefleisch cerdo
Rindfleisch carne de res
Huhn pollo
Kaninchen conejo
Fisch pescado
Meeresfrüchte cebolla
Würstchen salchichas
Schinken jamón
Aufschnittwurst embutidos
Salz sal
Suppe sopa
Salat ensalada
Kartoffeln patatas
Nudeln pasta
Reis arroz
Hackfleischbällchen albóndigas
Hamburger hamburguesa
Gemüse verduras
Obst frutas
Apfel manzana
Banane plátano
Birne pera
Orange naranja
Pfirsich melocotón
Karotten zanahorias
Knoblauch ajo
Lauch puerro
Zwiebeln cebolla
Getränk bebida
Alkoholfrei sin alcohol
Bier cerveza
Kaffee café
Kaffee mit Milch café con leche
Mineralwasser aqua mineral (con/sin gas)
Apfelsaft jugo de manzana
Orangensaft jugo de naranja
Rotwein vino tinto
Schnaps aguardiente
Sekt cava/champagne
Tee té
Weißwein vino blanco
Zucker azúcar

SPEZIALITÄTEN

Runzelkartoffeln papas arrugadas
Soße rot/grün mojo rojo/verde
Kaninchen conejo
Ziegenfleisch carne de cabra
Ziegenkäse queso de cabra

ZEITEN UND ZAHLEN

Jahr año
Monat mes
Tag día
Stunde hora
Minute minuto
früher Morgen madrugada
morgen/der Morgen mañana
Mittag mediodía
Mittagsruhe siesta
nachmittags/abends por la tarde
die Nacht noche
Montag lunes
Dienstag martes
Mittwoch miércoles
Donnerstag jueves
Freitag viernes
Samstag sabado
Sonntag domingo
Feiertag fiesta
Urlaub vacaciones
Frühling primavera
Sommer verano
Herbst ótoño
Winter invierno
eins uno
zwei dos
drei tres
vier cuatro
fünf cinco
sechs seis
sieben siete
acht ocho
neun nueve
zehn diez
elf onze
zwölf doce
dreizehn trece
vierzehn catorce
fünfzehn quince
sechzehn dieciséis
siebzehn diesisiete
achtzehn diesiocho
neunzehn diesinueve
zwanzig veinte
hundert cien
tausend mil

Verantwortlich: Clauda Hohdorf
Lektorat: imprint, Zusmarshausen
Korrektorat: Karin Weidlich, München
Layout: imprint, Zusmarshausen
Umschlaggestaltung: Fuchs-Design, Sabine Fuchs, München
Repro: Repro Ludwig, Zell am See
Kartografie: Kartographie Huber, Heike Block, München
Herstellung: Bettina Schippel
Printed in Slovenia by Korotan, Ljubljana

★★★★★

Sind Sie mit diesem Titel zufrieden? Dann würden wir uns über Ihre Weiterempfehlung freuen.

Erzählen Sie es im Freundeskreis, berichten Sie Ihrem Buchhändler, oder bewerten Sie bei Onlinekauf.

Und wenn Sie Kritik, Korrekturen Aktualisierungen haben, freuen wir uns über Ihre Nachricht an
Bruckmann Verlag GmbH,
Postfach 40 02 09,
D-80702 München
oder per E-Mail an
lektorat@verlagshaus.de.

Unser komplettes Programm finden Sie unter

www.bruckmann.de

Bildnachweis:
Alle Bilder des Innenteils und des Umschlags stammen von Franz Marc Frei, München, außer:
Picture Alliance/Arco Images G, S. 79 u.; Shutterstock/Pat Hastings, S. 6 (2.v.o.); Shutterstock/Shelly Wall, S. 15 u.; Shutterstock/Iakov Filimonov, S. 63 o.; Shutterstock/ Aleksandar Todorovic, S. 63 u.; Shutterstock/baldovina, S. 109 o.; Shutterstock/ Viktor Torres, S. 263 o.; Wikimedia Commons, S. 17 o., 140u., 142, 434, 258 u., 263 M.; Wiki Commons /Cruccone, S. 106 u.; Wiki Commons /Tamorlan, S. 109 u.; Wiki Commons /Luis García, S. 111 u., 120 o., 165 u., 168 o., 172 o.; Wiki Commons /Magnus Manske, S. 211 M.; Wiki Commons /Tamorlan, S. 122 u.; Wiki Commons /Zarateman, S. 212 u.; Wiki Commons /Eduardo, S. 212 o.; Wiki Commons/ Carlos Delgado, S. 217 o.; Wiki Commons/ Ángel Serrano Sánchez de León, S. 254 (3), 255; Wiki Commons/Daderot, S. 263 u.; ©VG Bild-Kunst, Bonn 2014, S. 138 u., 147
Umschlag: Vorderseite: oben: Erdbeerbaumfrüchte; Mitte links: Flamencotänzerin (huber-images.de/ Schmid Reinhard); Mitte rechts: Restaurant bei der Puerta del Sol (huber-images.de/Schmid Reinhard); unten: Die Gran Via (LOOK Bildagentur); Rückseite: links: Kostbarkeiten im Monasterio de las Descalzas Reales; rechts: San Isidro-Fest in La Latina

Die Deutsche Nationalbibliothek verzeichnet diese Publikation in der Deutschen Nationalbibliografie; detaillierte bibliografische Daten sind im Internet über http://dnb.d-nb.de abrufbar.

ISBN 978-3-7654-6195-8